心學的現代詮釋

滄海叢刊

姜允明著

1988

東大圖書公司印行

心學的現代詮釋 ／姜允明著 -- 初版 --

台北市：東大出版：三民總經銷，民77

〔6〕，266面；21公分

1. 哲學—中國—論文，講詞等　I. 姜允明著

120.7/8375

© 心學的現代詮釋

作　者　姜允明

發行人　劉仲文

出版者　東大圖書股份有限公司

總經銷　三民書局股份有限公司

印刷所　東大圖書股份有限公司

　　　　地址／臺北市重慶南路一段六十一號二樓

　　　　郵撥／〇一〇七一七五一〇號

初　版　中華民國七十七年十二月

編　號　E 12054①

基本定價　陸元貳角貳分

行政院新聞局登記證局版臺業字第〇一九七號

謹 以 此 書 獻 給

Anna, Roland, Eugene

自　序

　　大體而言，傳統儒家哲學的基本精神是建立在「創造不已，自強不息」的信念之上，強調實踐的重要性，去體仁盡性，成己成物，實現完整的道德人格，臻至於高明博厚，參贊天地化育的理想境界。

　　這種思想自然與所謂「現代人」求近功、講實利的風尚大相逕庭，格格不入。傳統與現代的「斷層」現象，使得中國文化的延續陷入了重重危機。筆者旅居海外二十餘年，感觸之深，對傳統的價值雖然還不致於抱持悲觀無奈的態度，亦不免時有「既愛且恨」的矛盾心理。誠如法國哲學家沙特所說：「哲學思想的產生是由觀察人間荒謬現象而引起的」，我們處於當代對傳統作出哲學的反思，企求重估重建，應是刻不容緩的事，我自己更相信中國傳統哲學的基本價值，可以對治當代由虛無主義產生的刻骨不安心理。

　　我的信念除了長年自得體驗鑄成之外，深受海內外師友的啟發鼓勵而來，無論在私下言談，書信往返或平日細閱他們的論著，興發感觸之深，不能不一一致謝。包括陳榮捷、羅光、余英時、王賡武、柳存仁、杜維明、劉述先、成中英、湯一介、傅偉勳、柯雄文、唐力權、秦家懿、鄔昆如、張永儁等等師長教授，不勝枚舉，但是必經指出此書中觀點錯誤或不成熟之處，自不應拋向他們的庭園門口，文責自負。

　　本書收集了中國傳統哲學和新儒家有關「心學」的研究論文，一方面表示近年來個人的興趣與心得，另一方面各篇經稍加修訂，合冊成書，提供方便，並就教於海內外有識之士。各篇可以自成獨立，所

以各文中略有重複予以保留。雖然自成獨立，各論文之間，主旨統貫其間，脈絡可循。第一篇〈中國傳統哲學中普遍性和現代性的問題〉曾發表於《哲學與文化》月刊（第十四卷第二期）。第五篇〈從心體的形上意義申論宋明心學中天人合一的理論基礎〉發表於《漢學研究》（第二卷第二期）。第七篇〈陳白沙對熊十力的影響〉原載《哲學與文化》（第十三卷第三期），並以〈熊十力與陳獻章〉之篇名收集於由北京大學湯一介教授主編之《中國文化與中國哲學》一書中。本書第十至第十三篇為學生時代之舊作，〈邏輯實證論的發展及其批判〉則是三十年前譯文，附於此書，只為紀念而已。

　　本書承三民書局編輯部同仁細心校對，一併致謝。

姜　允　明

一九八八年十一月一日

序於臺北

心學的現代詮釋　目次

自　序

一、中國傳統哲學中普遍性和現代性的問題 ………… 1

二、中國哲學的現代化和世界化 …………………… 25

三、《論語》哲學中的主觀性與客觀性 …………… 39

四、宋明儒學中整體和諧性的形上原理 …………… 61

五、從「心體」的形上意義申論宋明心學中

　　天人合一的理論基礎 …………………………… 79

六、明儒陳白沙生平學說概觀 ……………………… 115

七、陳白沙對熊十力的影響 ………………………… 141

八、熊十力哲學思想中「本心」概念初探 ………… 163

九、方東美先生對宋明新儒家哲學的評價 ………… 183

十、語意與哲學 ……………………………………… 205

十一、邏輯實證論的發展及其批判 ………………… 215

十二、藝術論衡 ……………………………………… 229

十三、音樂與人生 …………………………………… 237

附錄

一、融滙中西文化消除對立 ……………………… 251

二、漢學在澳洲發展的一席談……………………… 255

三、訪姜允明教授 …………………………………… 259

中國傳統哲學中普遍性和
現代性的問題

一、引　言

　　今天我們是處於物質文明突飛猛進的時代，在這種時代中最時髦的課題，應該只限於有關如何提倡科技、發展經濟、增加貿易、提高生活水平、以達到社會繁榮爲目的的論題。但是，今天還要大膽的提出中國古老的傳統思想當作演講題目，有意替孔孟老莊標榜仁義天道的普遍原理，高談與時代潮流背道而馳的道德修養，顯然是隔靴搔癢，不識時務了。旣然是吃力不討好的工作，何必又多此一舉呢？

　　這樣的想法也不是完全沒有見地的。環顧今天二十世紀末葉的世界文明，尤其是在東方，還正處於一片現代化的口號聲中，科技的現代化才是熱門的話題。但是，我們如果從人類文明現代化的歷史進程上作一鳥瞰，首先是從西方十六世紀的文藝復興開始，因爲人文主義的擡頭，把人權從中古的神權政治體制中解放出來，後來逐漸觸發了十八世紀的英國產業革命，從一七七四年瓦特發明蒸汽機開始，到了今天，西方由於科技文明獨步超前遠跨，早已取得了所謂「先進國家」的頭銜。日本也從一八六八年「明治維新」運動中，以配合東方

倫理與西方科技作爲指導原則，向前突破進展，到了今天，經濟繁榮和科技成就，有目共睹，而儼然以高度文明國家的姿態出現。由於世界潮流的影響，在本世紀初，當然也喚醒了我們這個古老而落伍的民族。但是所謂「東亞病夫」的中國，受到西潮的衝擊之後，不幸步上了更爲崎嶇多荆的道路。

我們隨便翻開一部中國近代史，從鴉片戰爭開始，外來強權文化接二連三的侵襲，造成百年以來兵禍頻仍，結果是社會秩序陸續解體，傳統價值完全崩潰。在內亂與外患雙重煎熬之下，我們所看到的近代史，一頁頁都是民族苦難、血淚交織的過程，一件件歷史悲劇都還像發生在昨日一樣，記憶猶新。一九一九年由北大學生領導發動的「五四運動」，一時風起雲湧，終於普遍影響到全國性的民族自覺，成爲中國邁向現代化進程上的轉振點。可是中國人的命運並沒有從此走向康莊大道。以儒家爲主流強調追求道德理想的傳統思想，曾幾何時，不幸被曲解成以婦女纏腳或阿Q精神爲代表的「封建遺毒」。在這種情形之下，孔家店必須打倒，線裝書也必須扔進茅坑，中國未來的希望完全寄託在全盤西化的路線上。因此，在自由主義人仕創導的革新運動中，所謂「傳統」不僅是不具任何現代意義的破古董，而且曾經「爲害」中華民族有數千年之久，這樣把歷代的文化遺產蓋棺論定爲「吃人的禮教」之後，中國現代化的實質內容，只剩「全盤西化論」的成份了，這是必然的邏輯推理。這種反傳統的精神，也早已成爲現代中國的新傳統，具有強大勢力，提到這些已經是老生常談，根本不足爲奇。

無可諱言的，在反傳統的氣氛還普遍籠罩的情形之下，還要爲生命力已經非常薄弱的舊傳統起死回生，幻想著替宋明儒家的「心性之學」來個現代化的「翻兩番」，這種似乎與時代風尚看似風馬牛不相

及的論題，與科技時代的主題離譜太遠了，遠得簡直像是南太平洋式的白日夢吧！我自己的確在南半球從未經過戰亂的澳大利亞和紐西蘭有過真正「夢見周公」的經驗，二十年來教學期間，總是為中國傳統文化「承先啟後，繼往開來」的問題常年思索，去體會古人的情懷與理想，如杜維明教授所說：「與傳統作溝通心靈的對話」。長期生活在南邊的天涯海角，身為中國人，流的仍然是炎黃子孫的血。這一次難得的機會，用戰戰兢兢的心情，在這裏就中國傳統哲學中一些具有恒常價值的普遍原理，當作一個問題性質的探討提出心得報告。我雖然嚮往傳統哲學的基本價值，而且認為這種基本價值無論對中國即將來臨的科技時代或西方目前因為人際隔離而形成的種種嚴重社會問題，可以提供許多建樹，但是也決不一味主張全盤復古。這樣的主張，顯而易見是幼稚膚淺的，因為古老的傳統經過歷代的俗化過程，兼容並包各種殘渣成份，不適合現代性的糟粕秕糠，必須加以淘汰，我們今後的目標應集中在如何去凸顯具有現代意義的傳統精髓，以所謂「生生之謂仁」的創造性實學去延續傳統命脈。其實「傳統的現代化」須要商榷的地方很多，是個相當錯綜複雜的問題，值得研究思想的工作者不斷深入探討，有辯難才會有共鳴，而且必須集中全部知識份子的力量，鍥而不舍，長期經營方能見效，希望國內先進學者提供高見。

二、 中國哲學傳統的延續性

中國古老的傳統以整體文化看來，在世界文化史中，最明顯的特徵就是它的延續性。在這個傳統中，無論在哲學、文學、宗教、藝術等方面，都是以儒家為主流，佛道為別派的思想模式，綿延不絕地流傳下來，歷史非常悠久。就以最近三十年來說，它仍然是臺港日韓、

以及東南亞僑胞日常生活的指導準則。在西方大學開設東方研究的課程中也一直佔據了重要的地位。也許有人會認爲本土的種子在異鄉開花結果是很奇特的現象，中國幾十年來反傳統的運動如果繼續蔓延下去，將來還有可能造成「禮失求諸野」的危險。這種「東風西漸」的趨勢，其實在四十年代前後，就有明顯的成果。日本學者鈴木大拙以流暢的英文，大量介紹禪宗思想，德國學者容格（C. Jung）也以心理分析，心理治療的方法，肯定了道家思想。一九三九年在夏威夷舉辦第一次東西方哲學家會議，美國哲學家諾斯羅普（Northrop）提出東西方哲學以平等地位交流會通的主張。穆爾（C. Moore）、胡適、方東美、陳榮捷、梅貽寶等等學人也一時成爲傳統哲學在西方植根成長的拓荒者。於是，《中西哲學》季刊的創立、《大英百科全書》增列中國哲學部份、大學相關科系設立了中國哲學課程、《中國哲學學報》的創立，大量英譯中國經典，以及歐洲澳洲的回應等等，爲當代中國傳統哲學的向外傳播，樹立了里程碑。近年中國哲學的英文專著，更是如雨後春筍，相繼問世，加速了成長，其中以宋明理學的發展，因爲陳榮捷教授在美國半個世紀以來的推動研究，致力提倡，成績特別顯著。他曾寫過一首詩。讀來頗爲傳神：

「廿載孤鳴沙漠中　誰知理學忽然紅

　義國恩榮固可重　故鄉苦樂恨難同」

這裏提出中國舊傳統的延續性，以及當代擴延伸張到海外的例子，是否就可以證明傳統哲學的確可以「推諸四海而皆準，垂諸百世而不惑」呢？儒家倫理學的根本原理是否具有顛撲不破的普遍性和時代性呢？這是當代值得我們深入探討商榷的核心課題。至少這種儒家

倫理傳統，在漫長的歷史變遷中，曾經是中國人日用酬酢的道德行為準則，是人際關係上價值取向的普遍標準，曾經在歷史上產生過鉅大的影響力。以西方的尺度而言，它就具有高度的學術性價值。

　　一個傳統的延續性，固然具有感情與主觀的因素，作為推動的原動力。例如海外中國人聚集的城市，總要先建一個唐人街，使對中國古老文化傳統的認同感落實下來，才能心安理得，以對治因為「無根的一代」而產生出來的刻骨不安。但是這種認同的行為，並不純然是信念與選擇的主觀性問題，它也具有傳統本身一種內在的恒常性價值，作為認同感的客觀基礎與必要條件。一個傳統必須依靠這種客觀的恒常價值和主觀的認同肯定加以維持延續，沒有一個民族的文化是從真空狀態突然發展而起的，它是綜合了各種複雜因素，經過長時期歷史的考驗，形成了文化傳統之後，其中基本原理的恒常價值成為這一傳統中根深蒂固的基石。事實上，有沒有一個民族能夠全盤推翻傳統，從自己的文化根源處連根拔除，這種可能性，是很值得懷疑的事。根據保爾文（Baldwin）的《哲學與宗教百科全書》，狗會叫、鳥類會唱歌都是這一類動物的傳統。當然人也會說話，這是本能層次的傳統，不是本文討論的範圍，我們要討論的是古代思想家，從一般道德實踐的基本命題到天人之際的最高範疇一系列的傳統智慧，除了主觀意義的認同以外，到底在科技時代還有沒有客觀的恒常價值。舉例來說，「父慈子孝」，「交友有信」，「不患寡，患不均」，「學而不思則罔，思而不學則殆」，「民為貴，社稷次之，君為輕」，甚至「天人合德，萬物一體」這一類廣大宇宙秩序的思想，是否與二十世紀的生活方式完全對立衝突？

　　大體而言，一個傳統是以約定俗成的教育方式而形成，在此傳統的影響力範圍內，它是具有普遍性意義的行為規範。就中國的儒家傳

統而言， 它的延續性固然有由歷代君王的權威性加以維繫。這種情形，實際上掛了羊頭賣的是狗肉，這種權威主義承襲的是法家傳統而不是儒家思想，因爲孔子雖然尊王，但決不主張帝王的絕對權威。專制思想源自法家而不出於孔孟，孟子「民爲貴，君爲輕」的民本思想尤爲明顯。所以純儒的傳統命脈其實是由歷代知識份子和思想家的傳授來維持，專制帝王推行的充其量爲俗化的儒教，知識份子的學術傳統較能表現出純儒精神，二者不能相提並論，混爲一談。錢賓四先生最近著文檢討提到：

> 「中國之士則自有統，即所謂道統，此誠中國民族生命文化傳統之獨有特色，爲其他民族之所無。…如何使士統之復興，此則我國家民族大生命之特有精神之所在，所尤當深切考慮討論者。」

這裏採用「傳統的延續性」一辭，容易使人產生一個錯覺：從綿延不絕的特質，自然推理出傳統是永遠「一成不變」的結論，所以傳統主義者永遠是保守落伍的復古主義者。這個錯誤的看法主因是過份強調由權威性轉化而來的惰性，完全忽略了傳統本身也有發展進化的重要層面。傳統總是在不同的時代，根據由錯綜複雜的因素而促成的時代風尚，作出適度的調整與修正，在這種類似新陳代謝的過程中，一方面吸收新血，一方面超越創進。中國古老的文化，從來沒有以停滯不前，一成不變的型態出現過。就哲學傳統來說，從先秦諸子百家開始，其中孔子的仁學，傳到孟荀而有爭論人性善惡的發展演變，後期的發展還大體可以分爲漢代經學、隋唐佛學、宋代理學與明代心學，經歷了兩千年的改革損益。孔孟思想雖然在初期就發揮了定向作用，成爲哲學傳統的大本大源以及發展時期的主枝主幹，最後結出的

卻是「三教合一」的果實。孔子也早就說過：「殷因於夏禮，其損益可知也。周因於殷禮，其損益可知也」。莎士比亞曾說過：「每個時代對傳統歷史都能發現新的意義和新的解釋」。所以傳統本身也在與時俱進，吸收新血，不斷演化。傳統的變遷可以有量變或質變，可以有漸變或突變，可以有微變或鉅變。中國傳統的內容豐贍富庶，主因是整體文化的變遷模式大都為「累變」，就是由累積吸收，合成同化等作用而造就的總成績。總之傳統的轉化性並不是與其延續性矛盾對立的名辭。延續性與轉化性成為矛盾對立，只能發生在極端僵化閉鎖的傳統。傳統的延續性必須依賴此傳統本身內在中一種健康的強大靱性，才能經得起考驗，去承受新潮流的衝擊與挑戰。所以傳統內在的轉化性是其延續性的必要與充份條件。換句話說，延續性是憑藉轉化性來達成申延發展的目的。「傳統與變遷」之間，「惰性與轉化性之間」，「保守與改革」之間，有沒有相互影響的通律，必須要透過其他社會學、心理學、哲學的人類學以及思想史等方面的綜合知識，在深層結構處尋找出關鍵性問題的線索。

　　中國歷史中，歷代專制帝王所標榜的「孔教」傳統，往往為了排除異己的政治目的，完全忽略了轉化性的重要因素，只剩得形式主義的外殼而無實質內容的靈魂，由「誦其言而忘其味」的假道學變得墨守成規，拘泥師承，進而強調矛盾對立而趨向門戶之爭。逐漸促成惰性的強大凝聚力量，這種閉鎖性逐漸導致了整個傳統的僵化現象，因為藐視新時代的新意義，終而走向頹化消滅的一途。「五四運動」以後的種種改革，針對帝王式的孔教傳統而言，也曾作出很大的貢獻，但是真正的儒家傳統不幸受累，已經被「明槍暗箭」攻擊得「百孔千瘡」體無完膚。所以在我們討論傳統的延續性之際，第一個步驟是必須把儒家傳統的真面目還原過來，指出中國哲學的傳統之所以悠久博

大，綿延不絕，正是基於內在的開放性和容納性，這是轉化性成為可能的基本條件。每一個轉化的過程，都意味著超越與創新，使得傳統的實際延續因為新的立足點，而獲得了更為穩固而活躍的新生命力。

三、中國傳統哲學的開放性與容納性

我們如果從中國哲學傳統的實質內容作廣面的觀察，儒道佛三教的理論主幹以外，還有各種流派的思想模式混置其間，駁雜陳列，主流傳統之內也兼容並包了五花八門的小傳統。「傳統」一辭實際上因為涵蓋面的廣大和內容的多樣性和差異性，而顯出了多重意義。所謂哲學傳統，所指為何，語意上也顯得含糊不清。當然在中國歷史上，漢代董仲舒主張「罷黜百家，獨尊儒術」，以及元仁宗在皇慶二年（西元一三一三年）下詔周敦頤、張載、二程和朱熹等等「奉祀孔廟」，獨尊程朱理學為儒家正統，可以視為儒家傳統「一元化」運動的兩個歷史事件。二者雖然都達成了某種程度上堵塞其他諸子百家自由發展的目的，但是整個中國歷史的演進，大體還能以百家爭鳴的傳統，一直保持了包羅萬象的型態，使整體文化遺產展現出多元性的色彩。就以儒家傳統內部來看，儒學在宋明時代的發展，分為理學與心學，有「性即理」與「心即理」的爭辯，有「道問學」與「尊德性」孰先孰後的論難。陸象山要強調儒家精髓在「隱居以求其志，行義以達其道」《論語・季氏》，是一種為己的「自得之學」。以建立主體性為基礎的道德實踐，反對作繭自縛式的「人自限隔宇宙」，並且豪言「六經皆我註腳」，這並不能解釋成為是一種對原始儒家傳統的反抗精神，反而更符合了原始儒家的精義，而發揮了這個傳統的內在價值。同理，程朱雖然主張博覽古籍，只准「我註六經」，其實發揮自

己的新見解，也是「六經註我」。如果孔孟能夠再世，看了朱註四書，也未必能夠完全同意。

文化傳統的延續進展，決不是一條鞭式的直線伸延，因爲其中內在轉化性的功能，一方面在吸收消化新血，一方面在突破惰性的局限，不斷超越前進，而且從這種超越前進的創新過程中，藉新陳代謝的作用，取得蓬勃生機，增強了生命活力。中國數千年日積月累的歷史經驗，每時每刻都在豐富化了文化傳統的內容，所以傳統的延續，也藉此類轉化演進的過程，來達成「承先啟後，繼往開來」的目的。所以在每個朝代都可以看出舊傳統的新面貌。這種情形無形中使傳統的內容更加多元化，這種成果都是因爲中國哲學傳統中，具有開放容納和超越創新的特有轉化性，使得傳統命脈的流傳，以新姿態與新生命再度發展。

有人以爲原始儒家的思想格局中，同樣可以舉出具有局限性的例子。無可否認，孔孟學說中不適合現代生活的例子俯拾可得。所謂「半部論語治天下」的傳統名言，遭遇到當代多元層面的社會問題，自然是經不起考驗了。又如孔子「述而不作，信而好古，竊比於我老彭」〈述而〉，有人根據此而指出，旣然好古，必然守舊落伍。持這種解釋的人，其實也是自陷於人爲因素的劃地自限，因爲傳統的延續重建，一方面固然要回顧傳統，作歷史的考察反思，以適應新時代的條件與新環境的因素，才能夠面面兼顧去對治新時代的問題，進而釐定方向，籌劃未來的理想去迎接新的時代。孔子旣不是「生而知之者，好古敏以求之者也」〈述而〉，所以他要「學而時習之」，「默而識之」，「溫故而知新，可以爲師矣」〈爲政〉。孔子不但好學，要回顧過去，反省未來，而且主張廣泛去學習六藝，他要「博學」，「博文」，「博施」，「泛愛眾」，無論對知識或修己治人方面，都

採取了開放的心胸去敬業樂羣。培養一種時代的前瞻慧識，必須要博古通今的知識作為基礎與先決條件，才不會造成「見樹不見林」的偏窄心理。以現代的情況來說，不但要博古通今，還要「橫跨中外」的各種不同學科的知識，通曉幾種不同的語言，還要有科學家的求知精神，藝術家的才情，宗教家的情操，軍事家的精準敏捷和政治家的開明風度，才能洞識大體，以計劃出拯救時代病徵的有效步驟。

　　孔子是春秋時代開創新局的人物，曾經把古代宗教迷信經過轉化與創新的過程變成一種合乎人性理性的人際倫理哲學。孟子稱讚他說是「聖之時者也」〈萬章下〉，成了儒家以及整個中國傳統的大本大源。就以整個西方的文化來看，不管到今天是否只限於象徵性質，都把「上帝」當作萬物萬有，萬理萬法存在的最後根據一樣看待。但孔子「人能弘道，非道弘人」的仁學思想，始終是以人本主義為基礎而一系列發展開來。就以人性問題為例，孔子雖然未下定義，只說「性相近，習相遠」，不能判定人性究竟是善是惡或者非善非惡。到了孟子進一步根據與生俱來的惻隱、羞惡、辭讓、是非之仁心四端，發揮了人性本善的學說。孟子無非是在企圖加強鞏固道德實踐在學理上的根據，富於創新的精神。荀子雖然殊途同歸，以性惡論處理人性的陰晴面，使得仁學的應用，更加靈活而面面兼顧。人性論後來的演變，揚雄主張有善有惡，漢儒大都主張性善情惡。韓愈有三品之說，到了宋代程朱則主張性即理。當代熊十力的學說中，對性智的理解發掘了人性的最深層面，可以視為人性論發展史上的高峯。當然孔門傳統中演變最多還是「仁」的概念，孔子以仁為諸德總名，中庸孟子則解釋為「仁者人也」，漢代以愛說仁，鄭玄註仁為「人相偶」，都有新穎之處。韓愈在〈原道〉釋仁為博愛，到了宋代更擴展為「仁者渾然與萬物同體」，朱子解釋仁為「愛之德，心之理」。

　　到了近代康有爲和譚嗣同更大膽地用「電」和「以太」來作比喻，令人有奇峯突出之感。儒家思想以學統的延續發展上來看，充份表現了「苟日新，日日新，又日新」的進化演變。我們談儒家傳統的現代化，當然也必須以現代中西各種學科的知識，透過系統化精密化的過程，加以整理，重新解釋，發掘儒家傳統哲學中具有普遍性和時代意義的基本原理。道德理性，本無新舊，作爲一個理想，可以說是萬古常新。儒家自然有守舊的成份，這正是篤守人性中萬古常新追求美善的企嚮，至於說孔孟思想已落伍陳腐，完全是一種食古不化的說法。

　　自漢代以降，由約定俗成逐漸形成的儒家傳統，在人際倫理上自有其基本原理的普遍性恒常價值，在人性的把握上與西方傳統作比較，的確有獨到的貢獻。這種東方的哲學傳統，以道德實踐爲出發，無論在修己或治人兩方面都強調仁愛和諧的人際關係，它一方面肯定了人性內在價值，使人不致於成爲徒具形骸的動物，一方面發揮這種價值，要「致廣大而盡精微，極高明而道中庸」，這種對人道天理的理解，終將成爲當代術語所謂「主體性際」(Intersubjectivity) 的最高綜合。中國傳統的民胞物與，天人合一這種注重到全體大用的宇宙精神，與西方由個人主義，功利主義，商業主義等等框架形成的現代西方生活方式，形成了強烈的對比。在未來東西方文化的交流上，必然會產生很大的啟發作用。中國人對宇宙天理深刻體驗得來的哲學智慧，也正可以彌補西方的不足與弊端。

　　上面提過，傳統的調整與轉化不但不減損其內在本質，反而更能發揮原有精神，因爲其中作爲基礎的恒常價值得以延申擴張，綿綿相續，傳統內核的命脈仍然維持了一貫之道而逐漸茁壯，儒家傳統中「生生之謂仁」的道德理想，總是佔據了中國傳統文化神經中樞的地

位。歷代的解釋雖有不同，這種轉化創新的方式，實際上可以用荀子所說：「夫道者，體常而盡變」〈解蔽篇〉來形容。荀子旣說過「道者，非天之道，非地之道，人之所以道也，君子之所以道也」〈儒效篇〉，所以荀子的道談的不是形而上的天道，「體常而盡變」可以比喻成如儒家傳統的仁道思想作爲原理原則是恒常不變，而達到這種理想的踐仁方法是可以變化多端，事父以孝，愛子則慈，事君爲忠，待下以愛，好像程頤所謂「理一而分殊」，可解釋成爲仁體恒常，以義盡變，也像朱熹所謂：「如月在天，只一而已，及散在江湖，則隨處可見」（《朱子全書》卷四九）。因爲客觀的事務，性質不一，因處境不同，應付的方式亦隨時代背景的不同而變化多端。傳統的開放性與容納性使轉化創生後的生命，增強了新潮流的適應性。朱熹把大學的「親民」特別解釋爲「新民」，中國還有一系列從孟子莊子到白沙陽明極爲深遠悠久的哲學，強調自我創造的「自得之學」，以主體的確實性作爲道德實踐工夫的內在動力，去開創道德理想的完美人格，並且把這種自我實現自我完成的實踐過程，視爲天地間唯一眞樂的來源。到了王陽明，人旣然已經掌握了萬理具備的良知本體，只要知行合一，心體是創造天地的精靈，人與天地萬物合一，就成了可及可行的可能性。當然我們不能由此解釋成每個人都有獨立創造出一個物理世界的神怪魔力，這種哲學傳統，特別注重生命的活動具有突破局限的潛在能力，一點靈機的覺悟，可以合天合地，使精神生命的內容變得異常富裕。張載有一個神聖的使命，去做一個頂天立地，爲萬世開太平的人。他鑄造出來的人格模型，規模之大是具有天地氣象的大宇宙精神。當然深染了道德理想主義的色彩，以現代標準來看，似乎是不切實際的極端幻想。但是由於思孟學派天人之際以及《易傳》妙契乾坤的觀念啟蒙影響，宋明儒家都抱負非凡，要把這種信念實現在生

命眞相的層面上，必欲環抱呑噬整個宇宙而後止，廓然大公，氣象非凡，在哲學史上可以說是無出其右者。佛家要破除執障，道家強調超越境界，宋明儒學要把自我投入宇宙生命流中，把心靈世界看成與天同大，致高極遠，在深邃無比的心體內層，開拓出人性中最爲寶貴的新領域和新境界。顯而易見的，這種儒家傳統高度發展了創生造化的哲學意義，它的特徵是無窮無限的開放性、包容性和創生性。這種多元層面的涵蓋性，使得中國哲學傳統，在世界哲學史中佔得了一席別無分家的特殊地位。

四、　普遍原理與人類理性

中國傳統哲學因爲強調實踐的重要性，大部份哲學作品都採取提點式的對語訓示，其內容雖然可視爲是一種深造自得累積而成的智慧結晶，它的弱點也頗爲明顯。因爲漠視希臘式「爲知識而知識」的精神，同時受到「無言之教」的影響，唯恐一落言詮，便成下乘。所以不重視嚴密的分析方法與論證過程。所以系統地整理古籍是當代重建中國哲學工作中刻不容緩的急務。

無論是東方或西方的哲學傳統，都有一共同的企望與確信，認爲哲學思考的目的是在把握人生與現象世界中，偶發和零碎不整的個別事物事件，根據思維步驟和程序，系統而邏輯地提昇到普遍而永恒不變的原理法則，當然這還只是一個理想而已。到底有沒有一個絕對客觀的普遍性永恒性眞理，人類兩千多年來的理性活動，仍然是眾說紛紜，莫衷一是。絕大部分時間都還像霧中捉迷藏一樣，或像瞎子摸象一樣各說各話，作些全屬主觀的論斷。當然絕對客觀性是否可以憑藉人的理性就把握得到，仍然是一個值得懷疑的問題。西方在自然科學

方面把握到眞理的成就較爲顯着。中國的傳統雖在人性天理方面把握到深層的秩序， 但這方面客觀性與必然性， 並不如自然科學精確明顯。過份精確亦可能陷入「僞科學」的危險。至少西方在方法論上有許多可以借鏡之處，「工欲善其事，必先利其器」，我們探討中國傳統哲學的普遍性與時代性問題，也必須要參考西方傳統，現在就西方哲學對「Truth」（眞理）一辭作爲關鍵所展開的哲學問題，用簡要的舉例，以東西方對人類理性與眞理根據的思考，作爲比較研究的試探。

「眞理」一字的拉丁文爲 Veritas，希臘文則爲 Alétheia， 來自 Iétho， 爲 Lanthanô 之古體， 希臘文的眞理一字之前添加一個否定意義的A字， 從不可見的消極意義， 變成了一個被發現， 被領會，成爲顯明性意義的「存有」（ens）的概念。根據這種說法，眞理一字的原意可以解釋成實在界之光明呈顯，或爲理性尋獲此種實在界的光明。拉丁文的 Veritas 則有信仰或選擇之意，引申而出，眞理是理性的選擇和理性的信仰，或指被理性所選擇信仰的對象。希臘文的眞理在字義上較注重客觀性的存在義，與西方哲學傳統主流發展出科學知識有密切的關係。但是拉丁文的眞理義含有理性選擇信仰的主觀性因素，與東方對「眞」或「理」的了解有異曲同工之妙。

中國古籍中，「眞理」二字未嘗連用，只有佛書上出現過。《淮南・本經》注：「眞，不變也」。《淮南・俶眞訓》注：「眞，實也」。《荀子・勸學》注：「眞，識也」。《莊子・大宗師》注：「眞者不假於物而自然也」。《莊子・漁父》：「眞者，精誠之至也」。《文選・古詩》：「眞，正也」。至於「理」字的意義更爲繁多。《說文》：「理，治玉也」。《漢書・武帝紀》集注：「理，法也」。《呂覽・離謂》：「理也者，是非之宗也」。「理」字在哲學意義的

發展，後來成為整個宋明理學的核心關鍵，東西方的哲學旨趣，相互輝映。程明道的理學名言：「吾學雖有授受，天理二字卻是自家體貼得來」，如果與愛因斯坦把「上帝」解釋成「理性在自然界中的體現」加以比較，中國哲學與西方宗教、哲學與科學的哲學都有相互會通的可能性。熊十力先生曾說：「見到真實處，不能有異同」，指的就是這種意思。蘇格拉底說：「人生最崇高的價值在於追求真理」，但是什麼是真理？ What is truth? 這個問題在比拉特 (Pilate) 審判耶穌時就質問過，耶穌當時不予置答，謎底還沒有揭穿。兩千年來始終困惑着人類。我們如果從中西兩方文字看來，真理在字源義上，可以稱之為「認識的實在性」，是一種實在物與人類認識能力間相互符合的確實性。我們也可以確定，在人的認識過程中，必須有主體和客體，所以真理是指一個具有理性的主體經過尋求、發現、分別、選擇等過程後，判斷出來的正確結果。同時可以得知主體有一種尋求、發現、分別、選擇等等理性的行為。

一般說來，在數理與自然科學的領域，真理的根據可以依靠感覺經驗或邏輯規律的檢證過程以求得真理，其真理性的成立與否，最終極的保障可以稱為「自我顯明性」(Self-evidence)，例如「1＋2＝3」或是「雲是白色的」，其「客觀普遍性」（借用康德的術語）十分明顯，因為不待進一步證明而已經自證自明。至於屬於倫理、藝術、宗教層面的真理，牽涉到美善價值和道德義務方面主觀性問題，其普遍的必然性就遠較自然科學的真理難以把握。各種學說都有自己的一套「第一原理」作為整個哲學體系的立論根據，所以眾說紛紜。就以儒家的哲學傳統而言，可以「仁者，人也」《中庸》的關鍵性命題作為第一原理式的立論根據，而開展出一套修己治人的人際倫理和道德實踐的崇高理想。

最高層次的形上眞理是用來說明本體界的根本原理，由人的理性所作抽象提昇等作用而得的終極範疇，這一類的形上本體眞理在各學派之中，常被視爲超然於時空一切生滅變化以外的原理，所以常被稱爲是一種「絕對眞理」，如西方哲學中所提到的「上帝」概念，或中國傳統哲學中所謂「天」、「道」、「心」、「理」、「太極」等等最高範疇概念，都是屬於形上學探討的領域，是由人類運用理性判斷而建構出來的形上存有的共相概念。

理性是超越感性的認識能力，其本質是精神的，無形的，對於有形事物的理解，具有進一步抽象提昇的能力，所以不受現象界感官知識的限制。在中國傳統哲學中認爲這種理性的認識能力，對一切美善價值以及道德義務的抽象觀念，是與生俱來的人性。例如孔子以「仁」爲道德實踐的內在動力，孟子有四端善性良知，佛家唯識論有「阿賴耶識」，象山白沙的「本心」，王陽明的「良知本體」，熊十力的「性智」都是人類理性活動的終極根源。

五、探討普遍性原理的方法論實例

我們在傳統哲學普遍性問題的反思工作中，不應忽略了西方哲學探討普遍性眞理所建立的幾種傳統的方法論。東西方的比較目的在取長補短，中國哲學在實質內容上雖然富裕異常，但在方法論上，西方傳統中論證的系統性與嚴密性諸多可取效法之處。但是西方各學派本身自主的思維模式，理論基礎，邏輯脈絡，格局架構與態度立場，往往因爲「差之毫釐」而其結果亦「失之千里」，造成互相水火，各不相讓。大體而言，在探討眞理普遍性的方法論上，較爲重要的有懷疑論、經驗論、實證論、實在論、實用主義、功利主義、理性主義、康

德批判論等等應有盡有。

　　佛家的「萬法皆空」的命題，在某種意義上可以視爲對現象世界的普遍懷疑主義。古代希臘的比羅（Pyrrho）也認爲萬物並無所謂榮耀與卑賤，公道與屈辱之分。他宣稱感官擅於欺騙而不可信賴，理性的功能虛妄脆弱，所以人的理智永遠無法走向眞理，而且認爲眞正的眞理並不存在，人的行爲只受到傳統風俗和實用價值的統治，所以比羅主張最崇高的哲學，應該採取不可知論（Agnosticism）的形式，對眞理的判斷採取一種懸疑的態度。但是懷疑論眞正的建樹，應該是從十七世紀法國哲學家笛卡兒開始，揭開了近代西洋哲學的序幕。他爲了要重新尋求一個普遍性的眞理，作爲一切人類知識的起源，掌握了此基礎再深入演繹，以達到重建知識體系的目的，所以對傳統的哲學首先採取了懷疑的態度。笛氏的懷疑論可以稱爲「方法的懷疑論」。其學說中主要的原則如下：

(1) 我們如果要探求眞理，在生活經驗的過程中，必須懷疑，在可能的範圍內，必須懷疑一切事務。

(2) 我們對一切能夠懷疑的事，應一概視之爲虛妄，並將此類虛妄揚棄殆盡。

(3) 感官經驗，甚至數學證明，均可置疑。

(4) 但是我們不能在懷疑之際，懷疑自我的存在，因爲懷疑必須有一個主體，我雖然懷疑一切，但「我懷疑」是我在思想，思想的主體則不能加以懷疑，這便是以正當途徑研究哲學時所得到的第一知識。因此笛卡兒推論出他的第一原理「我思故我在」（Cogito, ergo sum）。

(5) 人類理性的運用起點就在懷疑，這是一種缺陷。最大的缺陷與最高的完美之間有程度的差異性，如果宇宙萬物根據此完

美與否的差異加以排列，我們必然可以上溯而達到至高無上
的十全十美。笛氏認為這種最高完美實有就是「上帝」，上
帝既然是萬善萬美的，不應該創造出欺騙人類的感官認識能
力，他推論到此，所謂感官經驗、理性推理、知識真理的有
效性、確實性和普遍性才獲得了最後的保障根據。

我們在檢討普遍的懷疑論時，首先可以指出這種主張顯然犯了自
相矛盾的誤謬，因為其理論為「自我毀滅」。普遍懷疑論唯一確信的
真理是「對於人生宇宙一概採取普遍的懷疑」，根據其自身學說，則
此「普遍懷疑」的命題本身也將成為懷疑的最好對象，顯然是自相矛
盾的。感官固然可能欺騙，但錯誤的產生，是否產生於不正當的方
法？是否產生於外界？是否由於內在理性判斷的偏誤所引起？可以運
用理性去檢討。如果以為「理性本身是否正確，須以理性本身去考
察，所以理性不可信賴」，這種說法亦不能成立，理性若須更高理性
審查，勢將造成無限逆退（Infinite regress）的現象，永遠沒有解決
的方法。這種理性已經不是理性而是否認理性的有效性，但是在否認
理性功能的同時，實際上必須運用理性的功能使「否認」生效，這樣
便是同時肯定了理性功能的有效性，承認了理性的存在，所以是自相
矛盾的。

這種現象很像朱熹在〈觀心說〉一文中反駁佛家「以心觀心」所
造成的無限逆退一樣。朱子認為「心者主乎身者也，為一而不為二，
為主而不為客」，如果「以心觀心」用理性去考察理性，則形成心役
於外物，失去為一為主宰的身份，已經否認了理性的有效功能，也無
須用另外一心來觀察考核此心的理性了。如果把懷疑比喻成佛家空宗
所謂「破」，空宗的「大掃蕩」手段，要「一一呵破，總歸無所有，
不可得」也是一種普遍的懷疑論，但是一往破盡，這種「破」的懷疑

行爲本身也變成一種「執」，則形成上面所提到的「自我毀滅，自相矛盾」的現象是非常明顯的。

笛卡兒的方法懷疑論，在維護眞理知識上，排除傳統的成見而循求理性的正當途徑，力求審愼嚴謹的態度，都曾作出貢獻而發生過巨大的影響。但是他的學說似是而非屢屢遭受後來哲學家的攻擊，被反駁的方式亦隨各家學說立場之不同而相異，相當複雜。較爲突出的反對意見爲：

(1) 「我思想」與「我存在」二者分屬於不同的範疇領域，一在觀念界，一在實在界，不應相提並論。

(2) 「我思故我在」是本末倒置的說法，我存在以後才能思考，所以正確的推論應爲「我在故我思」。

(3) 笛氏旣然在出發點懷疑一切，包括同一律、矛盾律、因果律、反面的不可思議律等等第一原理，但在自我存在的發現以及上帝概念之建立爲最終理性的保障之前，都應用過這一類原理，否則可能推論出「我思故我不存在」的結論，所以矯枉過正。

(4) 由我存在推論而知上帝存在，理論上說這種推論到上帝存在產生於我存在之後，而這種推理的理性功能之有效性與可信性，又爲上帝之存在所保證，這種推論屬於循環誤謬（Vicious circle）。

六、中國傳統哲學方法論的特質

笛氏把懷疑當作方法論的工具，顯然有它積極正面的意義。因爲一般通俗的知識偏見很深，知識的確實性必須經過懷疑批判的考驗，

才能成立。孟子有「盡信書不如無書」的說法，老子要警告人「道可
道，非常道」，「知者不言，言者不知」來提醒弦外之音的「道」。
莊子要破除「朝三暮四」一般的成心，採用「天地一指，萬物一馬」
的驚人語，來點醒一般的是非偏見，而洞見「道通爲一」的曠達境
界。禪宗的方法不僅是懷疑，還要徹底破除妄見，採取的方法極爲特
殊驚人。也有採取消解原有問題的方法，例如如果問：「如何是解
脫？」便答以「誰縛汝？」，「如何是淨土？」，「誰垢汝？」。他
們懷疑語言的功能，避免被套入陷阱無以自拔，所以不惜當頭棒喝，
達到頓悟禪機的妙用。陸象山常言：「小疑而小進，大疑而大進」
（《象山全集》，四部備要，卷三四），陳白沙說：「學貴知疑，小
疑小進，大疑大進，疑者覺悟之機也，一番覺悟，一番長進」（《白
沙子全集》，卷三）。這種由懷疑而覺悟以達成破除執障的目的，熊
十力說他的爲學曾得力於白沙的方法，他說：「我以爲眞理是不遠於
吾人的，決定不是從他人的語言文字下，轉來轉去可以得到眞理的。
所以我只信賴我自己的熱誠與虛心，時時提防自己的私意和曲見等等
來欺蔽了自己。而只求如陳白沙所謂措心於無。即是掃除一切執着與
迷謬的知見，令此心廓然，無有些子沾滯。如此乃可隨處體認眞理。」
（《新唯識論・轉變章》）。熊十力認爲一般聞見之知是由習心作用
產生的習氣經過「物交物的餘勢累積而來」，由於一種物化的傾向，
顯得粗俗雜亂，他說：

> 「眾生一向是習心用事，習心只是向外逐境，故妄執境物，而不
> 可反識自己，（自己，謂吾與天地萬物同體之本性，以其與吾身
> 之主宰而言，則謂之本心。）習心是物化者也，是一切物相待者
> 也，本心則超越物表，獨立無匹者也。旣習心乘權，則本心恆蔽

錮而不顯。是以吾人一切見聞覺知，只是於境物上生解，終不獲見本性。」（《新唯識論·明心上》）

　　因為一般人為習心蒙蔽，他要離諸繫縛，性智顯現，必須要先除去障礙，妄習斷盡，才能達到覺悟真解的境地。在認識論方面，法相空宗滌除知見，破除萬法，才能悟入法性，熊十力先生說：「這點意思，我和空宗很有契合處」（《新唯識論·功能章》）。換句話說，他是採取了懷疑、斷除、覺悟的種種哲學方法，最後才把握到人與天地萬物合諧共榮的旨趣，這就是他「天人合一，萬物一體」的哲學所企望的崇高境界。

　　以上為了比較研究中西哲學方法，隨興拈來懷疑論的例子作簡要概括性的說明，掛一漏萬，並不一定是最適當的例子。中西比較常見的實例大都還只限於古希臘的蘇格拉底和柏拉圖，以及近世以後的康德、黑格爾、尼采、柏格森、亞斯培斯、懷德海等等。近年來的傾向認為康德可能是溝通中西哲學的最佳橋樑。一般說來，西方的哲學方法論證過程嚴謹而系統化，近幾十年西方哲學仍然是解析哲學的天下，強調邏輯推理與語言分析，謹守價值判斷的中立性，把解析的方法論當作哲學研究的主要工作。正如卡納普（Carnap）所謂：「哲學的目的僅止於語言的分析」。前面提過哲學方法是中國傳統哲學中最弱的一環，懷疑語言的功能，漠視為知識而知識的純理思辯。老莊「知者不言，言者不知」，禪家也「不說破」，孔子感歎「天何言哉？」（德國哲學家維根斯坦亦有「對不可述諸語言的，我們必須保持沈默」之說），其目的在指出形上本體的不可述說性（Ineffability），或是認為語言文字是糟粕秕糠，足以抹殺道德實踐的無上威力，所以用誘導啟發的方式去打開自我體現的大門。這種作風以元好問的詩最

能傳神：

「鴛鴦繡得憑君看　莫把金針度與人」

這種情形造成了東方智慧與西方以方法爲哲學立場的極端對立，進而互相指控「內容」貧乏，也是西方一直認爲中國沒有哲學的根本原因。印度哲學思辯成份比較濃厚，在西方的傳佈成長，也比中國哲學爲快。我們從前面所舉方法的懷疑論中可以看出熊十力因爲傳統儒家哲學在方法論上的局限性，不得不借用許多佛學理論，包括空宗「大掃蕩」手段當作他方法懷疑論的工具。笛卡兒懷疑掃蕩的工夫，使他推論得出眞正的自我存在，熊十力斷盡妄見，離諸繫縛，復然絕待，覺悟到人性最深處的本心本體。他把本心獲得自證自明後的終極體驗稱之爲性智顯現。笛卡兒與熊十力都有異曲同工之妙。但笛卡兒的方法僅是理性的形式推理，而熊十力的方法是本體的實際體驗，這也是東西方最大的差異處。笛卡兒再進一步提昇推論到最高完美的實體而稱之爲上帝，以此作爲內在理性以及全體客觀世界存在的終極理據。主觀世界與客觀世界截然分明，心物平行而永遠沒有交合會通的可能，這種鴻溝造成心物對立，在哲學上造成永遠無法克服的困難。反觀熊十力的性智呈顯，正是體悟到天人合一，心物合一的渾然契合。在這種廣大和諧的境界中，徹內徹外，只有本體流行，翕闢成變，無所謂主體小我，無所謂客觀宇宙，造化的妙機，天人的奧蘊，盡在一點靈明，當下即是的透悟中展現無遺。熊十力的心性之學啓發了生命中豐沛多面性的特質，指出人性最深邃之處還有關鍵性的廣大高明面，具有無窮無盡的潛在創造力量。性智本體是至大至剛的創生原動力，發自人性生命中樞的終極頂點，成爲整個宇宙的核心，天與人就

在這關鍵性的核心處交合會通，渾然萬物一體。熊十力把整個中國哲學傳統的精髓，在他的體驗見證之下，赤裸裸的展現出來，作爲中國人安心立命的學問。如何把這一筆中國傳統的豐富遺產承傳移交給下一代，從前人的軌跡中，逐步探尋未來的路向，便成爲當代中國哲學責無旁貸的一項艱巨任務了。

七、結　語

笛卡兒本人精硏數學，首創坐標式而發明了解析幾何，認爲數學方程式是先天演繹，人的推理能力植基於天賦的理性，有如孟子陽明所謂識別是非之心的良知，非由外鑠，生而俱有。所以在西方笛氏之說稱爲理性主義，與培根等人的英國經驗主義對立，不但成爲法國哲學傳統的源頭活水，而且是整個西方近代歐陸理性主義的開山祖師。後來的斯賓諾莎、萊布尼茲、吳爾夫等等直到當代法國哲學，可以說是從中脫胎蛻變而出，與洛克、休謨到羅素、艾爾等的英國哲學傳統分庭抗禮。西方哲學傳統因爲特重分析的精神開創出了科學與法律的果實，對整個世界文化作出了重大的貢獻，而中國由孔子到熊十力的哲學傳統所結出的果實，尤其是在道德與藝術方面，也必能對未來整體世界文化作出獨特的貢獻，以補西方之不足。

我們以上討論中國哲學傳統的普遍性和時代性問題，也可以摸索出一些未來努力的方向，因爲所謂普遍性，可以分爲主觀與客觀兩方面加以分析照察。首先就主觀的普遍性方面來說，中國哲學傳統的延綿不絕，兩千多年以來是中國文化價值取向的標準，它是整體文化中根深蒂固的大本大源，不可能加以全面否定，連根拔除。所謂主觀的普遍性已經不是能否成立的問題，而是已經存在的事實。所以我們面

對的問題其實只是中國哲學傳統有沒有客觀普遍性的問題。

所謂「客觀性」是人類運用理性研究一事一物所持態度與所採方法的一種特質(Characteristics)，而這種特質能使人在永無終止的交流對話中促成對事物真象的了解。真理的判斷，雖然是理性的運用，但仍涉及人的心態或意識型態的主觀成份，所謂「絕對客觀性」的說法是不能成立的。在數學自然科學的領域，最多也只能說較為「接近」絕對客觀普遍性。但在倫理藝術這一類非純粹自然科學的範圍內，客觀性與普遍性並沒有所謂「絕對性」。所以探討中國哲學傳統的普遍性的基礎是建立在中國哲學本身內在的客觀性之上。

我們在前面數節的討論中已經指出，中國哲學傳統的客觀性完全建立在博學博文式的開放性容納性，以及日新月異的創新性轉化性之上。這種內在的屬性，使得中國哲學傳統不致於形成一成不變的閉鎖體系。所以這種傳統的客觀性和普遍性透過開放容納和轉化創新的過程，不斷去蕪存精以適合新時代的環境與條件，而成為活生生的動態文化生命機體。

中國哲學的現代化和世界化

一、引　言

　　中國哲學的現代化和中國哲學的世界化之間具有必然的連帶關係，二者其實是一體的兩面。在本篇報告中兩面兼顧，相提並論，以說明未來中國哲學的世界化必須以其現代化作爲先決條件與基礎的理由所在。

　　「中國哲學的現代化與世界化」顧名思義，是研究如何實現中國傳統思想承先啟後、繼往開來的種種關鍵性問題。其內容攸關未來人類命運，實際上，這是每個時代的核心課題。因爲明智的文化反省與哲學創造往往是促成時代進步的主因。時代在急遽的變化，我們也必須檢討過去，反省未來，作出種種截長補短，推陳出新的措施。不但可以鞏固加強傳統思想的基礎，又可以導致提升其原有內在價值，以所謂「生生之謂仁」的創造性實學去延續傳統命脈。

二、 西方的挑戰與東方的回應

　　中國古老的文化傳統與西方現代生活方式，分屬兩種不同的價值體系，其互相對立、互相衝擊的情形，本世紀初開始，逐漸明朗化、尖銳化，造成中國政治社會上空前的大動盪。究其原因，兩種價值系統的內在敵對與衝突並沒有獲得妥善的平衡折衷。我們若以哲學觀點去考察這種局面，必須鞭辟入裏到深層結構去分析層層轉折的關鍵。牽涉極為廣泛，問題也包羅萬象。民國八年「五四運動」以後的文化論戰都是以「現代化」的關鍵辭而展開的。眾說紛紜，見仁見智，塵埃尚未完全落定。到近年為止，大體而言，視傳統為阻礙進步的「全盤西化論」或視西方為禍亂之源的「全盤本位論」都已被證明為此路不通。張之洞較早提出的主張，亦即「中學為體，西學為用」為代表的折衷理論似乎還是走向現代化的康莊大道。其實中西調和的現代化主張，其精確意義與標準條件都難以釐定，任何有文化意識的人還要不斷的發問：中國哲學何去何從？能不能加以發揚光大，換上嶄新的面貌與西方分庭抗禮而成為世界級的主流哲學？我們也同樣聽過帶有諷刺自貶論調的疑問：中國哲學有沒有希望？中國到底有沒有哲學？

　　這些問題是否有客觀的解答？我們從事哲學教育工作者，任重道遠，以「知其不可為而為」的積極態度，把這些問題當作哲學思考的指標與方向。一方面從事提高我國學術地位的工作，以獲得世界哲學界的普遍認同為目標。一方面以中國人對心靈世界，對宇宙天理深刻體驗得來的哲學智慧彌補西方之不足與弊端，作出貢獻於世界哲學的實際工作而達到世界化的理想。

　　首先我們要指出，「中學為體，西學為用」的調和論往往容易流

入空洞的形式架構，與實際的經驗內容之間，還有一大段距離。對於西方的挑戰與東方的回應所產生的問題，以及調和折衷的難局，下面舉一近一遠的兩個例子加以說明。一個是以「能近取譬」的原則，看看國內的情形。然後再遠眺到西方，回溯歷史，看看「東風西漸」的初期，西方哲學家對中國哲學的態度。可以觀察到中國哲學的現代化與世界化，雖然是漫長的路途，但也有它的必然趨勢。

三、「中體西用」的近例

國內近三十年來，一片現代化的口號之下，工業大幅上升，成就了科技發展與經濟繁榮。物質生活的突飛猛進，反而在社會生活的多元層面上帶來弊病叢生的現象。部分原因或是以傳統農業社會心態開創工業社會局面，在經濟生活上或是以家庭觀念經營高效率的現代企業，羣體生活上往往也有以私己利益侵害公共秩序的現象，傳統祥和寧靜的家庭生活也遭受到侵蝕破壞。生活的標準雖然節節高升，生活的品質卻日漸衰微。顯然是西方人際疏離而產生的問題逐漸侵襲東方的迹象。一向作為生活指導原則，強調主體道德實踐的儒家倫理學，面對墮落的商業社會心態，顯得無所適從，格格不入。「中體西用」的宗旨，充其量亦不過是中西駁雜陳列，根本沒有調和折衷的實質。當代西方文化的心態，大體而言，是由個人主義、實用主義、功利主義、商業主義等等框架結合而成的。由於競爭激烈，羣體生活的人際關係與倫理基礎，以嚴格的全民政治與法治觀念加以維繫，以牽制個人侵犯大眾福利，與傳統人性本善的道德感作為內在原動力的倫理模式，頗不相契。現代生活中，要以「半部論語治天下」的格言，遭遇到西方的生活心態，自然要面臨嚴重的考驗了。

這種批評其實沒有考慮到歷史的隔閡，當然是膚淺而不公平的。問題是如果孔孟朱王生當今世，是否仍爲博古通今，橫跨中外的大哲人？如果答案是肯定的，他們必須兼通數種外國語言，而且能掌握科技管理與民主法治的通識，「聖之時者」也是「時之聖者」，就是開創新局的精神領袖，具備洞察時代病癥的前瞻慧識，還有科學家的求知精神，藝術家的才情，宗教家的情操，軍事家的敏捷精準與政治家的開明風度。如果這些條件不苛的話，《四書》、《朱子語類》、《傳習錄》的現代化版本，是否更能突破原版的局限與困境，脫穎而出，透過嚴密的論辯方式與精確的系統化過程，涵蓋通透宇宙生命的各個層面，成就體大思精的國際性哲學智慧呢？任何人稍爲涉獵過以唐先生、牟先生爲代表而具有現代意義的當代哲學著作，都可以發現上面所提出的問題，並不是十足的白日夢囈或無病呻吟，因爲歷史的隔閡與時代變遷，傳統的古典哲理能否以現代性的特質，使其「致廣大而盡精微，極高明而道中庸」，放諸六合而皆準呢？

四、「東風西漸」的遠例

我們再看看第二個迥然不同的例子，從「東風西漸」的歷史過程來說明中國哲學世界化的崎嶇多荊。

中國哲學的西傳，首推早期的耶穌會士爲功臣，他們迻譯古籍爲拉丁文，在倫敦、巴黎、維也納、羅馬等歐洲文化重鎭流傳，首次打破了中西隔絕的局面。法國哲學家伏爾泰 (Voltaire, Francois Marie Arouet)在〈與一位中國人的對話〉一文曾描寫過東西方因隔絕而產生的自負心理：一位中國學者對一部號稱「世界歷史」的書，居然隻字不提中國而大惑不解；與另一位荷蘭學者對談之下，對方更

爲吃驚，因爲這位中國學者孤陋寡聞，生來沒有聽過凱撒或古代希臘。西方名哲學家接觸中國哲學的轉捩點可能在萊布尼玆 (Leibnitz, Gottfried Wilhelm Von)，他的法文著作包括一部討論中國自然神學的書，對中國《易經》的思想，頗有見地。他的《單子論》有學者認爲受《易經》的影響，可能是從「一物一太極」的誤解或調和其本身學說而產生，當然還有其他說法。另外道家思想也逐漸植根到西方。一八一六年，黑格爾 (Hegel, Georg Wilhelm Friedrich) 在海德堡講授《易經》中儒道思想，他說：

> 「我們還保存了老子的主要著作，在維也納我曾經親眼閱讀。有一
> 段時常被引用的『無名天地之始，有名萬物之母』的名句，對中
> 國人而言，是最崇高的萬有之大本大源，旣是無又是虛而純然不
> 可界定的境界，它是抽象的普遍性，對中國人來說，這就是道。」

老子的思想由西方主流哲學家提出，自然收到宣傳效果。無怪乎僅僅《道德經》的英譯本到目前爲止已經有五十多種。不過西方哲學家中包括後來的叔本華、尼采、柏格森、亞斯培斯、懷德海等等，對東方和中國哲學兼雜誤解，並未深入，其態度與目的亦有批評的餘地。同時，他們的哲學已經被吸收到許多當代中國哲學大師的思想體系中。傳統與西方智慧融合無間，爲中國哲學未來的世界化奠定了良好的基礎。

五、中西體用的駁雜陳列

另一方面，由於英美爲代表的西方解析哲學長期壟斷，根本不承

認中國有哲學。一般人士到目前為止對「中國形象」的了解，普遍現象是幼稚膚淺，還停留在功夫、蘇茜黃、北京烤鴨的階段；連西方漢學家中之佼佼者如瞿理斯（Giles），在民國前後任英國駐華使節，曾以一手工整楷書去函中國大使，信中有一句因一筆之誤，寫成了四十而不「感」！我還親眼看過十二位西方人士在中國飯館用餐，突不破洋式各自為政的習慣點菜，結果造成十二隻北京烤鴨出現在同一桌的怪現象。幾十年前一位澳洲女士初到香港，攜帶心愛的名犬進入餐廳餵食順便自己用餐，因語言不通，比手劃腳，並不知自己走進了廣東香肉館。自己帶狗侍應生還以為是美食專家，於是把狗帶進廚房。這位女士以為餐廳衛生，人狗不共食而不以為意。不幾時這隻名狗已變成一道名菜上桌，這位女士不知情，餐畢等付帳要狗時還不知自己心肝寶貝的下落。如果發生在「人不如狗」的西方，烹食狗肉，在倫理意義上，豈止於謀害人命。這些帶有強烈諷刺意味的趣譚，都說明了文化交流與衝擊，是一段極為辛酸艱苦，可以導致國破家亡的過程。價值的對立與心態的衝突都被明顯的刻劃出來。

從上面通俗的例子，可以看出由文化隔閡而產生的心理障礙，如果追本究源到哲學深層面，情況更為嚴重。東西方各有數千年日積月累的歷史經驗，因隔絕而形成不同的價值體系，其理論基礎、邏輯脈絡、格局架構、態度立場，在在都顯示出特有的風格特性，往往互為對立排斥，其自足的整體融貫性有如牽一髮而動全身，不易達到單純簡易的兩面折衷平衡。因此中國哲學的現代化以及以此作為基礎的世界化，首先要考慮到「中體西用」問題的癥結所在：「中體西用」而不以中學為用，其體形同虛設，類如有理論而不談實踐，知而不行仍為不知，自然無「中體」可言。其實「西用」的內在邏輯基礎建立在「西體」而不在「中體」。「西用」而不以西為體，其用完全架空。

同樣，「中體」的實際應用稱之爲「中用」。體用的關係是一微一顯，所謂「體用一源，顯微無間」。體與用只是以形而上與形而下兩層面觀察所得的不同術語。即體即用牟先生稱之爲「即存在即活動」。由上面看來，現代化的邏輯步驟仍然歸結到「中體中用，西體西用」。對中西體用的駁雜陳列，從上面一近一遠，即一「中體西用」、一「西體中用」的例子，可以觀察到理論排斥、價值對立而無調和實質的現象。所以調和論的方法應走向對立的消除以達到東西會通。

六、中西對立的消除與會通

其實強調對立是源自西方個人主義的心態。中國傳統中，比如儒家有中庸之道以及面面兼顧整體和諧性的天人合一萬物一體論，道家有道通爲一的齊物觀，佛家有面面涵攝的六相圓融。其他線索，不勝枚舉。調和論的現代化世界化過程，應從消除對立的方法上尋求新途徑。這並不完全是黑格爾所謂「正反合」的辯證過程。舉例來說，宋明理學的倫理觀與現代西方倫理學說幾乎脫節。其對立排斥可以遠溯孟子「本善的人性論」和西方宗教「原罪的人性論」。程朱格致，誠敬的內聖修養與陸王「盡心知性知天」以成聖的心路歷程，都是以小我的實現去完成天人合一萬物一體的大我爲終極關懷。程朱陸王的差別僅在「繁」與「約」的不同過程而已。就哲學方面而言，西方現代倫理學說融合基督教義演變而來的法治觀念，廣泛的去處理羣體人際倫理。如此看來，東西方課題重心與內容並不在生命的同一層次上，一在人性的光明面，一在人性的黑暗面，是否可以彼此交融，互補消長以解除對立呢？中國哲學的現代化中，荀子韓非子的現代性是否應予肯定而深入研究？墨子的兼愛與西方宗教的博愛遙相呼應，能不能

以更廣泛的研究，以此連繫進而打通其他層面的滙合？儒家的尊德性是否可以為現代西方因人際疏離而日趨嚴重的社會問題提供線索呢？道家的自然主義發展到王充注重理性和經驗，如果繼續發展下去，對整個中國哲學能否產生衝擊力量？儒家的道問學，如何擴充範圍，由倫理打通認知領域？孟子的人性論其實是向善道德感的「人心論」，而最近在德國的神學家范雷（Van Rad）把「原罪論」解釋成為人與上帝如魚出水的暫時疏離，如此一來，東西方兩千年來的強烈對比已趨緩和而增加了會通的可能性。

有關東西方以分解哲學層面的方法達到會通，再舉一例說明，傳統哲學重德性之知，輕聞見之知。牟先生以「道德主體自我坎陷而為認知主體」去開拓一條科學知識探求之路。自哲學方法言「自我坎陷」其實是西方成份移植到東方的例子，如柏格森推崇感性直覺，由此轉為理性推理，等於降落到下層，也是坎陷的一種。又如三民主義的民生主義，自哲學方法而言，廣泛利用厚生，兼顧國民食衣住行育樂，實質上與西方功利主義為「最大多數的最大幸福」謀福利的具體內容，諸多互通聲息之處。牟先生的新途徑可否由主體「無限」心的推展擴充，以「格物窮理」或「隨處體認天理」，逕由倫理主體涵蓋認知主體呢？如果此路可通，而且儒家雖然強調倫理主體，但未嘗絕對排斥認知主體，這樣一來，程明道「天理二字卻是自家體貼出來」的理學至上名言，與愛因斯坦把「上帝」解釋成「理性在自然界中之體現」加以比較，能不能把宋明理學與西方宗教、哲學與科學的哲學一線相連而取得更深一層的默契？即使最強調倫理主體的象山白沙，對「宇宙」的理解是時空無窮無限的擴張性，絕無「限隔」。如果倫理主體不能通透到認知層次，豈不是人為因素的劃地自限？儒道佛、先秦諸子百家以及宋明理學組合而成的傳統智慧結晶，內容豐贍富庶。

獨尊一家或哲學體系的化約主義往往鑄成惰性的歷史文化與僵化的思想模式，能否回應現代性多元層面錯綜複雜的問題？如果孟荀、朱王的對立，三教的對立，甚至中西印的對立可用解釋學的方法疏理出所得所失、所合所分的深層轉折關鍵，而突顯其大本大源的終極交合滙通處，我們必須與西方主流哲學以及存在主義、現象學，美國新思潮、甚至馬克斯主義作開誠佈公的對話與爭辯，知己知彼，方可以作出突破性的衝擊與創見。顯而易見的，採取解釋學的方法推展比較哲學的研究是中國哲學現代化世界化途徑上的核心課題。至於平衡折衷的理論，途徑甚多，比如以「主體際性」(Intersubjectivity) 的解釋化解主客對立。亦可參考「經權」的闡示，「經」是永恒不變的原理原則，「權」是時機適宜性，但是「經權」的使用必須基於極高度的解釋學與比較哲學的智慧，方能盡其功。

七、傳統哲學的閉鎖性與開放性

在中國歷史上，宋明理學的發展可以視為第一次大規模的現代化運動，吸收了部分佛家智慧。現代性的中國哲學又將如何吸收西方的經驗與方法？同時更進一步把中國思想的實質內容加以世界化，成就國際性的哲學智慧？

以上所提種種問題，自然兼有純理性的推理，嘗試性的探討與全屬個人想像的成份。但是我們要指出問題的關鍵在於：對傳統哲學的檢討重估，精緻加工整理，繼而突破創進與超越，旨在避免惰性與僵化，不但不損及傳統命脈，反而更能發揮其原有精神。復古主義的全盤本位論源於自足自滿的心理，使學術阻滯不前。促成後天人為因素的閉鎖性，正如陸象山所謂的「人自限隔宇宙」。這種閉鎖性的特徵

是強調矛盾對立，拘泥師承而趨向門戶之爭。造成溫故而不能知新，漠視傳統思想中廣涵容納性與開放性。我們要了解到突破惰性僵化的閉鎖性，打開傳統哲學的開放性接納性以及多元層次涵蓋性，是中國哲學現代化與世界化課題中所謂的現代性與世界性，這是提供中國哲學在國際哲壇上扮演重要角色的必要與充分條件。與日俱進的思想必須「苟日新，日日新，又日新」。朱子把「親民」解成「新民」。中國還有一系列從孟莊到陽明極為深遠悠久的思想，強調自我創造的「自得之學」，良知本體也是創造天地的精靈。超越局限，破除執障，才能達到頂天立地，為萬世開太平而萬物一體的哲學智慧。

在這點意義上，借助哲學的解析方法，全面建立中國哲學完整嚴密的系統，是刻不容緩的工作。幾十年來，尤其在英語系統的大學哲學系仍是解析哲學的天下，強調邏輯推理與嚴密論證，謹守價值判斷的中立性，並以語言分析當作哲學本身。正如卡納普（Carnap）所謂：「哲學的目的僅止於語言的分析」。哲學方法是中國哲學最弱的一環，可能是受「無言之教」唯恐一落言詮，便成下乘的影響，老莊「知者不言，言者不知」，禪家「不說破」，孔子「天何言哉」（維根斯坦亦有「對不可訴諸語言的，我們必須保持沉默」之說），其目的在指出形上本體的不可述說性（Ineffability），或是認為語言如糟粕粃糠，足以抹殺道德實踐的無上威力。所以用誘導啟發的方式，打開自我體現的大門。這種作風元好問的詩最能傳神：

「鴛鴦繡得憑君看
莫把金針度與人」

造成了東方智慧與西方以方法為哲學立場的極端對立，進而互相指控

「內容」貧乏。究實而言，中國經典語錄式的記載，如蜻蜓點水，漠視西方「為知識而知識」的純理思辨，無助於中國學術的世界化，也是西方一直認為中國無哲學的根本原因。印度哲學思辨成份較濃，在西方的傳佈成長，遠較中國哲學為快。程伊川曾經為孔子辯解，謂「天何言哉」之用意僅在警告子貢之喋喋不休。「誠」的字意是「言之成」，所以程朱理學強調為學傳道，必須操持「有言之成」的誠敬之心，可以避免「不誠無物」，以誠而有物立言立功。我們認為這種誠敬的為學態度可以消除「無言之教」的難局，對於重建國際性學術性的中國哲學，應有很大的啟發。

八、結語：中國哲學世界化的機緣

四十年代前後，東方思想突然像一股旋風侵襲美國，揭開當代中國哲學世界化的序幕。鈴木大拙以流暢的英文，大量介紹禪宗思想。容格（Jung）也以心理分析、心理治療的方法，肯定了道家思想。一九三九年在夏威夷舉辦第一次東西方哲學家會議，美國哲學家諾斯羅普（Northrop）提出東西哲學以平等地位交流會通的主張。穆爾（C. Moore）、胡適、陳榮捷、方東美、梅貽寶等等也一時成為傳統思想在西方植根成長的拓荒者。於是《中西哲學》季刊的創立、大英百科全書增列中國哲學部分、大學相關科系設立中國哲學課程、《中國哲學學報》的創立、大量英譯中國經典以及歐洲澳洲的回應等等，為當代中國哲學世界化樹立了里程碑。近年中國哲學英文專著，如雨後春筍，相繼問世，加速之成長，其中以宋明理學的發展最快。舉例來說，國內不注意的小題目如謝良佐、陳亮、吳澄、吳與弼、湛若水等等都有水準的博士論文。純為知識而知識的學術研究，值得模倣，若

需避免「禮失求諸野」的危機，國內更應急起直追了。中央研究院國際漢學會議和檀島國際朱子會議都曾經受到國際間的矚目。一年之內夏威夷、臺中、普林斯頓、香港、雪梨一連串中國哲學會議，還有兩年後在臺北的國際宋明理學會議，頗具規模，也已經着手籌備。因此連一向漠視中國傳統的西方哲學界，已有明顯跡象表示要對東西方的經驗作一次通盤性的了解。今天東西方的會合開始邁入新境界。未來「撤百氏藩籬，啟六經關鍵」的工作，也端賴我們如何去把握此時「東風西漸」的良好機緣，相信這兩天的研討會，必有豐富的收穫。

白沙灣中國哲學現代會議有感

——七十三年四月七、八日雖風雨交加，卻絲毫未減研討會熱烈氣氛，因而戲和白沙詩乙首以誌之。

一、坐忘白沙灣
　　猶談陽明山
　　東西一淨土
　　春雨弄風浪
二、現代化傳統
　　邏輯入虛空
　　宇宙本全渾
　　百家于回春
三、良知啟道德
　　中外無新舊
　　天人儒道佛
　　風流共衣鉢
四、科玄要超越
　　長空任鳥飛
　　古今一太極
　　大海從魚躍

《論語》哲學中的主觀性與客觀性

摘　　要

　　本篇論文嘗試以詮釋學的方法，提出「主觀性」和「客觀性」理論的預設原則，分析《論語》哲學中主客關係的內層結構，以凸顯出這一套儒家倫理心理學思想模式中隱藏的涵意及其問題的關鍵。首先在「主觀性」原理方面，《論語》中的「爲仁由己」，「欲仁而仁至」，「從心所欲」看來，主體具有自主性、自覺性、創造性等等特質，把「仁」當作行善的道德動力。其次在「客觀性」原理方面，由「博學以文，約之以禮」，「己立立人，己達達人」等方面看來，具有開放性，容納性，他律性和羣體性等特質。把客觀的道德規範當作自我實現的自律原則。最後在「主客交互作用」原理上，由「克己復禮」，「己所不欲，勿施於人」，「中庸之爲德」，「中行」等等觀點看，主客交互作用的原理是《論語》思想的重心，具有主客內外平衡性、互依性、協調性、互成性等等特質，必須極高度智慧才能在主觀的客觀化和客觀的主觀化上面去平衡踐行，以達到人際關係上的和諧自然爲最高理想，根據孔子本人，主觀上的「從心所欲」，和客觀上

的「不踰矩」，這種主客協調平衡的極致，要到七十歲才算大功告成。

一、引　言

《論語》這部著作彙集了孔子及其弟子談論為人處世的道德原理，以及修齊治平的道德理想所構成的一套儒家倫理學說。班固的《漢書‧藝文志》謂：

> 「《論語》者，孔子應答弟子、時人及弟子相與言而接聞於夫子之語也。當時弟子各有所記，夫子旣卒，門人相與輯而論纂，故謂之論語。」

《文選‧辯命論》注引「傅子」亦謂：

> 「昔仲尼旣殁，仲弓之徒追論夫子之言，謂之論語。」

其中的整個思想以精簡的對話格言式表達出來，表面上看來雖然不夠系統化，其中的論證也似乎不夠嚴密或付諸闕如。但是整個學說的主題與旨趣卻非常凸顯。這種人道主義的「仁學」思想，有其自身「一以貫之」的方法論，作為道德實踐的準則，以建立成功道德修養的進階次第，去說明在重重複雜的人際關係之中，如何追求至善的理想境界，這是永無休止的踐仁過程，終極的目標則為成就君子聖賢型的偉大人格。《論語》一書對於「人生的意義」所下的定義幾乎可以看成是「一種永恒的自律以實現自我的創造過程」。這當然也只是點出《論語》宗旨的概括性說法。

　　我們如果採用詮釋學的方法，先提出某種理論的預設原則 (Postulates)，從新的角度去整理這一套倫理學說，可以更進一步去觀察儒家思想模式的內層結構，看出一些道德判斷的基本原則，可能有助於問題的澄清，有時可以達到撥雲見日的效果，而使整個學說的立論根據和特質明顯化，方法若能與論題的主旨妥當配合，可以凸顯出其中隱藏的涵意或問題的關鍵。正如《論語》中「子貢問為仁，子曰：工欲善其事，必先利其器」❶

　　本篇論文卽是以一種「倫理心理學」的觀點，嘗試預先假設一種主客內外的原則，以「主觀性」（或主體性）(Subjectivity) 和「客觀性」（或客體性）(Objectivity) 兩儀分位的方法，提出孔子本人對「自我實現」的主觀性問題的態度，以及推己愛人的客觀性實踐說明。「仁學」在這兩方面的結構，不論在內審修己以完成自我的主觀內層問題，或者為人待物恪守分際的外向客觀進程上，都可以看出有其本身首尾相應，脈絡相通的條理。實際上，在《論語》哲學中，主觀性與客觀性的兩方關係，在理想上是「二而一，一而二」的關係，形成協調融和，綜合統一的局面。這一點必須事先澄清，否則主觀性與客觀性的二分法似有強化主客對立，內外分歧的情形。在本文主客的兩儀分位形成兩極性 (Polarity)，不是一種主客矛盾對立的緊張關係，而是如陰陽兩儀，主客互依互存，而根據此互依性去強調和諧的分位關係。

　　由此可以看出主客的二分法，可以使《論語》中所談理想的人際關係中的主客交流問題明顯化，就是說，從儒家「以友輔仁」式的主客互補相依關係，不是西方二元論式主客形成隔絕對立的關係看得出

---

❶　〈衛靈公篇第十五〉，十。

來，所謂「主觀性」和「客觀性」的純哲學理論，在孔子哲學中早有未雨綢繆的先見之明，早已相當完美的解決了許多倫理學上的問題，像西方「人際分離」(Alienation) 這一類潛在的問題也決不會在仁學體系中產生。這也正是《論語》哲學具有恒常價值的理由所在。

二、《論語》哲學的基本命題

我們如果要追問中國哲學中耳熟能詳的一些根本問題，例如儒家思想何以成爲中國文化的主流而歷久不衰？中國文化爲何必須以仁義道德價值爲本位？我們爲什麼只有繼續發揚傳統哲學才能對世界文化作出特殊貢獻？等等。對這一類基本問題的解答，可以追本溯源到《論語》這部對話錄去尋找。這一套修齊治平的道德理想，是孔子在價值取向上釐定出來的標準，對整個傳統的進程奠下基礎❷，影響所及，根深蒂固的成爲中國政治、社會、教育、文化的道德規範，所謂中國文化的骨幹和命脈，其實指的是一種強烈的道德意識。究其原因，還是要追根於儒家所提出道德律之所以能成立的一些基本概念了。

儒家倫理學說的最基本命題，當以孔子提出「仁」字作爲人生的核心觀念和道德的最高準則爲起始。這個命題以較完整的形式表達出來，可以用《中庸》的「仁者人也」爲代表，或者朱子註《孟子‧盡心篇》所謂：

　　「仁者，人之所以為人之理也。」

---

❷　陳榮捷說：「孔子是眞正決定整個中國哲學發展進向的人」，見 Wing-tsit Chan, *A Source Book in Chinese Philosophy*, Princeton University Press, 1963, p. 14.

孔子自己雖然「罕言仁」❸，並未直接說出「仁者人也」，但這個第一原理式的基本命題❹，把整個《論語》哲學的宗旨標舉出來。「仁」字在字源義上，根據許慎《說文解字》是「從人二」，「二人」是社會的基本雛型。字源義上已經蘊含了主客和諧關係的旨趣。仁字雖在孔子之前東周時代已經存在，而且也把「仁」當作一種美德，但真正把「仁」字賦與哲學意義，從人的關係上談論人際倫理，把人生意義放在人際性和社會性去理解，把倡導人間和諧關係作為實現人生目的的，還是以孔子為始。

這樣一來，把「仁」與「人」在道德意義上的實質內容加以等號溝通，使得儒家的「仁學」成了中國人所理解的「人學」，雖然這種「人學」並不涉及生理層面的自然科學部份，但它代表的是一種強烈道德感價值感的人生觀，儒家傳統中，所有後來發展成功的道德本體論、道德形上學、道德心理學，都是以孔子仁學為母體，發芽成長開來，可以視為儒學體系的「哲學的人類學」。它的儒學特色非常鮮艷：強調踐行至善的道德理想，使「人為萬物之靈長」的信念能夠在日用酬酢之間落實下來。

就以儒家的道德心理學而言，《論語》一書雖然只以格言式的提點內容，但在孔子及其弟子的對語中，所表露或射影而出的道理，尤其在主客內外互補互依的交互作用，以臻於協調關係的理想這方面，可以明顯的看出「主觀性」和「客觀性」的預先設準是存在的，而且

---

❸　《論語・子罕篇第九》，一。

❹　「第一原理」為希哲亞理斯多德提出，此處只是借用其術語而已，但在哲學涵義上極為重要，「第一原理」是一種學說思想的立論根據，如果不能接受，則將形成孔子所謂：「道不同，不相為謀」的情形。見〈衛靈公篇第十五〉，四十。

已經具備了純哲學理論上的主要基本概念，雖然沒有把完整的理論和盤托出，但其中微言大義，若加以深入分析，還可以發現對千絲萬縷的人際關係，如何化解主客對立，內外相歧的關鍵性問題，都曾經愼思熟慮過。

　　以下對「主觀性」和「客觀性」的預設準則，一方面爲討論方便，一方面爲配合孔子論「踐仁」的方法步驟，以「能近取譬」❺的原則，先從主觀方面入手，再向客觀方面，最後以主客交互原則，大略分爲三個層面加以陳述。其要旨如下：

　　（一）主觀性原理

　　「仁學」在主觀性方面，具有自主性、自覺性、自動性、創造性等等特質，把「仁」當作行善的道德動力。

　　（二）客觀性原理

　　「仁學」在客觀性方面，具有開放性、容納性、他律性和羣體性等等特質，把客觀的道德標準，當作自我實現的自律原則。

　　（三）主客交互作用原理

　　「仁學」的重心在主觀性與客觀性兩極相互交流作用，以達到人際關係的和諧爲最高理想，它在內外主客的交互關係中，具有平衡性、互依性、互成性等等達到主客協調一致的特質。

三、「主觀性」原理

　　《論語》一書，採用有關「自我主體」的字眼及其出現次數統計如下：

---

❺　子曰：「能近取譬，可謂仁之方也已」，見〈雍也〉，六・三十。

「吾」：一百十三次

「我」：四十六次

「己」：二十九次

「自」：二十次

「身」：十四次

「主」：五次

「私」：二次❻

從此表可以看出《論語》哲學對「自我」的問題極爲重視❼，因爲道德實踐的基礎在「立本」作爲出發點，所謂：

> 「君子務本，本立而道生」❽

建立主體性是道德行爲的先決條件，在自我內在生命中，以自我的觀點，建立自主自決的道德立場和態度，作爲「踐仁」的心理準備，孔子說：

> 「爲仁由己，而由人乎哉？」❾

此「由己」的方面應有自由意志的抉擇的涵義，「爲仁」不是「由

---

❻　根據楊伯峻編著《論語辭典》，見其《論語譯註》，源流出版社，一九八二年，頁二一九——三二四。

❼　美學者 Herbert Figarette 曾對《論語》中有關「自我」的問題作分析討論，見其: "The Problem of the Self in the *Analects*", *Philosophy East & West*, Vol. 29, No. 2, 1979, pp. 129–140.

❽　〈學而篇第一〉，二。

❾　〈顏淵篇第十二〉，一。

人」則指不受外力的強制性，而應自動自發的去立定志向，歸依仁德，用《論語》的話來說就是：

「志於道，據於德，依於仁，遊於藝」⑩

主體要在主觀的意志，自覺到道德義務，像曾子所強調的：

「士不可以不弘毅，任重而道遠，仁以為己任，不亦重乎，死而後已，不亦遠乎」⑪

由這方面看來，《論語》把「仁」當作主體道德律的根源，要求主觀意志的道德抉擇，把個人生命精神的直接投入參與，形成道德的必然性，朱熹為了強調「仁」是人的心智主體，作為踐行孝弟等善德的主動力，把「仁」解釋成為「心之德，愛之理」⑫，用意在彰顯人心的道德本性，遂有道德形上學的發展。

孔子曾經說過：

「若聖與仁，則吾豈敢。」⑬

朱子《論語集注》引晁氏說，當時有稱夫子聖與仁者，以故夫子辭之。孔子被人稱為聖人，不敢以仁自居，這是自謙之辭，亦容易使人

---

⑩ 〈述而篇第七〉，六。
⑪ 〈泰伯篇第八〉，七。
⑫ 《論語集註》，〈學而篇〉，「孝弟也者，其為仁之本與」註文。
⑬ 〈述而篇第七〉，三十四。

認爲「仁」之理想過高，是一種不可捉摸，高不可及的境界。孔子說：

> 「我非生而知之者，好古敏以求之者也」❹

又說：

> 「仁遠乎哉？我欲仁，斯仁至矣！」❺
> 「君子求諸己，小人求諸人。」❻
> 「當仁不讓於師」❼

這是以道德抉擇的主動性方面來談的，建立主觀性原則，意味道德實踐的自主性和自覺性，「踐仁」是一種自我實現自我完成的創造過程，孔子稱讚：

> 「古之學者爲己，今之學者爲人」❽

「仁學」是一種「爲己之學」，它的方法要在「能近取譬」❾：

> 「博學而篤志，切問而近思，仁在其中矣！」❿

---

❹　〈述而篇第七〉，二十。
❺　〈述而篇第七〉，三十。
❻　〈衞靈公篇第十五〉，二十一。
❼　〈衞靈公篇第十五〉，三十六。
❽　〈憲問篇第十四〉，二十四。
❾　〈雍也篇第六〉，三十。
❿　〈子張篇第十九〉，六。

在個人意志上，建立自主性和能動性的主觀原理，在《論語》中採用了很多不同的術語來表達「志於仁」[21]的宗旨，例如上面所提「求諸己」、「敏以求」、「篤志」、「欲仁」，還有「恭行」、「脩己」、「己欲立……己欲達」[22]、「內自訟」[23]、「內自省」[24]、「躬自厚（責）」[25]，言行方面要「忠信篤敬」[26]，生活方面要「居處恭，執事敬，與人忠」[27]，都表現了一種對道德感「默而識之，學而不厭，誨人不倦，何有於我哉？」[28]的主體自覺性和反省性，而在主觀的實踐上表現了自我鼓勵和自我批判的主動性，以達到「求仁而得仁」[29]的目的。

在主觀上面，對道德價值的確信與道德行為的選擇，在理想上本來應該是與生俱來的天性，但人的資質，有「上中下」之分[30]，「生而知之者上也，學而知之者次也，困而學之，又其次也，困而不學，民斯為下矣」[31]，連孔子都自認為「我非生而知之者，好古敏以求之者也」，顯然看出所謂「上」者極少，所以德性行為的成長，應以後

[21]　〈里仁篇第四〉，「子曰：苟志於仁矣，無惡也」，四。
[22]　〈雍也篇第六〉，三十。
[23]　子曰：「吾未見能見其過而內自訟者也」，〈公冶長篇第五〉，二十七。
[24]　子曰：「見賢思齊焉，見不賢而內自省也」，〈里仁篇第四〉，十七。
[25]　子曰：「躬自厚而薄責於人，則遠怨矣！」，〈衛靈公篇第十五〉，十五。
[26]　子曰：「言忠信，行篤敬」，〈衛靈公篇第十五〉，六。
[27]　此為樊遲問仁時孔子所答，〈子路篇第十三〉，十九。
[28]　〈述而篇第七〉，二。
[29]　〈述而篇第七〉，十五。
[30]　見〈雍也篇第六〉，二十一，子曰：「中人以上，可以語上也，中人以下，不可以語上也」。
[31]　〈季氏篇第十六〉，九。

天的個人努力爲主，主觀上先建立正當的道德價值感以「正其身」，所謂「不能正其身，如正人何？」❸，因此在「爲己」、「求諸己」的道德實踐，無論在意志上、認知上或感情上，都要以「仁」爲價值中心去定向，使個人的欲望、興趣、動機、目的、情感、理想等等都朝向仁德的宗旨，去發憤圖強。上面所提「志」、「欲」、「求」、「學」、「篤」、「切」、「躬」、「思」、「省」、「恭」、「切」、「近」、「內」都表現主體的道德實踐功夫，在切近親身處，自反自覺，體認仁性去發展人格的潛力，這種潛力要不斷的創造發揮，刻苦自勵，層層向上，無限擴展，形成獨立思考的自主性。

由此看來主觀性的道德原理，在「仁學」系統中是以自主性、自覺性、自動性和創造性等爲其特質，成爲道德判斷的主體性原則，成爲自我的態度立場，沒有自我判斷的立場，道德呈現中立狀態，人際關係頓成虛無空泛，毫無意義，所以孔子要說：

「唯仁者，能好人，能惡人。」❸

孔子還稱讚其弟子仲由爲人誠實直率，判斷敏銳而說：

「片言可以折獄者，其由也與？」❸

大體而言，「仁學」的主觀性原理，在道德實踐的過程中，是由「爲仁由己」的自覺性，「欲仁而仁至」的自動性，發展成長開來，

❸　〈子路篇第十三〉，十三。

❸　〈里仁篇第四〉，三。

❸　〈顏淵篇第十二〉，十二。

最後達到「從心所欲」❸的自主性和創造性為成熟的境界。

四、「客觀性」原理

　　如上節所論，「仁學」的道德實踐有意志、感情與認知三方面的發展傾向，此三方面的踐仁功夫，是以主觀的努力，向外擴展，其目的在「推己成人」，在客觀世界中體現仁性與愛德，《論語》在「樊遲問仁」時，孔子就是以感情方面立論，把「仁」釋為：「愛人」❸，申而論之，就是孔子所謂：

　　　　「夫仁者，己欲立而立人，己欲達而達人」❸。

「愛人」是在自我人格發展實現的過程，同時致力培養他人在人格精神上的完美發展，「愛人」是向外擴展的一種「博施濟眾」❸的精神。「仁學」的進階次第，是要由主觀推展到客觀，在主體品格提升的過程，同時也要成全客體的發展，這樣一來，當然對客觀世界要有全然的認識，孔子在下「知」的定義時說：「知人」❸。又說：

　　　　「不患人之不己知，患不知人也。」❹

---

❸　〈為政篇第二〉，四。「子曰：『……七十而從心所欲，不踰矩』」，此處「從心所欲」是主觀方面而言，「不踰矩」是客觀方面他律性，主客交流的原理見第五節。

❸　〈顏淵篇第十二〉，二十二。

❸　〈雍也篇第六〉，三十。

❸　同❸。

❸　〈顏淵篇第十二〉，二十二。

❹　〈學而篇第一〉，十六。

人須要善於鑑別人物，必須具備廣博的知識，知彼知己，建立「好人惡人」的標準，對客觀公認的規則，有所理解與掌握，才能作為主觀道德判斷的參考依據，客觀的認識不僅能夠補充潤飾主觀認識上的不足，而且還有極重要的制約性與規定作用，主觀上的為所欲為，其缺陷非常明顯，容易造成孤癖偏失或獨斷自大。正是《論語》所提：

「子四絕：毋意、毋必、毋固、毋我。」㊶

過份強調主觀性的個人欲望情緒，造成任性盲目而踰越規矩，孔子最忌諱這種妄自獨斷的心理，為了斷絕這四種唯我論的傾向，所以不憑空妄想，不墨守陋習，不拘泥固執，不唯我獨尊，自以為是。主觀上的偏失，可以客觀公認的規則來克制糾正，孔子說：

「以約失之者鮮矣！」㊷

這種「約」就是以客觀的規則來約束節制自己，用來反省改進主觀上的錯誤，曾子曾謂：

「吾日三省吾身，為人謀而不忠乎？與朋友交而不信乎？傳不習乎？」㊸

就是孔子所謂的

㊶　〈子罕篇第九〉，四。
㊷　〈里仁篇第四〉，二十三。
㊸　〈學而篇第一〉，四。

「見賢思齊焉，見不賢而內自省也。」❹

這樣把「人」、「賢」、「朋友」等等當作客觀的標準，用以自我反省，自我批評，成為自律的原則，以客觀的觀點看，客觀的規則有他律性的特質，在周代社會這種規則即一套經過約定俗成的禮儀，《論語》中統稱之為「禮」，它有制約個人言行的功用，如孔子所說：

「非禮勿視，非禮勿聽，非禮勿言，非禮勿動。」❺

「禮」雖然可以包括在廣義的「仁」德之內，即所謂「人而不仁，如禮何？人而不仁，如樂何？」❻，但是「禮」是客觀界克制主觀言行的最高標準，《論語》中所謂「不學禮，無以立」❼，可以看出「禮」與品德修養息息相關，是作人處世的根本道理，這種客觀的道德標準，可以用來窮究人心莫測高深，以克制人情欲望，以避免人際間的對立衝突。《禮記》中說：

「飲食男女，人之大欲存焉，死亡貧苦，人之大惡存焉，故欲惡者，心之大端也。人藏其心，不可測度也，美惡皆在其心，不見其色也，欲一一窮之，全禮何以哉？」❽

《禮記》記載後人轉載孔子的話：

---

❹　〈里仁篇第四〉，十七。
❺　〈顏淵篇第十二〉，一。
❻　〈八佾篇第三〉，三。
❼　〈季氏篇第十六〉，十三。
❽　〈禮運篇〉。

「禮乎禮，夫禮者，所以制中也」❹⑨。

「制中」意指用「禮」來規定制約人情欲望，可以不使其過，亦可不使其不及。

　　具有普遍性意義的客觀知識、規則和禮節，在《論語》中有各種不同的術語，但爲討論方便，此處取其廣義者而統稱之爲「文」和「禮」。《論語》中最具體的例子爲：

　　「君子博學以文，約之以禮。」❺⓪
　　「夫子循循然善誘人，博我以文，約我以禮，欲罷不能。」❺①

客觀世界的探討，意指在不完全失去自我的情形之下，暫時脫離自我立場，擴大心胸，拓展主觀知識的涵蓋面，所以「博學」、「博文」、「泛愛眾」，是指自我主觀方面對客觀世界擴展認識交流的領域，去接受容納他人意見或學習客觀知識禮節，孔子說：

　　「就有道而正之，可謂好學也已。」❺②
　　「多聞，擇其善者而從之，多見而識之……」❺③

無論是在接受客觀知識的「文」，或容納社會規矩制度的「禮」，都表現了個人方面具備了一種開放性的特質，這種特質的功用，可以作

---

❹⑨　〈仲尼燕居篇〉。
❺⓪　〈雍也篇第六〉、二十七。
❺①　〈子罕篇第九〉，十一。
❺②　〈學而篇第一〉，十四。
❺③　〈述而篇第七〉，二十八。

爲他律性的原則， 對個人道德行爲有約束性， 折衷主觀方面的任意
性，作爲改變主觀立場的約制規律。《論語》中的「禮」所訂立的規
範是羣體德性行爲的客觀標準，它代表了一種公認的最高美善價值，
形成普遍性的規範就具有支配性、規定性和制約性等特質。由於這一
類外在規範的他律性， 使得「 仁學 」在客觀性原理方面， 具有容納
性、轉化性等永恒開放創造的特質， 使得儒家倫理學不致成爲一成不
變的僵化閉鎖，而是永遠開放擴展的創造系統。

五、「主觀性」與「客觀性」的交互作用

以上兩節各以「主觀性」與「客觀性」截分爲兩極對立形態加以
分述，其實「仁學」主旨在人際關係的和諧性，主客關係不是二分對
立，而是互補互成的協調關係，強調的是互依性，以主體對客觀世界
來說，個人的道德實踐，雖然是自我實現的過程，同時也是爲了成全
他人，《論語》中有一段話：

> 「子路問君子，子曰：『脩己以敬。』曰：『如斯而已乎？』
> 曰：『脩己以安人。』曰：『如斯而已乎？』曰：『脩己以安百
> 姓，脩己以安百姓，堯舜其猶病諸。』」❺

「脩己」是以「敬」的主觀意識去涵養品德，目的在向外擴展，「博
施濟眾」以安人以至於安百姓，仁德的特質在表現人際關係的社會性
和羣體性，社會羣體既然有「禮」作爲普遍性的客觀規範，所以主觀
上的「脩己」必須與客體標準的「禮」相互配合而並進，孔子對「仁」

---

❺　〈憲問篇第十四〉，四十二。

的定義較爲完整而常被引用的應是此一段：❺

> 「顏淵問仁。子曰：『克己復禮爲仁，一日克己復禮，天下歸仁
> 焉。爲仁由己，而由人乎哉？』顏淵曰：『請問其目。』子曰：
> 『非禮勿視，非禮勿聽，非禮勿言，非禮勿動。』」❺

「克己復禮爲仁」之成爲孔子對仁德最完整的定義，是因爲它完整的
說明了主客交互作用的複雜關係之中的互依性和協調性，「己」是有
位格的自我主體，「禮」是具有客觀普遍性的外在規範，「克己」是以
客觀規範節制主體，「復禮」是以主體能動性去發揚客觀規範。「克
己復禮」在主客交流對應上，一由外而內，一由內而外，雖然方向是
相反的，在仁學的心理學上，內外主客相互交流，具有協調的作用，
以達到「主觀性」與「客觀性」的綜合統一，由於客觀的「禮」反映
於自我主體，促成客體規律對主體的制約作用，反之主觀的推己成
人，則是主體對客觀世界的主觀施愛與改造。如此主客之間，相互規
定，相互制約，互應互依，由於主觀性的客觀化和客觀性的主觀化，
其主體中有客觀性，客觀性中有主體原則，在德性實踐中如此交互協
調而達到最高的綜合統一，所以「一日克己復禮，天下歸仁焉」。
　　「仁學」的主客關係，也可以用《易經》中的陰陽和諧互依關係
去理解「陰」與「陽」兩儀分位，是以「陰中有陽，陽中有陰」去達

---

❺　參看 Wing-tsit Chan, "The Evolution of the Confucian Concept
　　Jên", *Philosophy East and West*, Vol. IV, No. 4, (January, 1955).
　　Wei-ming Tu, "The Creative Tension Between *Jên* and *Li*",
　　Philosophy East and West, Vol. 18, No. 1 (1968)

❺　〈顏淵篇第十二〉，一。

到「陰陽兩極性」的「對應性」與「互補性」，《論語》哲學中主客的對應交流，也是以「主中有客，客中有主」爲人際關係中的極致。《論語》中有一段話是否指這種「陰陽主客」的關係，則頗耐人尋味：

> 「子曰：加我數年，五十以學易，可以無大過矣！」㊗

「克己復禮」中的「克」與「復」，雖然前者是指主觀界，後者是指客觀界而言，但在道德實踐上的因果關係來看，「克己」與「復禮」是一體的兩面，表現出「即因即果」，「即果即因」的一致性，也表現出自律性與他律性的互依關係，因爲主客內外的協調應建立在一種相互一致的對應規律之上，《論語》中說：

> 「子貢問曰：『有一言而可以終身行之者乎？子曰：其恕乎，己所不欲，勿施於人。』」㊘
> 「仲弓問仁。子曰『出門如見大賓，使民如承大祭，己所不欲，勿施於人，在邦無怨，在家無怨。』」㊙

「己所不欲，勿施於人」，可以視爲主客內外達到和諧一致的關鍵，在道德判斷中，無論是從主體的態度或客觀的立場，可以有一種互爲因果、互爲體用的對應規律，而達到內外一致的齊一性，「己」與「人」在「欲」與「施」之間，有一公正平衡的客觀標準。如前節所論，過份主觀的固執一己之見，造成唯我主義，同樣過份牽就客觀條

㊗　〈述而篇第七〉，十七。
㊘　〈衞靈公篇第十五〉，二十四。
㊙　〈顏淵篇第十二〉，二。

件，有完全脫離自我立場而失去自我的危險，成爲「爲人」而不是「爲己」。所謂「君子和而不同」❻，「禮之用，和爲貴」❻。在人我「不同」的條件情況之下，予以最適當方法作主客兩方的協調，「切切偲偲，怡怡如也」❻的互相批評，互相責善而和睦共處。主客協調無過無不及，在《論語》中，孔子稱之爲「中庸」之道，代表主客折衷協調的最高道德標準：

「子曰：中庸之爲德也，其至矣乎！民鮮久矣。」❻

這種主客相互參照妥協，相互折衷調和的「中庸」之道，在《論語》中又稱之爲「中行」，言行都能合乎「中庸」、「中行」卻極不容易，所以說：

「子曰：不得中行而與之，必也狂狷乎！狂者進取，狷者有所不爲也。」❻

「狂者」堅持主觀意志而顯得進取向上，「狷者」受客觀條件約束而顯得保守拘泥，寧可不爲，仍未臻於「中行」主客協調的理想極致，蓋因不多見而嘆「不得而與之」。仁德的極致，不僅是主客協調，還要內外一致，達到「文質彬彬」❻的地步，「文」指客觀規範的禮

---

❻　〈子路篇第十三〉，二十三。
❻　〈學而篇第一〉，十二。
❻　〈子路篇第十三〉二十八。
❻　〈雍也篇第六〉，二十九。
❻　〈子路篇第十三〉，二十一。
❻　〈雍也篇第六〉，十八。

樂，「質」指主體德性的仁義，二者表裏配合適當才是君子相貌。

六、結　語

「仁學」的道德實踐以主觀方面來說，是一種自我實現、自我創造的過程，又以客觀方面而言，它是一種開放的系統，主觀的認識在永無止境的向客觀世界作交流對話，向外學習，作爲主觀的反思材料。一方面是主體客觀化的去學習，一方面是把學習所得作主觀上省察，「學」與「思」如車之兩輪，鳥之兩翼，缺一不可，孔子說：

　　「學而不思則罔，思而不學則殆。」❻❻

「學」與「思」的互補性，使得《論語》哲學在主觀性與客觀性原理上具備了對德行生活態度或方法的一種特質，而這種特質能使人在主客兩體之間，以一種永無止境的交流對話中獲得對事物眞象的瞭解，使得主客之間交互作用呈顯出平衡和諧的狀態。在孔子哲學中，仁德的理想在「主觀性」與「客觀性」的問題上面，形成一種「二而一，一而二」協調統一的局面，這種融和統一的主客關係，本來不形成任何邏輯上的問題，後來儒學的發展，孟子強調良知良能的建立主觀性原理，而荀子強調「禮法」的客觀性原則，形成人性善惡之爭，可能是一種矯枉過正的現象，有損於孔子思想中，主客平衡協調的關係。以孔子本人來說，「主觀性」和「客觀性」之平衡協調是終生奮鬥的目標，代表了德性實踐的最高理想，應該視爲「仁學」的極致，因爲按照孔子進德修業的過程，一方面在主體意志上能「從心所欲」，另

---

❻❻　〈爲政篇第二〉，十五。

一方面在客觀規範上「不踰矩」，須要極高度的智慧，這種內外一以貫之而得的主客平衡協調，孔子到了七十歲，才算大功告成：

> 「子曰：吾十有五而志於學，三十而立，四十而不惑，五十而知天命，六十而耳順，七十而從心所欲，不踰矩。」❻⑦

---

❻⑦　〈爲政篇第二〉，四。

宋明儒學中整體和諧性的形上原理

一、宋明儒學的規模及其特色

以整體的眼光看來，宋明儒學的全部內容所代表的思想模式，目的在展現出宇宙本體與人性根源深處，具有一種普遍的共同原理，可以作爲連繫主客、通合內外的橋樑。這種原理無論是稱之爲「太極」、「性理」、「心體」或其他名辭，依循其普遍性的原則，人的精神領域可以向外無限擴展，通透到自然現象背後秩序井然的「眞實世界」。另一方面，以同一原理作爲道德實踐的規律，提升人的存在價值，終究可以完成所謂聖賢型的人格。這種理想人格的特質是具有「民胞物與」、「頂天立地」而「萬物一體」的胸襟，其格局架構極爲龐大，其實質內容異常豐富。這種思想模式的最大特色是宇宙本體論與倫理學化二爲一、密全無間，而且兩方面的論點往往用來互倚互證，一方面論天而「極高明」，同時可以在人而「道中庸」，誠如邵雍（康節，一○一一──一○七七）所謂：

> 「學不際天人，不足以謂之學。」❶

---

❶　《增補宋元學案》，四部備要版，卷九，頁一一。

如此面面兼顧，廣大悉備的思想，如程顥（明道，一〇三二——一〇八五）的「仁者之學」或王陽明（守仁，一四七二——一五二九）的「大人之學」，具有周敦頤（濂溪，一〇一七——一〇七三）所提出「天道行而萬物順，聖德修而萬民化」❷的大和諧精神，自然產生了具有道德意義的宇宙本體論，或者說是具有天地氣象的倫理學說，其中還深染一種價值論的色彩。宋明儒學又因爲承襲「中庸」「天命之謂性」的說法，祇有神性義的天才能賦與人以道德的本性，所以帶有幾份宗教情操的氣氛。

不可諱言的，這種規模龐大的倫理學說，以現代西方眼光看來是過份理想化的。宇宙論與倫理學合而爲一，自然律與道德律可以互相印證，形上學知識論都有揉和價值論觀點的傾向，自然容易導致比較極端的學說而遭遇理論上結構上和邏輯上的困難。大體而言，因爲西方個人主義爲主的心態影響所及，特重分析方法，強調歧異，對立分明，使得不同領域的課題，鴻溝截然，不容混同。這種只見其異，不見其同的意識型態，適與宋明儒學的和諧精神，形成水火不容的強烈對比。

就宋明儒學的實質內容而言，無論是程朱學派「格物窮理」，「主敬誠意」的修養過程，或是陸王學派「盡心知性以知天」的心路歷程，都是強調實踐的哲學，可以視爲「道德的實效主義」（Ethical Pragmatism），以肯定客觀世界的態度，探討連繫天人的形上本體而言，是一種「積極的實在論」（Positive Realism）。以主體性的創生造化功能達成人與宇宙之間，有如血肉相連，痛癢相關的有機整體而言，又可以說是「創生的機體主義」（Creative Organism）。如果把

---

❷ 《通書・誠心篇》。

「心性之學」與黑格爾（Hegel，一七七〇——一八三一）的絕對唯心論，巴克萊（George Berkeley 一六八五——一七五三）的主觀觀念論，甚至如西方唯我論（Solipsism）同等齊觀，亦只能顯出對新儒家以主體性原則出發，具有強烈價值感而以「天人合一」為終極關懷的理論，缺乏全盤認識。固然以「心性」為價值取向的思想模式，其形上學帶有唯心論，其認識論帶有觀念論的色彩是無可諱言的。其實「心性之學」的方法，尤其是以靜坐證悟出來超乎言詮的內聖體驗，又兼含神秘主義的成份。

如此看來，宋明儒學既然橫跨宇宙論，倫理學與自然宗教三大範圍而兼容並包上列各種特質，並不意味其不倫不類，實際上它是承襲自先秦儒家的思想，所以是「仁學」，又是個人親身體驗得來的「自得之學」，所以是「實學」。其「天人合一」，「萬物一體」的主旨，把中國自然宗教的特質發揮得淋漓盡致，宋明儒學的內容所牽涉的正是哲學與宗教相互交滙的核心課題，從這種課題開展出來的思想，要「通天人之際，究古今之變」是強調人生與宇宙整體和諧的一種智慧，在思想史上應佔有一特殊的地位。❸

二、整體和諧思想的大綱

中國傳統哲學中把天人關係加以連繫而形成的整體和諧思想，可謂淵源流長，可以用唐君毅先生的話概括之：

「天人合一是中國哲學上的中心觀念——這一觀念直接支配中國

---

❸　參考姜允明，〈從「心體」的形上意義申論宋明心學中「天人合一」的理論基礎〉一文，《漢學研究》，卷二，期二，頁七三～九六。

哲學中之發展，間接支配中國之一切社會、政治、文化理想——
所以在中國哲學上一直流行着，天人合德、天人不二、天人無
間、天人相與、天人一貫、天人合策、天人之際、天人不相勝、
天人一氣的話。」❹

這種視天人關係爲整體和諧的思想，在先秦經典中，如《書經》、
《詩經》、《左傳》、《論語》、《荀子》、《墨子》等等都有論及，
尤其是《莊子》「天地與我並生，萬物與我爲一」❺，規模初備，其
中又以《中庸》「天命之謂性，率性之謂道，修道之謂教」❻並以誠
體貫通天人的方法，《孟子》「萬物皆備於我」❼，「與天地上下同
流」❽的規模，以及《易經》天地合德，妙契乾坤的思想，對宋明儒
學的影響最大。再經漢儒「天人感應」說發揮整體性的理論，到了宋
代早已成爲整個傳統文化的基本心態。在理論的建構上，因對「天」
有各種神性義、道德義、自然義、時空宇宙義等等不同的了解，處
理問題的方式不盡相同，但是視宇宙爲一生命的大主流而與人的道德
本性息息相關的思想模式，則是整個宋明儒學的宗旨，《詩經》所謂
「維天之命，於穆不已」❾，《易經》所謂「天地之大德曰生」❿，
「生生之謂易」，「天行健，君子以自強不息」⓫，以及上面所提思

❹　見其《中西哲學思想之比較研究集》，臺北宗青，一九七八年初版，頁
　　一一一。
❺　〈齊物論〉。
❻　首章。
❼　〈盡心篇〉，上。
❽　同❼。
❾　《周頌・維天之命篇》。
❿　〈繫辭〉，下一。
⓫　〈乾・象辭〉。

孟學派天人關係的提示，全部融滙貫通在其形上理論之中。

　　程頤（伊川，一○三三———一一○七）的《易傳》中對「乾文言」的一段話：

　　「夫大人者，與天地合其德，與日月合其明，與四時合其序，與鬼神合其吉凶」

曾加簡要的說明：「大人者與天地、日月、四時、鬼神合者，合乎道也」。朱熹（元晦，一一三○——一二○○）承襲其理學的主要觀念，更擴而充之建立成功系統龐大的形上理論，把天人關係的整體性由「理」的普遍性作為邏輯上的根據而說：「人與天地、鬼神，本無二理」❷。又由於「性即理」的等號溝通，天人的關係密切連貫，整體性的理論可以說在整個傳統哲學史上展現了突破性的進展。當然以「性」與「理」的連貫去溝通天人的說法過份扼要，不易看出其理論的全貌，其他關鍵詞名目繁多，除了「性」與「理」，如「道」、「太極」、「陰陽」、「仁」、「生」、「氣」、「誠」、「心」等等抽象原理，相互交織而成複雜的形上結構，成就了天人整體貫通的生命哲學。這種理論系統固然龐大嚴密，但從人的道德實踐上作窮年累月的格物窮理，主敬意誠的工夫，最後仍須憑藉「一旦豁然貫通」，方能「明心體大用」❸，陸王學派的心學家認為過份繁雜支離而加以揚棄，另循更為直捷的步驟，以「心即理」的當下體悟，使得整體性通合內外，連繫天人的方法論顯得格外具體透徹而簡易。這種天人關係理論上的突破，其實有其經典的根據，王陽明在《象山先生全集》

---

❷　《周易本義》。

❸　見朱熹，《大學章句補格物傳》。

❶ 中把這種歷史根源追溯到〈尚書大禹謨篇〉：

> 「聖人之學，心學也，堯舜禹之相授受。曰：『人心惟危，道心
> 惟微，惟精惟一，允執厥中』。此心學之源也。」

同時思孟學派的心學，由於陸王心學家的發展而得以繼續發揚光大。

以心體爲連繫天人的橋樑，在宋儒前期已有簡要的提示，邵雍主
張「心卽太極」❶ 又說：

> 「先天之學，心法也。……萬化萬事，生乎心也。……天地萬物
> 之理，盡在其中」。❶

胡宏（五峯，一一〇五――一一五五）對心下過定義：「心也者，知
天地宰萬物以成性者也」❶。以「心」爲整個宇宙生命主體的主題，
頗爲彰顯。至程顥明言「仁者渾然與物同體」❶，並以「心是理，理
是心」❶ 去論證天人在本質上的不二，「心性之學」亦得以進入精微
的境界，對陸王學派的影響亦以此爲最，陸象山（九淵，一一三九
――一一九三）所說：「萬物森然於方寸之間，滿心而發，充塞宇
宙」❶，「宇宙便是吾心，吾心便是宇宙」❶，陳白沙（獻章，一四二

---

❶ 《象山先生全集》，四部叢刊版，首頁。

❶ 《皇極經世書》，四部備要版，卷八下，頁二五。

❶ 同前書，卷七上，頁三四。

❶ 《知言》。

❶ 《遺書‧識仁篇》，卷二上，頁三。《增補宋元學案》，卷一三，頁三。

❶ 《遺書》，卷一三，頁一。

❶ 《象山先生全集》，四部叢刊版，卷二六，頁一。

❶ 同前書，卷二二，頁一八〇；又卷三六，頁三一四。

八——一五〇〇）「人與天地同體」❷，以及王陽明以「良知」爲主
體性根源，由「天下一家，中國一人」進而「大人者以天地萬物爲一
體」❷，這種規模龐大的倫理學說，使「心性之學」發展到顛峯狀態，
充份發揮了孟子「浩然之氣」的貫通作用，「與天地上下同流」，以
及《中庸》裏盡人物之性以參贊天地之化育的主體性哲學。心性之學
最能把握回歸到大本大源之「一」的哲學方法，作爲融貫統合整體宇
宙的總原理，因爲「良知心體」是至大至剛的創生動力，可以通透籠
罩整個宇宙世界。

三、宇宙整體的三種形上結構

　　宋明儒學對宇宙世界的理解，尤其是以形上本體說明宇宙整體的
結構，以「道學宗主」的周敦頤爲開端，他的《太極圖說》與《通
書》描述宇宙本體衍生創化萬物的歷程，建立了一種條理井然的宇宙
開闢論（Cosmogony）。首先在本體界打通了「有」與「無」的絕
對對立，認爲最高純粹形式的本體，具備「有無」的兩面而提出「無
極而太極」的命題，顯然是受道家及《易經》的影響，他又以「一化
成二」的邏輯律則說明太極動靜而生陰陽五行，陰陽五行變合而「萬
物生生，變化無窮」。這種宇宙全體生化的原理，由「太極」本體發
源，分化爲兩種和諧的對應關係，這種關係有如「一動一靜，互爲其
根」，不是矛盾的對立，而是和諧的轉化關係中之兩種型態，諸如
「陰陽」、「動靜」、「剛柔」、「仁義」、「男女」等等，強調的
是互倚互生，既順又合的和諧關係。二又可以回歸爲一，如此溯本逐

---

❷　《白沙子全集》，卷三，頁六二。
❷　《陽明全書》，卷二六，頁一。

源，「太極」成爲統籌萬物的絕對本體，是宇宙整體和諧的最後根源，這種連貫組織成爲大生命體的宇宙，對程朱理學的影響具有發端之功。

周敦頤說：「士希賢，賢希聖，聖希天」❷，聖人的理想人格是在宇宙生命主流中表現「中正仁義」，所以他要「主靜而立人極」❷，致力於「與天地合德」的道德本性。他在《通書》更進一步說明陰陽動靜，性命道德與修己道人之道，是一部具有形上基礎的實踐倫理學，周敦頤的整個形上結構理論可以作爲宇宙與人生密合無間，整體和諧的一幅藍圖，以達到「博厚配地，高明配天」的境界爲其終極理想。

邵雍之學，根據朱子「能包括宇宙始終古今」❷，他的整體性學說是以演繹先天卦象，以數理的推算重新組織天地萬物人事的經緯錯綜，企圖把陰陽消長的自然進化，與古今治亂的社會歷史，統合於同一的數理秩序中，以囊括萬有，完成廣大的宇宙人生形式系統。他們數理觀念以四爲本，根據四象原則的公式推衍出天地開闢，萬物化生之數，如節候、年代、聲音等等，代表自然與人事發展歷程的全貌。

邵雍以爲天下之眞知有三種：

> 「天下之物，莫不有理，莫不有性，莫不有命。所謂之理者，窮之而後可知也；所謂之性者，盡之而後可知也；所謂之命者，至之而後可知也。此三知者，天下之眞知也，雖聖人無以過之也。」❷

---

❷ 《通書・志學章》。

❷ 《太極圖說》。

❷ 《增補宋元學案》，卷九。

❷ 《皇極經世書》，卷一一，下末段。

值得注意的是此三層「理」、「性」、「命」的眞知，是由分析對象的原理，觀察對象的性質以及實現對象的目的而達成，雖然其嚴格的必然先天系統，制約一切自然物慾及人事興亡，形成一「先天的機械決定論」（Mechanical determinism）。但是邵雍主張以物觀物，不以我觀物，卽所謂「反觀」，依循自然秩序與客觀條件，觀察萬物之本相而言，使道德實踐的氣氛中表現出自然科學精神的趨勢。他的整體性哲學思想亦由「理性命」的連貫，由象數的推衍與數理的結構，達到和諧統一，格局龐大的宇宙整體秩序。邵雍以「心爲太極」的命題，在天人合一思想的發展上，亦可謂獨樹一幟的建樹。

　　張載（橫渠，一○二○——一○七七）的思想認爲天地萬物間陰陽交感作用是以化生萬物爲目的，此交感作用通貫連繫萬物而成一大生命體，所以他把宇宙萬有生滅變化之總合體的道稱之爲「太和」，把宇宙人生看成一和諧廣大的秩序。他在《正蒙》中說：

> 「生有先後，所以爲天序。大小高下相并而相形焉，是謂天秩，天之生物也有序，物之旣形也有秩。知序然後經正，知秩然後禮行。」❷⑧

他又說：「天道四時行，百物生，無非至教，聖人之動，無非至德」❷⑨，他的思想是「有無一，合內外」的一種統一律哲學，人要「有天德，然後天地之道可一言而盡」❸⓪，可以看出他的「天地之道」與「人之道」是一致的，他又提出「性」的解釋作爲連繫天人的根本原理：

---

❷⑧　《正蒙・動物篇》。

❷⑨　同❷⑧，〈天道篇〉。

❸⓪　同❷⑨。

「天所性者，通極於道」，「乾道變化，各正性命」，「天性在人，正猶水性之在冰」❸❶。他所謂的「道」，在人為人性，在物為物性，是萬物存在之理，因為是天所性者，對人對物具有絕對的普遍性。張載又以「太虛之氣」為統一天地宇宙的總原理；

> 「由太虛，有天之名；由氣化，有道之名，合虛與氣，有性之名；合性與知覺，有心之名。」❸❷

他以為人心與人慾不可分，是因為感染偏濁之氣，德性修養的目的除卻氣之偏濁，心統性情以成就正清之氣，逐漸由聚而有象的形而下之氣超升到無形為理，為神為天的形而上之氣，以一線聯貫天人，故云：

> 「神、天德、化天道；德、其體，道、其用；一于氣而已。」❸❸

王夫之（船山，一六一九——一六九二）謂「張子之學以立禮為本」❸❹，「主禮」必須「養性」，「盡性」，「大其心」，「不萌於見聞」，才能「體天下之物」，以成就聖賢性格的精神境界。他在〈西銘〉中說：

> 「乾稱父，坤稱母，予茲藐焉，乃混然中處，故天地之塞吾其體，

---

❸❶　同❷❽，〈誠明篇〉。

❸❷　同❷❽，〈太和篇〉。

❸❸　同❷❽，〈神化篇〉。

❸❹　《張子正蒙註》，卷八。

天地之帥吾其性，民吾同胞，物吾與也。」⑤

充分表達了宇宙論與倫理學合一，天人整體性的哲學思想。

四、共同原理及其普遍性

在整體性哲學的理論中，核心課題是在「同質異名」的關鍵之上，就是在不同名的概念中發覺其共同的特質，這種具有普遍性的共同特質，可以使各種不同的概念取得本質上的一致和諧，這種同質性及其普遍性即為統一萬物的根本原理。所謂「天地之大德曰生」即是觀察到「天覆地載，春生夏長，秋斂冬肅」（象山語）的這種生生的原理是天地的大德，朱子發現：「天地生生之理，在人即為仁」⑯，如此「生」與「仁」異名而同質，其間有一共通的普遍性稱之為「理」。程顥曾作一理學至上名言：

「吾學雖有接受，天理二字卻是自家體貼得來。」⑰

關於朱熹，李侗（延平，一〇九三———一一六三）曾謂：「渠（朱熹）所論難處，皆是操戈入室，從源頭體認來。」⑱這種以內聖體驗發覺「充塞宇宙只是此理」，實際上是程朱學派在天人關係理論上的一大突破。

---

⑤　《張子全書》，卷一。
⑯　《朱子語類》，卷九四。
⑰　《遺書・外書》，一二、三八。
⑱　《遺書》，一七。

以同質性與普遍性作爲統一原理，在《中庸》與《孟子》卽已出現，所謂「誠者，天之道；誠者，人之道」，由於「誠」是天道與人道的共同特質，這種普遍性使得天道與人道取得本質上的和諧一致。上節所論張載的「性」與「氣」的運用亦是同理。這種邏輯的廣泛使用，使得程朱理學的萬物整體的觀念更爲具體。程頤謂：「萬物皆是一理，至如一物一事，雖小，皆有是理」，這種理，其實就是「貫通」天下事物之理。❸

朱熹的學說是由太極、理等等形上實體解釋萬物連繫的普遍原理，這種形上本體，充塞宇宙，衍生萬物，是每一事每一物的根源，可以「大包天地，細入無間而化育萬物」❹，就是說「萬物皆有此理」，此理是無所不包，無所不在的。又因爲此理的總和卽爲太極，此理又由太極加以統一綜合，所以朱子把「太極」稱之爲「統體」：

「言萬個是一個，蓋統體是太極，又一物各具一太極」。
「人人有一太極，物物有一太極。」❹

如此看來，統體的太極和一物的太極又如何加以連繫而成爲整體？是分割於一物或是整體寓之於一物？朱子的回答是：「不是分割成片去，只如月印萬川相似」❹。

朱子對「性」的解釋，也是視其爲一種萬事萬物共同特質而具有

---

❸ 見勞思光，《中國哲學史》，三上，臺北三民，一九八一年初版，頁二四六。

❹ 《朱子語類》，卷九四。

❹ 同❹。

❹ 同❹。

普遍性的原理，在邏輯推理的連貫上自然要承襲程頤，提出「性即理」的命題，作爲理學全部理論結構中最具關鍵性的論點。朱子說：「宇宙之間一理而已，天得之以爲天，地得之以爲地，而凡生於天地之間者，又各之以爲性」❹。因爲人性與物性的共同特質，人與物皆可用「性」的普遍性，加以統一連貫。

　　前面提過，在儒家傳統中，宇宙論與倫理學說的相互印合，意味自然律與道德律的互通互用。因爲性由天而命，在人的道德實踐上強調的是和諧性的「順理順性」，張載曾謂：「性與天道合一，存乎誠」❹，程頤曾記載：「或問性，曰：順之則吉，逆之則凶」❹。如此「天」、「人」、「道」、「誠」、「理」、「太極」等之形上實體綿綿交織而成本體論的本性論。朱子在「西銘註」上說：「一統而萬殊，萬殊而一貫」，這種連繫萬物，統貫天人的整體性哲學，其核心關鍵完全建立在「性即理」的命題之上，如此可使統一性情的人心，體悟到道德人格中本善的人性具有無限的潛在力，藉「性即理」的格律向外擴展，以格物窮理，主敬意誠的步驟，領悟到整體和諧的宇宙秩序，成就聖賢型的最高人格。

五、統一律與同一律的運用

　　上面所說，兩種不同的概念可以藉其中共同特質的普遍性，加以連繫而統合爲整體的一體，諸如程朱運用「理」與「太極」的普遍概念貫通萬物。在宋明儒學中另一種常用的方法是對於具有對立性，相

---

❹　《朱文公文集》，卷七〇。

❹　《正蒙・誠明篇》。

❹　《遺書》，二五。

異性的概念，採用配對的方式，使其建立一種相應關係，用另一種更
為根本的較高原理，當作統一的本體，加以組合成和諧的整體，有如
太極為「動與靜」、「陰與陽」、「理與氣」、「乾與坤」的統一原
理。由於統一體的綜合，「陰陽」、「理氣」、「動靜」等並不是矛
盾的對立，而是對應相感的和諧關係，在大本大源處是合而為一的，
正如張載所謂「天性，乾坤陰陽也。二端，故有感，本一，故能合」
⑯，這種二端一本，化除了矛盾對立而成為和諧的整體關係所以他
說：「一故神，兩故化」。在張載看來：

> 「義命合一，存乎理；仁智合一，存乎聖；動靜合一，存乎神；
> 陰陽合一，存乎道；性天合一，存乎誠。」⑰

朱子說：「統言陰陽，只是兩端。而陰中自分陰陽，陽中亦有陰
陽」⑱，「陰中有陽，陽中有陰，朱有獨立而孤立者，此一陰一陽所
以為道也」⑲，「陽極生陰，陰極生陽，所以神化無窮」⑳。

這種綜合統一的理論，是相當複雜完備的組合，亦最能表達整體
和諧性特殊結構，所以萬物形著的殊相，都可以用配對方式，從其對
應的共同根源上達到統一的目的。陸象山說：

> 「有一物，必有上下，有左右，有前後，有首尾，有背向，有內
> 外，有表裏，故有一必有二。故太極不得不判為兩儀。」㉑

---

⑯　《正蒙》〈乾稱篇〉。
⑰　《正蒙》〈誠明篇〉。
⑱　《朱子語類》，卷九四。
⑲　《朱文公文集》，卷七二。
⑳　《朱子語類》，卷九八。
㉑　《象山全集》，「四部備要」版，卷二一，頁三。

所以說：「易之爲道，一陰一陽而已」❺，「一陰一陽相繼」，「奇偶相尋，變化無窮」，他用這種來解釋相對殊相的形成而有：

> 「先後、始終、動靜、晦明、上下、進退、往來、闔闢、盈虛、消長、尊卑、貴賤、表里、隱顯、向背、順逆、存亡、得喪、出入、行藏、何適而非一陰一陽哉！」❺

陸象山把這種對立比之陰陽，其對應的統一自然是太極，亦就是理，就是心。從統一律的本源上看，都可以「一以貫之」，塞宇宙只有這種統一之理。

　　宋明儒家都是實踐主義者，強調目的論的終極效果，在整合萬物的過程，運用另一種同一律的方法，以「即」、「是」、「謂之」的方程式連繫兩種原屬不同概念的形上實體，予以等質齊觀而獲得實質上的等號溝通，使天地萬物的整合工作，變得簡捷而有效，同時與德性實踐的步驟連成一氣，宇宙整體性的理論亦變得具體而堅實。這種用「即」來聯貫主賓詞以達到等號溝通的方法，是由內聖體驗中得來的結論，應視爲人性中創造的活動。

　　在前節已略討論過「性即理」與「心即理」所產生論點上的歧異，「心即理」對程頤朱熹而言是理論上的跳躍，認爲旣已「心統性情」❺，故在步驟上「性即理」遠較穩健踏實。但對陸王心學家而言，「性即理」仍須遠繞「格致誠敬」的工夫，過份支離繁瑣，不如「心即理」的簡易直捷。方法上的差異導致程朱與陸王的分派，其實

---

❺　同前書，卷二，頁一○。

❺　同❺。

❺　源自張載，《張子全書》，卷一四，頁二。

在「合內外，統主客」的目的上並無歧異。爲了達到整體性哲學的目的，同一律的實用在宋明儒家的思維方式相當普遍，舉例而言較爲重要者有周敦頤：「生者，仁也」，邵雍：「心卽太極」，程頤：「道卽性」，「性卽氣，氣卽性」，「只心便是天」，「天者理也」，「心是理，理是心」，程頤朱熹：「性卽理」，陸象山：「心卽理」，「宇宙便是吾心，吾心便是宇宙」，王陽明：「心卽理」，「良知是心體」，「良知是易」，「良知卽是天理」，「性卽道，道卽天」，「心卽道」等等。

同一律的運用，在宋明儒學中當然不能以嚴謹的西方形式邏輯標準去衡量，主要原因是「卽」具有倫理上的意義而往往近乎「通」、「化」或「合」的用法，用以強調德性實踐上成聖的時間過程。中國哲學對「人」的理解是動態的 Human becoming，而不是西方靜態形式的 Human being。靜態的「卽」字如果加上動態的時間，它的眞正意義就變成「通」，「化」，「合」❺等較具有創造性的主體性實踐哲學，可以從王陽明強調「知行合一」，以「致良知」爲總結論的實踐倫理上看出中國整體性哲學思想的發展進程。

六、結　語

運用同一律與統一律的理論根據，完全落在內聖體驗的工夫上。所以各家有不同的運用方式與不同的結論。這種等號溝通，可以消除主客對立關係的鴻溝，進而相互包容，成爲無限擴展的廣大整體，超越了形式與形體上的有限性，可以「與天地上下同流」於無窮無限的

---

❺　亦可以是「生」，如程頤曾謂：「心生道」，見《宋元學案》，卷一五。

時空，統攝萬有，充份表現了人性中要求自由的創生造化之理，這是整體性哲學理論的終極目標，所以在中國傳統「天人合一」思想的方法論進程上，陸王心學必然落在程朱理學之後，而代表了一種較爲成熟的自然宗教哲學，因爲「心體」的創生造化可以使天人關係的統合作得徹底直捷而密合無間，用陳白沙的話來說，這種心體創造的「此理干涉至大，無內外，無始終，無一處不到，無一息不運。會此則天地我立，萬化我出，而宇宙在我矣！」❺❻。陽明學整個體系的核心關鍵，卽以所謂「創造天地的精靈」之良知心體爲主體的根源，在德性實踐中向外無限擴展，通透籠罩整個宇宙，達到與天地萬物爲一體的境界。如此看來，中國傳統的儒家思想中，整體性哲學的發展到了王陽明，可以說已經大功告成。

---

❺❻　《白沙子全集》，卷四，頁一二。

從「心體」的形上意義申論宋明心學中天人合一的理論基礎

一、天人合一是儒家思想中的最高共同意識

這個冗長的題目，兼容並包屬於不同層次而極端複雜的課題，是否妥當，能否成立，首先就要受到嚴重的考驗。無論是中西哲學兩方面，都可以從不同的角度提出異議，甚至認為其不倫不類，荒誕不經，也不完全缺乏見地。所以開宗明義的第一步工作是說明問題的癥結所在，以釐清雲霧，重見天日。其實題目的長度並不一定要與內容的長度成正比。換句話說，採用較長的題目，目的在暫時放開相關牽連而層層轉折的歷史考察，直截了當地去掌握複雜問題的關鍵之處，橫面的剖析申論多於縱面的陳述比較。

如果採用「心性之學」或「天人合一」作標題，這種看似簡潔的哲學論題反而須要龐大的篇幅去整理浩瀚如海的材料，方能面面兼顧去交待處理錯綜的問題。例如對「天」的理解及其觀念的開展演變，或者是對「心性」方面五花八門的論點，同時，一提到「心」便要連帶討論密切相關的「性」、「理」、「情」、「意」、「動」、「靜」與「道」等等概念與問題，都說明了即使廣面涉獵，完成洋洋巨冊，

亦未必能輕易開出系統一致的理路而見其功。當然此類整理古籍的工夫是目前刻不容緩的工作，方能冀望中國哲學躋身世界哲壇，與西方哲學並駕齊驅以取得應有的重要地位。但是，有關中國古典哲理中的心靈世界，拋開因歷史變遷而產生的文化隔閡不談，涉及艱澀玄奧的抽象觀念。根據先哲，唯一的證悟途徑又是內心的親身體驗。如此一來，語言符號成了筌蹄糟粕。由於表達模式受到最大局限，思想的傳達無形中造成無法克服的障礙。基於此類原因，或者是為了避重就輕，「天人合一」這一類中國思想中僅有的哲學與宗教相互交滙的核心課題，反而有被忽略的危險。關於這一點，正可以用唐君毅的話申述個人的感觸：

> 「天人合一是中國哲學上的中心觀念——這一觀念直接支配中國哲學中之發展，間接支配中國之一切社會、政治、文化理想——所以在中國哲學上一直流行着，天人合德，天人不二，天人無間，天人相與，天人一貫，天人合策，天人之際，天人不相勝，天人一氣的話。然而天人合一的觀念，從常識上，現代的科學上講，是一個很難理解的觀念。天指宇宙，人指人，人不過是地球上之一種生物，而地球不過空中無數太陽系中之一小行星。人如此小，宇宙如彼之大，如何能合一？」❶

其實有關「天人合一」的用辭甚多，還有天人同質，天人同心，天人一體，天人共生，天人共存等等義同而字異的名辭，其實都表達了「人」與「天」等號溝通的共同意識與信念。所以本篇所論以「天人

---

❶ 見其《中西哲學思想之比較研究集》，臺北宗青，一九七八年初版，頁一一一。

合一」一辭代表以上諸觀念。

　　牟宗三、徐復觀、張君勱和唐君毅曾連名發表了一篇對全世界哲學界的宣言：〈中國文化與世界——我們對中國學術研究及中國文化前途之共同認識〉，文中提到：

> 「心性之學，最為世之研究中國之學術文化者，所忽略所誤解的。而實則此心性之學，正為中國學術思想之核心，亦是中國思想中之所以有天人合德之說之真正理由所在。
>
> 我們希望世界人士研究中國文化，勿以中國人只知重視現實的人與人間行為之外表規範，以維持社會政治之秩序，而須注意其中天人合一之思想，從事道德實踐時對道的宗教性信仰。❷」

錢穆把心學的範圍擴大，包括了孔孟荀以及宋明理學中程朱與陸王兩派而說：「心學乃為儒學之骨幹所在」❸。其他許多當代大師都曾作過類似概括性的指點。所以本文探討的內容，是實際上有感而發的。牟宗三的巨著《心體與性體》一書三冊❹，內容主要在追溯宋代理學的承襲脈絡，疏理出從周敦頤（濂溪，一○一七——一○七三）到朱熹（元晦，一一三○——一二○○）的龐大哲學體系，內容並無包括陸王心學派中更為名實相符而關鍵所在之心體與性體，而三年前出版的《從陸象山到劉蕺山》❺，其實就是前書的第四冊，對陸王心學義理之疏解，功力獨到，可稱為當代哲學界研究心性之學的里程碑。更

---

❷　此文收於唐君毅著，《中華人文與當今世界》（下），臺北學生書局，一九七八年再版，頁八八四。

❸　見其〈孔子之心學〉一文，此文收於高明等著《孔子思想研究論集》，臺北黎明文化，一九八三年初版，頁一五六。

❹　臺北正中書局，一九八一年臺四版。

❺　臺北學生書局，一九七九年初版。

值得一提的是，牟宗三和其他學者要把陸王學派的心性之學，因直承孔孟而奉爲儒家正傳，程朱學派的理學經過八百年領導統率反而退居「別派」的地位。這種重新估價是頗有見地的，因爲中國哲學對未來世界思潮之東西交流新舊折衷的滙合點上，具有巨大的潛在影響力，尤其對心靈世界，對人際關係，對宇宙天理所作獨一無二（Unique）的領悟、闡釋與實踐，是中國哲學貢獻於世界哲學之處。在這方面，陸王心學統籌綱領的提示，遠較程朱理學處理得透徹而直截了當，尤其是對中國哲學中的最高理想「天人合一」，在方法上更作了突破性的進展。

二、心學的理論基於超乎言詮的內聖體驗

宋明心學的理論體系，顧名思義，是環繞着「心體」的關鍵辭而展開的。扼要地說，心是天人合一的橋樑，亦卽人與自然宇宙和諧共生共榮的唯一通路與捷徑。心學家的內聖工夫完全落實於體認小我與大我之間的等號溝通，以澈悟天人之間圓融無礙之有機整體的意義。心學家對心體形上涵義的理解是根據其第一手的經驗，換句話說，由心體的經驗開展而出的理論體系以及其間的邏輯脈絡，主要的根據完全立基於主體的確實性。其實所謂的新儒學（Neo-Confucianism）之形上學都有立基於個人純粹經驗的傾向，亦卽以知性主體的直覺方法，建立其形上學。此處所謂純粹經驗的特質是指在生命歷程中，經過千錘百煉的內聖工夫沉澱而成的結晶，其邏輯根據是主體的確實性。心學家常用「自得之學」或「自得之眞」 ❻ 來形容心體創生妙化

---

❻ 見莫晉〈重刻明儒學案序〉，收於黃宗羲《明儒學案》，「四部備要」版，册一。

宇宙自然的意義，即是這個道理。

　　新儒家中躬行悟道的實例極多，例如程顥（明道，一〇三二——一〇八五）說：「吾學自有授受，天理二字卻是自家體貼出來。」❼羅從彥（豫章，一〇七二——一一三五）與李侗（延平，一〇九三——一一六三）採取靜坐體悟工夫，四十年間經常飲食不繼，「簞瓢屢空」❽。吳與弼（康齋，一三九一——一四六九）稱內聖之學爲「刻苦奮勵，多從五更枕上汗流淚下得來」❾。陳獻章（白沙，一四二八——一五〇〇）❿築「春陽臺」，靜坐其中十年涵養心體，其間「雖家人罕見其面」⓫。聶豹（雙江，一四八七——一五六三）是在「獄中」⓬悟得心體。至於王陽明（守仁，一四七二——一五二九）「心即理」，「致良知」，「知行合一」都是歷經「百死千難」顚沛生涯的

---

❼　《遺書》、《外書》，十二。陳榮捷稱爲「理學至上名言」，見其天理與自家體貼之解釋，韋政通主編，《中國哲學辭典大全》，臺北水牛出版社，一九八三年，「天理人欲」條，頁一五七。

❽　《增補宋元學案》，「四部備要」版，卷三九，頁七。

❾　《明儒學案》，〈師說〉，頁二。

❿　以下有關白沙思想，參考 Jiang, Paul Yun-ming, *The Search for Mind: Ch'en Pai-sha, Philosopher-Poet*, Singapore University Press, 1980, xvi+214 pp. 以及其他拙文 "Ch'en Pai-sha (1428-1500) in the Development of Neo-Confucianism", *Journal of the Oriental Society of Australia 6*, Nos. 1 & 2, 1968-1969, pp. 65-81. 〈明儒陳白沙生平學說概觀〉，輔仁大學人文學報第七期，一九八七年，頁二六五～二八四； "Some Reflections on Ch'en Pai-sha's Experience of Enlightenment", *Journal of Chinese Philosophy*, Vol. 10, No. 3, 1983, pp. 229-290; "Self-realization in Ch'en Pai-sha's Philosophy", 《中央研究院國際漢學會議論文集》，思想與哲學組，上冊，一九八一年，頁四一五～四三五。

⓫　《明儒學案》，卷五，頁三。

⓬　同前書，卷一七，頁九。

實際體驗。

總之，心學家強調學問是個人的事業，必須直接參與以深思而自得。雖然經驗的一般意義及功用是屬於形而下的，但是心性之學的本心直覺工夫，目的在直接透悟形而上之道，其要旨仍在建立形上學的解釋，去把握本體實在爲終極考慮。自然其理論的普遍性及有效性必須建立在主體的證悟之上。如此一來，形上學建立在內聖工夫的經驗之上。是一個很特殊的組合，因爲在西方哲學，形上學與經驗主義的立場通常都是針鋒相對的。經驗主義的眞理根據是科學的檢證（Verification），而形上學的理論無法以狹意的科學主義形式去實驗。然而在宋明理學的形上學與經驗主義，不但沒有對立的局勢，而是互補互成的。因爲他們對本體實在所作的終極解釋是自我內審的結果，證明的唯一途徑是經由知性主體的判斷，而主體本身的確實性爲證明的必然而充份條件。這種屬於超越層次而具有智慧義的心性理論，如果以知識層次的邏輯去分析推證，必然要遭遇捕風捉影的命運。

正由於這種緣故，對心性之學的解釋產生一個嚴重的問題，因爲它漠視古希臘式「爲知識而知識」的純理思辯。其作品多以語錄式的去涵攝暗示心性或天人合一的道理。《象山全集》中有關天人合一的說明，充其量亦不過蜻蜓點水式的寥寥數語。這種惜墨如金的態度，極可能是受老子「知者不言，言者不知」或是禪家「不可說破」的影響，唯恐一落言詮，便成下乘。他們記載下來言簡意賅的哲學智慧等於是一生體驗的總結論，論證與體系往往付諸闕如，因爲心體的奧妙不可言傳，用元儒許衡（文正，一二〇九——一二八一）的諷詞，種種「安排裁接如雕蟲小技」⑬，用陳白沙的話，文字是「糟粕秕糠」

---

⑬　《增補宋元學案》，卷九〇，頁三。白沙亦引其雕蟲之言，《白沙子全集》，卷七，頁二七。

❹。語言的唯一功能即在抹殺道德實踐的無上威力。元好問（遺山，
一一九〇——一二五七）曾有詩云：

> 「鴛鴦繡得憑君看
> 莫把金針度與人」❺

這種只露鴛鴦而不傳金針的作風，若以現代術語作實例說明，等於在
提示後學，觀賞「滿漢全席」的菜單，絕不如「親身」一嚐其中的山
珍海味。

　　由上面看來，對於心性之學的解釋，首先要建立其哲學史的特殊
地位，別無分家。其「心體」的涵義及功用，與西方唯物論所指大腦
中物理化學變化而形成的「精魂幻影」截然不同。也不能以意識、情
緒、聯想、記憶等等內在活動去陳述狹義的心靈世界相提並論。如果
把宋明心學與黑格爾（Georg W. Hegel，一七七〇——一八三一）的
絕對唯心論、巴克萊（George Berkeley，一六八五——一七五三）
的主觀觀念論，甚至諸如西方唯我論（Solipsism）同等齊觀，都顯示
出對宋明心學的終極關心（Ultimate concern）缺乏全盤認識。固然
以「心性」為價值取向的哲學，其形上學帶有唯心論、其認識論帶有
觀念論的濃厚色彩，則是無可諱言的。如果單是為哲學分類的方便，
用某種主義加諸於宋明心學，以其終極目的在探討連繫天人的形上本
體而言，是「積極的實在論」（Positive Realism），甚至「極端的實

---

❹　《白沙子全集》，糟粕，卷一，頁一八；卷六，頁二；卷九，頁三五；
　　秕糠，卷六，頁二。

❺　《元遺山詩集》，「四部備要」版，卷一四，頁一〇。鴛鴦與金針之比
　　喻相傳最初採用者為五祖法演（？——一一〇四）。詳見拙書，*The
　　Search for Mind*，頁五五。

在論」(Radical Realism)；以其「心體」創造和諧的宇宙秩序而言，是「創生的機體主義」（Creative Organism)；以其心體的形上意義施諸道德實踐，「盡心知性知天」❶ 而成聖言之，是「道德的實效主義」(Ethical Pragmatism)。

此處所指心體的形上意義，近乎康德 (Immanuel Kant, 一七二四──一八〇四) 所謂道德的形上學，是爲道德實踐的基礎，由德性實踐證悟出來的形上學。然後再由此形上學廻轉，指導層層鞭辟入裏的內聖工夫。（未入境界的心學家亦時有「狗咬尾巴團團轉」的難局）。整個宋明心學的主旨，都是以肯定人性價值及意義爲出發點，發揮心體新意以擴展精神領域，達到人與自然宇宙和諧共榮的理想。對心學家而言，宇宙必須要屬於人的宇宙才是具有意義的宇宙，這是在哲學史上具有特色的「頂天立地」，「爲萬世開太平」的精神。另一方面，不但是自然宇宙，心學家把整個社會、文化、政治問題的癥結所在，歸落到人性的墮落，認爲只有悟性的內審工夫，才是儒家仁學之道。以倫理學的觀點來看，內聖工夫若不能臻於完善，外王事業只會造成一羣霸王官僚和腐儒鄉愿，以追求名利爲目的，不擇手段爭權奪利而國家大亂。「大學」一書標舉的綱目，必須由內向外，格致誠正的修身開始，擴及家庭，治國平天下是最後項目。宋明心學家對原始儒家的精神有深刻的體驗，認爲外王事業必須以穩固的內聖工夫作基礎。正由於此，或許過份刻苦奮勵，沉緬空中樓閣，忘懷田野山水之間，反而被誣爲出世逃禪，諷爲「視鼻端息」❶ 而作弄精魂。連《明儒學案》的作者黃宗羲亦冷嘲陳白沙「窮理不逮……欲速見小」

---

❶ 源自《孟子》、〈盡心篇〉上。此名言爲心性之學的指導原則。

❶ 胡居仁（敬齋，一四三四──一四八四），《居業錄》，《叢書集成簡編》，卷七，頁八一。

⑱。而陽明亦被批「立說太高，用功太捷。……未免墜於佛氏明心見性，定慧頓悟之機。」⑲立論不同而譏諷攻難，亦人性之常？

三、儒家思想中「心」字哲學涵義提要

從字源學的觀點而論，「心」字是由吾人心臟的象形文字「心」演變而來，據說是因為古人把心臟的跳動與否當作診斷人生死的根據，而推論為肉身器官的功能中樞核心，比人腦更為根源。英文把情意之心視為源自心臟而稱為 Heart，理智之心源自腦部而稱為 Mind，此二心源之功用，截然不同，所以儒學「心」字的英譯有人認為應該是 Mind-and-heart，合情理二心為一。

根據英國當代大師萊爾 (Gilbert Ryle) 的名著《心靈的觀念》，源自笛卡兒 (René Descartes，一五六九——一六五〇) 的西方傳統理論中身心二分法，過份強調身心隔離，有視心靈為「一部機器中的鬼魂」⑳的危險，「心靈不佔具空間，亦不受任何機械律的管轄；心靈的活動他人無法觀察見證；心靈的一生活動功業都是隱私的。」㉑

陸象山 (九淵，一一三九——一一九三) 則以「無聲無臭，無形無體」㉒來形容不可捉摸的心靈。新儒家大都以心為「虛靈明覺」㉓。

---

⑱　《明儒學案》，〈師說〉，頁三。

⑲　《陽明全書》，「四部備要」版，〈答顧東橋書〉，卷二，頁一。

⑳　*The Concept of Mind*, Barnes & Noble, New York, 1949, reprinted 1969, p. 27.

㉑　同前書，頁一一。

㉒　《象山先生全集》，「四部叢刊」版，卷三四，頁二五八。

㉓　例如朱熹（元晦，一一三〇——一二〇〇）在《大學》開宗明義就以「虛靈」形容「明德」。王陽明以「心之虛靈明覺」即所謂「本然良知」。見《陽明全書》，卷三四，頁九。

以其本體形式而言，心靈確是「冲漠無朕」 [24]，羚羊掛角，無跡可尋；但是以其活動形式的功用而言，又是「感而遂通」 [25]，靈巧活潑，神通廣大。心體是主體性的根源，由此根源建構出來的一套心靈世界，由於廣義的文化背景或狹義的個人體驗不盡相同，其格局架構或實質內容，平心而論，極難獲致共同一致的客觀普遍性。但是另一方面，以心體當作主體性的基礎根源而言，則必然具有普遍性，這就是形成思惟模式與意識型態的歧異，而又在歧異之中具有共同交滙點的原因。

心體與天道或天理的關係密切，無論是心學家或理學家，心與天總是相提並論。一般來說，因為中國哲學的思惟方式是綜合性的(Synthetic 或 Syncretic)，注重觀念之間的連繫，與西方注重分析性的 (Analytic)，注重觀念之間的隔離，恰成對比。心體與天理的密切關係也開展了心性之學的康莊大道，把天人合一當作最高信念而中國傳統哲學中的自然宗教特質亦得以發揚光大。

王陽明在〈象山先生全集敍〉中把心學的歷史根源追溯到〈尚書大禹謨篇〉：

> 「聖人之學，心學也，堯舜禹之相授受。曰：『人心惟危，道心惟微，惟精惟一，允執厥中』。此心學之源也。」 [26]

此處人心與道心的二分法，對後來程朱理學派的影響頗大。潛在於孟子性善論中，有關「惡」的超源之疑難，也獲得了妥善的解釋。認為

---

[24] 《陽明全書》，卷四，頁二。引自《易經》、〈繫辭〉上。

[25] 同前書，引自《易經》、〈繫辭〉上。

[26] 《象山先生全集》，首頁。

人心陷溺，被物慾所玷污。周敦頤標舉虛靜無欲，作內聖工夫的起點，要「立人極」以模倣宇宙最高純粹形式的太極本體。邵雍（康節，一〇一一——一〇七七）建立先天象數世界，更主張「心即太極」❷，又說：

> 「先天之學，心法也。……萬化萬事，生乎心也。……天地萬物之理，盡在其中。」❷

這種立人極而萬物化生的說法，對宋明心學的開展頗收啟蒙之效。陳淳（北溪，一一五九——一二二三）兼受周敦頤《太極圖說》的影響曾說：

> 「謂道為太極者，言道即太極，無二理也。謂心為太極者，只是萬理總含於吾心。此心渾論，是一個理耳。
> 人得此理，具于吾心，則心為太極。」❷

胡居仁（敬齋，一四三四——一四八四）亦以太極比人心❸。另一方面，張載（橫渠，一〇二〇——一〇七七）以為人心與人欲不可分，是因為感染偏濁之氣，德性修養目的即在除卻氣之偏濁，心統性情以成就正清之氣，逐漸由聚而有象的形而下之氣超生到無形為理、為神為天的形而上之氣，以一線聯貫天人，故云：

---

❷　《皇極經世書》，卷八下，頁二五。
❷　同前書，卷七上，頁三四。
❷　《北溪字義》，下，「太極」條。
❸　《居業錄》，四。

「神、天德，化、天道；德、其體，道、其用；一于氣而已。」**㉛**

二程性格稍異，程顥已明言「心是理，理是心。」**㉜** 心性之學進入精微佳境，理學家中對後世心學的影響，以此為最。其弟程頤（伊川，一〇三三————一〇七）認為道心才是天理，被人欲所污染的人心須透過誠敬涵養的內審工夫，提升向上，終而回歸天理。胡宏（五峰，一一〇五————一一五五）對心下過定義：

「心也者，知天地宰萬物以成性者也。」**㉝**

朱熹更兼採前人之說（邵雍除外）而集其大成，其理氣二元論為主的倫理形上學，體系最為完備。人心與天理之間，一如程頤，鴻溝截然。人心雖為一身之主宰而統性情，其德性工夫只限於窮年累月的格物窮理以致知，直到一旦「豁然貫通」而後止。朱子論心，決不遠離人倫範圍以達天人之際，不顧邵雍「學不際天人，不足以謂之學」**㉞** 的提示。朱子以心為主體人身以內的存在，性為其本體，而理才是客觀世界的本體。如此一來，天人合一的邏輯根據，必須遠繞重重道德實踐的工夫，亦即主敬、立誠、格致等等繁瑣項目。遠不如陸王學派採虛涵靜攝的捷徑，證悟心體，以直覺的方法貫通天人來得簡易。哲學史上著名的朱陸西元一一七五年「鵝湖之會」**㉟**，論辯的主題即是

㉛ 《正蒙》、〈神化篇〉。

㉜ 《遺書》，卷一三，頁一。

㉝ 見胡宏著《知言》。

㉞ 《增補宋元學案》，卷九，頁一一。

㉟ 參考 Ching, Julia "The Goose Lake Monastery Debate (1175)," *Journal of Chinese Philosophy*, Vol. 1, 1974, pp. 161–178.

內聖工夫「繁與約」、「道問學與尊德性」孰先孰後的問題。

四、先秦儒家經典以心為天人合一關鍵之啟示

　　程朱理學隔離心與理、主與客的二元論，其實與陸王心學家心目中一部極為重要的經典《中庸》的和諧精神，頗不相契。這部經典據說為孔子（西元前五五一──四七九）之孫、孟子（西元前三七一──二八九）老師之師❸⑥子思（西元前四九二──四三一）所作。所以陸王心學家強調其心性之學直承思孟學派。其實根據子貢，孔子也有不可得而聞的超越境界，也就是天道的一面。〈禮運〉據說為受孟墨陰陽家影響之作品，其中所謂引述孔子的話「仁者人心也」而與孟子心學來源有關的說法，已無可考。但是孟子根據性善論的推演，終就發展成一套心學的原始雛型，道德實踐的步驟是「盡心知性以知天」，由內而外貫通天道，秩序井然，天人合一的主題頗為彰顯。孟子善養「浩然之氣」，這是主體至大至剛的創生動力，可以通透籠罩現象世界。由此推論，自然「萬物皆備於我，反身而誠，樂莫大焉。」❸⑦孟子的心靈世界實質內容是非常豐贍富庶的。另一方面，《中庸》的開宗明義就把天人關係一線相連：

　　　「天命之謂性，率性之謂道，修道之謂教。」

這是融宗教、哲學與倫理學於一爐的精簡提示。這部經典對天人合一

---

❸⑥　根據陳榮捷的說法。見 Chan, Wing-tsit, *A Source Book in Chinese Philosophy*, Princeton University Press, 1963, p. 49.

❸⑦　〈盡心篇〉，上。

的理論基礎，作出更進一步的邏輯推理：

> 「唯天下至誠為能盡其性，能盡其性，則能盡人之性，能盡人
> 之性，則能盡物之性，能盡物之性，則可以贊天地之化育，可以
> 贊天地之化育，則可以與天地參矣。」

渺小之個人，透過道德實踐的盡性工夫，終就可以參贊天地之化育，廓然大公，氣象非凡。「中庸」這部兩千年來燃燒未盡的火炬，一直是支配中國哲學趨向天人合一的終極信念之規範。

　　宋明心學常受理學家指控為陽儒陰釋，主要是因為儒家本天，釋氏本心。其實，心與天在傳統儒學中常有糾纏不清的現象，若即若離。中國哲學的分派是以天與心之間的距離大小而定的。程明道直截了當的說：「只心便是天」❸。大乘佛學到了天臺、華嚴與唯識等宗，對心性的理論已發展成完整嚴密的體系，也許對新儒家提供了或多或少的啟發。老子及禪家渺視語言功用的無言之教，與孔子「予欲無言。……天何言哉？四時行焉，百物生焉，天何言哉？」❸不謀而合；莊子「天地與我並生，萬物與我為一」❹的氣象，與孟子「萬物皆備於我」、程明道「仁者渾然與物同體」❹、陸象山「萬物森然於方寸之間」❹、陳白沙「人與天地同體」❹、王陽明「大人者以天地

---

❸　《遺書》，二上。

❸　《論語》，〈陽貨篇〉。

❹　〈齊物論〉。

❹　《遺書》，〈識仁篇〉，卷二上，頁三。《增補宋元學案》，卷一三，
　　頁三。

❹　《象山先生全集》，「四部叢刊」版，卷三四，頁二七六。

❹　《白沙子全集》，卷三，頁六二。

萬物爲一體者也」❹ 此類體悟到天人無間的諸子格言，其實質內容幾
無不同。都顯示出儒道佛雖在人生哲學的態度立場有出世入世之別，
亦有三教理論系列的交滙點 (point of convergence)，大都出現在
天人之際的層面上。胡適（一八九一──一九六二）認爲：

> 「新儒家掛着儒家的招牌，其實是禪宗、道家、道教與儒教的混
> 合產品。❹ 」

就實而言，新儒家的心性之學或許是無意中吸收了佛道精華，把三教
的滙通處標明出來，作爲求學造道的核心課題。正由於佛道的影響，
先秦思孟學派以及《易經》的重要性，受到新儒家空前的注目。朱子
雖然視《易經》爲卜筮之學，但絕大部分新儒家把這部可以發揮義理
的經典奉爲圭臬。其中〈乾・文言〉所謂：「大人者與天地合其德，
與日月合其明，與四時合其序，與鬼神合其吉凶」的提示，形成了心
性之學中天人合一的指標。

　　以上所談論的天人合一觀念中的「天」字，用法籠統，常有涵義
混淆的情形，主因是諸子百家對天的解釋，不盡相同。《詩經》、
《書經》、《左傳》和《國語》等注重神性義的天，並時常與「帝」
連用。但是《詩經》所謂：「維天之命，於穆不已。」❹ 此「天」可
視爲純形上義的天，「天之命」即是天的法則與指標，這種觀念表示
天道之運行不息，所以是「於穆不已」。《詩經》另有神性人格義的

---

❹　《陽明全書》，「四部備要」版，卷二六，頁一。

❹　見其〈幾個反理學的思想家〉一文，收於《胡適文存》，臺北遠東，一
　　九五三年版，册三，頁五四。

❹　〈周頌・維天之命〉篇。

天，如「天生烝民，有物有則，民之秉彝，好是懿德。」[47]《詩書》
中的天帝是周人宗教信仰上的最高神。神性義的天有時混雜了自然義
的天，所指爲周覆在人之上的自然天。《說文》解釋爲「天，顚也。
至高無上，從一大。」正如《詩經》所說：「謂天蓋高，不敢不局。
謂地蓋厚，不敢不蹐。」[48] 此處天地連用，卽可以指整個自然宇宙。
《左傳》、《國語》中自然宇宙的具體內容更爲明顯：風雨、山川、
河嶽、陰陽、五行一槪爲其槪括統攝。從這種意義可看出原始自然義
的天，以及「易經」之言「天地之大德曰生」[49]，可能就是由自然界
植物抽芽繁茂之春生夏長過程中，體認到其中人生德性進化的意義，
「天行健，君子以自彊不息。」[50] 因此由自然義的天引申轉化爲道德
義的天。荀子受道家天道觀的啟發，主張自然義的天，如「天者高之
極也」[51]，「天地合而萬物生」[52]，「天地生之，聖人成之」[53] 等等。
孟子在天人關係上的主張，有命運義的天，如「天與賢則賢，天與子
則子。」「莫之爲而爲者，天也」[54] 孟子又主張自然義的天，如「天
油然作雲，沛然下雨。」[55]「天之高也，星辰之遠也。」[56]「天時不
如地利，地利不如人和。」[57] 以屢次引用《詩書》中具有神性義的天

---

[47]　〈大雅・烝民〉篇。
[48]　〈小雅・正月〉篇。
[49]　〈繫辭〉，下一。
[50]　《易經・乾》，〈象辭〉。
[51]　〈禮論篇〉。
[52]　同前書。
[53]　〈富國篇〉。
[54]　〈萬章篇〉。
[55]　〈梁惠王〉。
[56]　〈離婁〉。
[57]　〈公孫丑〉。

而言，孟子亦主張神性義的天❺⑧。但是孟子探取不同天義的目的終就在朝向道德義的天，以標明「盡心知性以知天」的成聖心路歷程。在這點意義上，直接影響了陸象山「尊德性」與王陽明「致良知」的天人合一方法論。但在陸王與其他心學家的思想中最爲凸顯的是自然義的天以及宇宙義，尤其是時空義包括萬物同體的「天」，表現出在天人關係的理論進程中之一大突破。

五、陸象山心學中天人合一理論之開展

從上面的討論可以看出，泛指的天，以其不同涵義，可能形成多面性的解釋。此類廣泛意義的用法，若賦與天人合一的宗旨，則泛義的天可以統稱爲「大我」。先秦儒家大我義的天，一向是心性之學中小我義的人在德性修養上的規範與準繩。個人只是小我，小我的一生歷程即是同化昇華於大我的過程。因爲天人不二，其命脈息息相通，道德實踐的意義即在徹悟小我與大我之融合無間。在這點意義上，小我的自我實現即是大我天道的完成。這種天人同德，天人同質的潛在性，實際上已經爲小我人性超越提升到大我天道的可能性與可行性奠了穩固的基礎，也就是天人合一信念的理論根據所在。

從大我義的不同層次觀念來說，所謂大我精神的原始意義，在先秦春秋戰國時代大都應用在較狹義的政治社會義上，就如王陽明所謂：「視天下猶一家，中國猶一人。」❺⑨指社會機體的和諧秩序：君

---

❺⑧　有關先秦典籍中的天道思想，可參考李杜著《中西哲學思想中的天道與上帝》，臺北聯經，一九七八年。〈甲部：中國古代思想中的天帝與天道〉，頁三～一九七。

❺⑨　《陽明全書》，《大學問》，卷二六，頁一。

君、臣臣、父父、子子，國治天下平的大我大同社會。這種理想可以
〈禮運大同篇〉的具體描述作爲典型代表。這是政治社會義的大同大
我，所以一般都以孔孟哲學主題在人際關係的緣故，而把它當作以
倫理學爲主的學說。至於自然宇宙義的大我一直停留在信念的啟發階
段，只因宋明心性之學的竭力提倡，使得先秦的天人合一觀更爲凸顯
而已。陸王心學在天人合一的理論上；不斷引申心體的形上意義，以
其突破性的體悟，把先秦大我的政治社會義更延伸扶搖直上，而貫通
到超越的境界，使自然宇宙時空義中，把人與宇宙等量齊觀的天人合
一體現到實踐生活中，以實踐建立理論基礎，因而開展了內外如一、
主客同源、情景合一、以至萬物一體天人同心之機體論的天人合一。
這是宋明心學在中國哲學史上所作的貢獻。

　　宋明心學卽已承受了思孟學派天人之際以及《易傳》中妙契乾坤
之觀念的啟蒙，更進一步要把這種信念實現在生命眞相的層面上。所
以抱負非凡，必欲環抱吞噬整個宇宙而後止，廓然大公，氣勢磅礡，
在哲學史上可以說是無出其右者。所以宋明儒學到了陸象山要從新釐
定方向，從頭做起，他「要先立乎其大者」[60]，如果能從大處着眼，
「學苟知本，六經皆我註腳。」[61]程朱的章句義理道問學皆小學也。
（程朱雖是「我註六經」，其實發揮己意，亦是「六經註我」。）在
象山的人性中有廣大高明的層面，可以直通天地亙古，同孟子「夫
君子……上下與天地同流」[62]。象山說：「孟子十字打開，更無隱

---

[60]　《象山先生全集》，「四部叢刊」，卷一三，頁一二四；又卷三四，頁
　　　二六一。

[61]　同前書，卷三四，頁二五八。

[62]　〈盡心篇〉，上。

[63]　《象山先生全集》，卷三四，頁二六〇。

遁。」❸人性中潛在的良知良能如果不予盡心發覺，也算是人性的自甘墮落，所以他要指出：

> 「宇宙不曾限隔人，人自限隔宇宙！」❹
> 「宇宙內事乃己分內事，己分內事乃宇宙內事。」❺

象山心學的宇宙論具有特點，就是前後一貫以人心本位為充分條件去徹悟天人的密合，渾無罅縫，較前人停留在意識信念的階段已遠跨一步。而且以自我直接投入宇宙生命流中，扣緊神妙莫測的一面，落實於深邃無比的心體，展現人性中的新領域。象山的心靈世界，與天同大，致高極遠，以至於無窮無限。他是第一位讀到「宇宙」二字古書字解而發揮其形上義的心學家。《年譜》曾記載象山十三歲時秉賦的哲學天才：

> 「四方上下曰宇，古往今來曰宙。忽大省，元來無窮，人與天地萬物皆在無窮之中者也。乃接筆書曰：宇宙內事乃己分內事，己分內事乃宇宙內事。又曰：宇宙便是吾心，吾心即是宇宙。東海有聖人出焉，此心同也，此理同也。南海北海有聖人出焉，此心同此理也。千百世之上至千百世之下，有聖人出焉，此心此理亦莫不同也。故其啟悟學者，多及宇宙二字。如曰：道塞宇宙，非有所隱遁，在天曰陰陽，在地曰剛柔，在人曰仁義者，人之本心也。」❻

---

❹　同前書，卷三四，頁二六二。
❺　同前書，卷二二，頁一八一。
❻　同前書，卷三六，頁三一四。

象山以「惟精惟一」的精神，打通了程朱理學家分崩離析的繁瑣概念，他的邏輯是一方面「多化爲一」，把仁義、陰陽、性理、人道、天地、自然、宇宙全部歸屬於同根同源，同辭同意的一心；另一方面又把此心「一化爲二」，傳統儒學中大我的「天」分成上下空間與前後時間的動態二度宇宙。同時又把時間的無窮展延性與空間的無限擴張性，都形著通化在心靈範疇之內。象山就得以與空間的「天地」爲侶，與時間「同流」馳騁，這種觀點支配了整個明代心學的發展，在陳白沙和王陽明思想中，更加具體形象化。白沙詩中的發揮，頗得濂溪象山之心傳，例如：

　　「高着一雙無極眼
　　閒看宇宙萬回春」❻❼

這種大而化之，逍遙天地的宇宙氣象，即陸象山所謂：

　　「未有外乎其心者。……至於大而化之聖，聖而不可知之神，皆吾心也。」❻❽
　　「萬象森然於方寸之間。滿心而發，充塞宇宙。」❻❾

象山的方寸其大無外；白沙的「微塵」等於「六合」，「瞬息」等於「千古」❼⓪。這種莊周式的曠達狂人風格，當然超乎語言傳達或普通

---

❻❼　《白沙子全集》，卷一〇，頁四〇。
❻❽　《象山先生全集》，卷一九，頁一五三。
❻❾　同前書，卷三四，頁二七六。
❼⓪　《白沙子全集》，卷四，頁三四。

一般理性認知的範圍，而是如吳澄（草廬，一二四九——一三三三）
所謂要憑藉「自悟之理」❼ 去捕捉，他說：「聖人與天為一」❼ ，「此
儒者內外合一之學」❼ 。這種自悟之理「可使不識一字之凡夫，立造
神妙。」❼ 陸象山唯一成就顯著的門徒楊簡（慈湖，一一四〇——一
二二八）致力「反觀」，因而「觀天地萬物通為一體，非吾心外事。」
❼ 其師講述本心，「忽覺此心澄然清明」❼ 。象山所謂「精神心術之
奧」，白沙所謂「精神心術之奧之運」❼ ，屬於主體性心靈內超乎言
詮的神妙世界。所以此類帶有神秘主義色彩的心性之學，要強調實際
體驗才是通往神妙的唯一渠道。其實連個人肉身的痛癢都必須依賴經
驗方能體會實際真相。為了強調體驗的重要性，程明道有「切脈最可
以體仁」❼ 的說法。象山以為：

「仁，人心也，心之在人是人之所以為人。」❼

「宇宙便是吾心，吾心即是宇宙。」❽

「人心至靈，此理至明，人皆有是心，心皆具此理。」❽

---

❼　引自《白沙子全集》，卷三，頁三〇。

❼　《增補宋元學案》，卷九二，頁四。

❼　同前書，卷九二，頁三。

❼　引自《白沙子全集》，卷三，頁三〇。

❼　《增補宋元學案》，卷七四，頁一。

❼　同❼。

❼　《白沙子全集》，卷二，頁一一。

❼　《遺書》，卷三，頁一。《增補宋元學案》，卷一三，頁一一。

❼　《象山先生全集》，卷三二，頁二四三。

❽　同前書，卷二二，頁一八〇；又卷三六，頁三一四。

❽　同前書，卷二二，頁一八一。

如此看來，陸氏天人合一的理論中，以「人心本位」展開而同時完成，其本身就兼具充份與必然條件。人人都有屬於他的宇宙，而本然之心是人之所以爲人，宇宙之所以爲宇宙之 raison d'être（存在理由或實存原理）。人人都有此心，借清儒的諷語「滿街都是聖人」 ⑧。這種由天人一心而萬物同體，帶有濃厚唯心論觀念論甚至神祕主義色彩，顯受釋氏華嚴與唯識等宗派影響，而又被清儒以其狂禪心態而痛加譏貶的「心性之學」，一時成爲整個明朝（一三六八——一六四四）的時代風尚。

六、明代心學天人同心萬物一體論之開展

陸氏心學在西元一三一三年（皇慶二年）首次受到嚴重打擊。元仁宗（統治期一三一二——一三二〇）以中國學術傳統最高榮譽封給周敦頤、張載、二程、朱子及其他學者，即所謂「奉祀孔廟」。獨尊程朱理學爲儒家正統。邵雍、陸象山落榜，皇室以其近禪而罷黜心學，因此象山思想並未遠播，傳至其唯一門徒楊慈湖於一二二八年近世及仁宗獨尊程朱後宣告「絕跡」 ⑧。在陳白沙（一四二八——一五〇〇）之前，明初六十年（一三六八——一四二八）間之學術，仍然是受程朱理學思潮之籠罩，可以薛瑄（敬軒，一三九二——一四六四）所說蓋棺論定：

---

⑧ 引自梁啓超（一八七三——一九二九）《清代學術史概論》，英譯本 *Intellectual Trends in the Ching Period*, by Immanuel Hsu, Cambridge, 1959, p. 28.

⑧ 根據清儒萬斯同撰《儒林宗派》，陸氏學派列有近百名門人，皆未得象山心傳之流。卷一一，頁七～一二。

「自考亭（朱熹）以還，斯道以大明，無煩著作，直須躬行耳。」
⑧⑧

黃宗羲（梨洲，一六一〇——一六九五）簡潔指出：「有明之學，至白沙始入精微。」⑧⑤又謂：「有明學術，白沙開其端，至姚江而始大明。」⑧⑥心性之學雖在明代蔚為風尚，其實在《白沙子全集》中，白沙僅提過象山一次⑧⑦，另一次引陸氏「小疑而小進，大疑而大進」而不提名⑧⑧。陸象山與陳白沙思想承授以考據眼光來看關聯極微。黃宗羲在《明儒學案》考證白沙與陽明之關係時也大惑不解謂：「兩先生之學最為相近，不知陽明後來從不說起，其何故也？」⑧⑨（根據筆者自己的考證，陽明至少提過白沙之名三次。）⑨⑩所以思想史家直到現在仍以心學家「自得」，「獨開門戶」或「直承孟子」作定論。白沙

---

⑧⑧　《明史》，「四部備要」版，卷二八二，頁五。引自《薛敬軒先生文集》
　　中〈薛敬軒先生年譜〉，〈叢書集成簡編〉，頁四。

⑧⑤　《明儒學案》，卷五，頁一。

⑧⑥　同前書，卷一〇，頁一。

⑧⑦　《白沙子全集》，卷二，頁一三。

⑧⑧　同前書，卷三，頁四〇。《陸象山全集》，「四部備要」版，卷三四，
　　頁三。

⑧⑨　《明儒學案》，卷五，頁一。

⑨⑩　《陽明全書》，首次在〈謹齋說〉提到其友楊景瑞「嘗遊白沙陳先生之
　　門」，卷七，頁二七。第二次在「贈陳東川」詩提到「白沙詩裏莆陽
　　子，盡是相逢逆旅間」，卷二〇，頁一七。第三次在「湛賢母陳太孺人
　　墓碑」提到湛母嘗使湛甘泉「從白沙之門，日寧學聖人而未至也」，卷
　　二五，頁一一。有關白沙對陽明的影響，參考 Paul Y. M. Jiang,
　　"Wang Yang-ming and Ch'en Pai-sha: the Lost Connection",
　　A. R. Davis (ed.), *Austrina: Essays to Commemorate the 25th
　　Anniversary of the Oriental Society of Australia*, Sydney, 1982.

與陽明之關係是以白沙之高徒，陽明之師友湛若水（甘泉，一四六六
——一五六〇）爲橋樑，但甘泉學說近理學，以引用其師白沙一句
「隨處體認天理」❾ 爲主，不類白沙陽明之心學。心學家之所以儘量
避諱而不互相標榜，除了上面提過仁宗罷黜心學的「政治」原因之
外，心學不以言傳道而以心傳心有關，與禪家的方法如出一轍，正如
白沙所謂：

> 「往古來今幾聖賢
> 都從心上契心傳」❾❷

象山的天人合一思想，在白沙學中發揮得更爲淋漓盡致，心體的
形上義與天人合一的旨趣水乳交融，運用在實際生活中，意境具體可
解，例如：

> 「白沙先生六十年
> 腳頭到處是青天」❾❸

> 「蜻蜓翅短不能飛
> 款款隨風墮客衣
> 此是天人相合處」❾❹

---

❾ 《白沙子全集》，卷八，頁五六；卷三，頁六四。《甘泉先生文錄》，
　　〈寄陳惟浚〉，卷一八。
❾❷ 《白沙子全集》，卷一〇，頁三七。
❾❸ 同前書，卷八，頁二六。
❾❹ 同前書，卷九，頁二六。

白沙的心靈世界，以廣大高明的氣魄，展現渾然天地氣象，揮灑逍遙於太古永恒之境，「無窮吾亦在」❾❺，馳騁於六合之外，「超超塵外心，浩矣周八極」❾❻。他要：

「天地我立，萬化我出，而宇宙在我矣。」❾❼
「默而觀之，一生生之機，運之無窮。無我無人無古今。塞乎天地之間，夷狄禽獸草木一體，惟吾命之沛乎！」❾❽
「高明之至，無物不覆，反求諸身，欛柄在手。」❾❾
「人與天地同體，四時以行，百物以生，若滯在一處，安能為造化之主耶？」❿

他具有「科學」的精神，以一生自我實現的歷程作實驗，致虛存靜，涵養心體，「至無有至動」⓿❶，創造出他的宇宙世界。所以白沙心學無論在時空的無窮無限展延擴張性的萬物同體天人合一，或自然山水美學形式的主客交流情景合一上，以詩的情趣，隨興發意，自得自樂。成就「心」即實際生活中體現天人合一之「理」的這種「心即理」之道理，使心學在哲學史的發展上向前作了一大邁進，可以視為陸王之間心學橋樑的明證。

馮友蘭引用了湛甘泉《心性圖說》一段話：「心也者，包乎天地

---

❾❺　同前書，卷六，頁二六。
❾❻　同前書，卷六，頁四。
❾❼　同前書，卷四，頁一二。
❾❽　同前書，卷一，頁二九。
❾❾　同前書，卷六，頁一。
❿　同前書，卷三，頁六二。
⓿❶　同前書，卷六，頁二。

萬物之外，而貫乎天地萬物之中者也。」⑩而認爲是陽明受甘泉影響
的證據。心包萬物是象山白沙學的中心觀念，在甘泉學中並不佔地
位，白沙所提「良知良能」⑩對陽明的啟發可能更深刻。總之陽明受
白沙的影響遠比一般的了解爲大，所以造成明代三百年間只有陽明一
家的定論，這種獨尊的局面，甚至可以解釋成對明朝的一種貶辭。但
是無可諱言，心性之學由陽明集其大成而抵達巔峯。以良知爲心體，
在哲學史上促成了突破性的進展，把思孟到白沙的心性體系，一舉貫
穿收拾，天人合一的理論基礎也落實到實際生命的範圍。陽明知行合
一的最後徹悟，幾可說是中國傳統三教學說宗旨，總攝融通後的終極
結論。

王陽明是闡釋天人合一理論最爲詳盡而具體的心學家。他在〈大
學問〉中曾說：

> 「大人者以天地萬物為一體者也。其視天下猶一家，中國猶一人
> 焉。若夫間形骸而分爾我者，小人矣。大人之能以天地萬物為一
> 體也。非意之也，其心之仁本若是，其與天地萬物而為一也。豈
> 惟大人，雖小人之心亦莫不然，彼顧自小耳。」⑩

人與宇宙萬物的息息相關，在陽明天人合一的理論中表現得最爲明晰

---

⑩　《甘泉先生文集》，卷二一，頁一。馮氏謂「陽明之學，雖亦自得，然
　　亦必受此二人（即白沙與甘泉）之影響。」見其《中國哲學史》，頁九
　　四七。

⑩　見林光（一四三九——一五一八）《南川冰蘗全集》，卷末。容肇祖，
　　《明代思想史》，臺北開明，一九六二年，頁三七。有關白沙對陽明之
　　影響，見 "Wang Yang-ming and Ch'en Pai-sha" 一文，參考⑳。

⑩　《陽明全書》，〈大學問〉，卷二六，頁一。

透徹，類如機體性的（Organic）血肉連結，痛癢相關。這種滙通人與宇宙萬物，使潛在的機體性關聯，成為實際領悟，其關鍵卽全在人心一點「靈明」，他說：

> 「蓋天地萬物與人原是一體，其發竅之最精處是人心一點靈明。風雨、日月、星辰、禽獸、草木、山川、土石與人原是一體。故五穀、禽獸之類可以養人。藥石之類，皆可以療病，只為同此一氣，故能相通耳。」[105]

中國一人，天下一家，萬物一體，這種超乎物質感官經驗的息氣相通，唯一可能的表達方式是採用不同範疇的類比語言，去領會精神領域的實際意義，去證悟靈明發用統攝萬物的眞情。陽明的抱負是在佔有客觀世界，但不侵犯客觀世界，更正確的說，這種佔有只是主體本位的發覺客觀世界而實現客觀世界的存在意義，如程明道所說：「萬物之生意最可觀」[106] 而去自得其意。同時主體性的實現亦維繫於客觀世界的發覺，以成全主客交流、物我同心而天人合一，卽陽明所謂：「閒觀物態皆生意，靜悟天機入蒼冥。」[107] 陽明亦有其心性之學的邏輯推理：

> 「充天塞地中間只有這個靈明。……便是天地鬼神的主宰。天沒有我的靈明，誰去仰他高，地沒有我的靈明，誰去俯他深，鬼神沒有我的靈明，誰去辯他吉凶災祥。天地鬼神萬物離卻我的靈

---

[105] 同前書，，卷三，頁一三。

[106] 《遺書》，卷一一，頁四。

[107] 《陽明全書》，卷一九，頁三二。

明，便沒有天地鬼神萬物了，我的靈明離卻天地鬼神萬物亦沒有
我的靈明。如此便是一氣流通的。」⑩

對客體的存在意義繫於主體性的發覺，陽明舉了一個以現代哲學眼光
看來頗有爭論餘地的例子：

> 「問：天下無心外之物，如此花樹在深山中自開自落，於我心亦
> 何相關？
> 先生曰：你未看此花時，此花與汝心同歸於寂，你來看此花時，
> 則此花顏色一時明白起來，便知此花不在你的心外。」⑩

心性之學的形上理論，最後根據並不在純理思辯的層次上。陸象山嘗
警告：「學者不可用心太緊，深山有寶，無心於寶者得之。」⑩此處
用心是紙上談兵或「咀嚼菜單」的意思，意在指出實踐的重要性，如
陽明所謂：「本體功夫一悟盡透」⑩。他在本體功夫上終於徹悟到
「心之虛靈明覺，即所謂本然良知。」⑩發現心體即良知，在哲學史
上的意義，絕不亞於牛頓在科學史上，哥倫布在探險史上所作的貢
獻。

---

⑩　同前書，卷三，頁二六。
⑩　同前書，卷三，頁一四。
⑩　《象山先生全集》，卷三四，頁二六七。
⑪　《陽明全書》，卷三，頁二一。
⑫　同前書，卷三四，頁九。

七、心體創造性之實證與天人合一之完成

心性之學的形上理論中，尤其是以天人合一為終極思考的理論中，最為心學家採用的邏輯推理方式是同一律的運用。例如由「良知即心體」或「心即理」、「心即性」、「性即天」推論到「心即天」、「天人不二」。也可以「主即客」、「客即主」、「天性」即「人性」，輾轉推論到天人合一萬物一體。莊子的「道通為一」而「天地一指也，萬物一屬也」⑬亦可稱為狂人式的同一律運作。（此處同一律的運用自然不能以嚴格意義的西方數理邏輯同等看待），有時還有以矛盾律或「排己律」的運用達到同一律之目的，由「身非身」推論到「身即天」的有趣例子，如吳澄說：

> 「我之所以為身，豈五臟六腑四肢百骸之謂哉？身非身也，其所主者心也。心非心也，其所具者性也。性非性也，其所原者天也。天之所以為天，我之所以為身也。然則我之身非人也，天也。」⑭

當然以上所提身心、性理、人天的同一律演繹程序，各家不盡相同。程朱決不贊成心即理，而以性即理為極限，不越雷池一步。但各家的結論都一致為天人合一，例如邵雍以象數，張載以氣，程朱以誠敬、格物窮理貫通主客天人。不過以上所論主賓詞以「即」來聯貫，並不是純數理義的等量等號聯貫應用在西方靜態式的純理思辯之上。心性

---

⑬ 〈齊物論〉。

⑭ 《增補宋元學案》，卷九二，頁四。

之學的純粹一度靜態空間並不存在，中國哲學中對人的理解並不是西方靜態形式的 Human being，而是動態的 Human becoming。空間必須要參與時間成為動態的雙度宇宙同時進展。如果把看似靜態的「即」加上動態的時間，等號的「即」眞正意義就變成「通」、「化」、「合」或「生」。這就是中國哲學最強調創造性「天地之大德曰生」、「天行健，君子以自彊不息」的原因。

在心性之學中心體的創造性也得到了最大發揮，人與天的等號溝通也完全建立在心體創生造化的原理之上。心學家要通、要發、要育、要化、要感、要動、要致、要合，他們要生生、要充塞、要通透、要充盈、要融攝、要流行、要感化、要發明、要絪縕、要浩浩、要神顯……不一而足。這些都是心體的創作功能。心體雖是「冲漠無朕」，其作用卻是「感而遂通」。心以體而言是「微」而隱密的；以用而言是「顯」而創生造化的。有體必有用，即存在即活動，即體即用，所謂「體用一源，顯微無間」[115] 即是這個道理。王陽明發覺「良知心之本體也」[116] 之後，心性之學的形上學及倫理學都獲得了穩固的基石。天人合一的理論可以說只剩下實際體驗的「致」的部分而已。（陽明大可以比西方尼采早三百七十年以類似口脗宣告哲學死亡）。

王陽明說：

「良知是造化的精靈，這些精靈，生天生地，成鬼成帝，皆從此出。」[117]

「良知妙用發動時，可見人心與天地一體。」[118]

---

[115]　《陽明全書》，卷一，頁二三；卷四，頁二。
[116]　同前書，卷二，頁一九。
[117]　同前書，卷三，頁一一。
[118]　同前書，卷三，頁一二。

陽明最後落腳在心體的創生性上，把握到「天機不息處，所謂維天之命，於穆不已。」⑲ 於是「人心是天淵，心之本體，無所不該。」⑳或者「心即道，道即天，知心則知道知天。」㉑ 也變得如陽明所說「自然明白簡易」㉒。

以心體的創生性說明天人合一的有效性，陳白沙對陽明可能有很大的影響。白沙要作「造化之主」，以心體的「生生化化之妙」去創造屬於他的宇宙世界，他說：

> 「得此欛柄入手，更有何事。往古來今，上下四方，都一齊穿紐，一齊收拾。」㉓
> 「會此則天地我立，萬化我出，而宇宙在我矣。」㉔

心性的創造性原理「干涉至大，無內外，無終始，無一處不到，無一息不運。」㉕ 所以白沙要強調實踐體悟的重要：

> 「人爭一個覺，纔覺便我大而物小，物盡而我無盡者。微塵六

---

⑲ 同前書，卷三，頁二。

⑳ 同前書，卷三，頁五。

㉑ 同前書，卷一，頁一六。

㉒ 陽明以「良知」爲其心學之出發點，意在提示：即思即知，去思考就能得知，有如 "I think, therefore I know"，因「良知是天理之昭明靈覺處，故良知即是天理，思是良知的發用……良知發用之思，自然明白簡易，良知亦自能知得」。見《陽明全書》，卷二，頁二四。

㉓ 《白沙子全集》，卷四，頁一二。

㉔ 同㉓。

㉕ 同㉓。

合，瞬息千古。生不知愛，死不知惡。」⑫

這種實際體驗的「覺悟」之真實過程及內容，心學家只有片言隻語，天機不可洩，描述不多，所謂「客來莫問我，北壁有團蒲。」⑫只有在團蒲之上，靜坐內審，體驗徹悟，才能緊扣其中奧秘。李侗致力「默坐澄心，體認天理，若真有所見。」⑱朱熹在三十歲以後，隨其師李侗習靜坐數年，後來「豁然貫通」⑲而明心體大用。陸象山的實際體驗是「忽覺此心已復，澄瑩中立。」⑩心之體幾乎是亮晶晶的——或借用萊爾（G. Ryle）用的字「發出磷光鬼火的」（phosphorescent）⑬——具體實物。楊慈湖徹悟本心「忽覺此心澄然清明」。⑫陳白沙築春陽臺，靜坐其中十年，「久之，然後見吾此心之體，隱然呈露，常若有物。」⑬王陽明 一五○八 年放逐龍場，在「萬山叢棘

---

⑫　同前書，卷四，頁三四。

⑫　同前書，卷九，頁四。

⑱　引自 Thomé H. Fang, *Chinese Philosophy: Its Spirit and its Development*, Taipei, Linking Publishing Co. 1981, p. 421. 原文引自《補增宋元學案》，卷三九，頁一二。

⑲　此處朱子雖言格物窮理，「至於用力之久，而一旦豁然貫通。則眾物之表裏精粗無不到，而吾心之全體大用，無不明矣」，（見〈大學章句補格物傳〉）但是馮友蘭以爲「朱子所說格物，實爲修養方法，其目的在於明吾心之全體大用。……若以此爲朱子之科學精神，以爲此乃專爲求知識者，則誣朱子矣」。見其《中國哲學史》頁九二○。

⑩　《象山先生全集》，卷三六，頁三二二。

⑬　*The Concept of Mind*, Barnes & Noble, New York, 1949, p. 13.

⑫　《增補宋元學案》，卷一七四，頁一。

⑬　《白沙子全集》，卷三，頁二三。白沙強調靜坐之重要，所謂「養出端倪」（卷三，頁一二）；「吾坐養吾真」（卷七，頁二四）；「曲中若有千年調，還要先生會入神」（卷一○，頁六二）。有關白沙靜坐發現心體，參考 *The Search for Mind* 一書（詳見⑩），尤其第四～六章，頁六○～九九。

中，蛇虺魍魎，蠱毒瘴癘」❽的環境：

> 「日夜端居澄默，以求靜一，久之胸中灑灑，而從者皆病。……
> 忽中夜大悟格物致知之旨，寤寐中若有人語之者，不覺呼躍，從
> 之者皆驚。」❽

他發現的良知是心之體，創造的精靈❽。聶雙江「獄中閒久靜極，忽
見此心眞體，光明瑩徹，萬物皆備。」❽羅洪先（念菴，一五〇四——
一五六四）「因靜坐十日，恍恍見得。」❽王畿（龍溪，一四九七——
一五三二）亦是經年靜坐此中道人。《明儒學案》胡直（廬山，萬曆
乙酉年歿）〈困學記〉條下有一段關於靜坐的記載：

> 「初坐至一、二月，寤寐閒見諸異相。……是二氏所謂魔境也。
> ……四、五月果漸息，至六月遂寂然。一日，心忽開悟，自無雜
> 念洞見天地萬物皆吾心體。喟然歎曰：乃知天地萬物非外也。」
> ❽

---

❽ 《陽明全書》，卷三二，頁七。
❽ 同❽。
❽ 〈年譜〉說「是年（一五二一）先生始揭致良知之教」，此卽發議良知
　　爲心體後，經過十三年方才完成其致良知之教。〈年譜〉又謂「此良知
　　之說從百死千難中得來」。均見卷三三，頁一六。
❽ 《明儒學案》，卷一七，頁九。
❽ 同前書，卷一八，頁七。
❽ 同前書，卷二二，頁七。胡直曾謂：「吾心所以造天地萬物。匪是則黝
　　沒荒忽而天地萬物熄矣」黃宗羲評：「與釋氏三界惟心，山河大地，
　　爲妙明心中物，不遠。」見卷二二，頁一。薛侃（中離）曾謂：「天由
　　心明，地由心察，物由心造。」見《明儒學案》，卷三十，頁五。陸象
　　山最後由薛侃推薦，而得以奉祀孔廟。（卷三十，頁三）。整個明朝近
　　三百年間僅王陽明，陳白沙，薛瑄，胡居仁四位思想家獲奉祀孔廟。

心學家所悟所見的「虛靈之光景」⑭，強調了心性之學以實踐之知爲眞知的立場，所以王陽明要堅持行之完成爲知之完成的必要條件，其理甚爲明顯。扼要地說，心學家提出「心即理」的論證就是爲「天人合一」的理論預舖了邏輯性的基礎，「致良知」是陽明成就天人合一的方法論，所以他要引出「知行合一」作爲天人合一哲學的總結論⑭。

八、結　語

綜觀上面的討論，可以指出中國哲學發展史是以天人如何合一的方法進程上，作爲思想主流的定向指標。心性之學的天人合一方法論簡易直捷，兼採心體發覺創化與德性實踐爲理論根據。所以陸王心學的開展必然落在程朱理學之後，而代表了天人合一思想進化中成熟階段的自然宗教哲學，（心學與理學的分裂實由二程兄弟性格不同爲肇端）。心性之學的眞正貢獻是在啟發生命豐沛多面性的特質，指出人性最深邃之處還有關鍵性的廣大高明面，具有無窮無限的潛在創生力。心體創造的意義即是這種潛能的實現，化一切可望而不可能爲可及可行的可能。心體即是浩然之氣的根源，亦是至大至剛的創生原動力，

---

⑭ 引自羅欽順(整庵，一四六五——一五四七)譏諷之語。《明儒學案》，卷四七，頁一〇。

⑭ 對陽明學的精神，杜維明曾指出：「陽明與天地萬物爲一體的大人之學，根本和專制王朝所要求的『同心合德』大異其趣。陽明所表現的是一種強烈的抗議精神：他反對虛僞的社會禮俗，反對毫無靈性的考試制度，更反對受宦官污吏所僭取的政體。因此他不怕世人的恥笑而高唱身心之學，不惜犧牲自己的事業而痛斥科舉，不顧自己的性命而向專制勢力挑戰。」見其《人文心靈的震盪》，臺北時報出版公司，一九七六年，頁五〇。

發自人性生命中樞的終極頂點，成爲整個宇宙的核心，天與人就在此交滙。一舉之勞，一點靈明的透悟，人就可以斬獲整個宇宙世界。心體是本然的無盡寶藏，其妙用生發，如涓涓源泉，周行不殆。

　　人性的現代哲學義多以肉身的小我出發立說，而中國傳統哲學強調精神大我的境界，才是自我的體現，才是「眞我存在」（Authentic existence）的完成。宋明心學家未嘗「製造」客觀的物理世界，他們僅以主體性原則，心統誠敬，去重新發覺客體存在的意義及價值。在這種意義之下，去懷抱自然，在心靈佔有宇宙世界，其最終旨趣在指證生命之豐瞻富庶，藉以提升人性價值。他們採用近乎文學藝術的類比語言，目的不在精確描述現象世界，其功用只限於魚餌式的誘導啟發，以期得魚忘餌。宋明心學家亦時有過激之言而被控爲企圖盜竊或僞造天地萬物，所以充其量亦不過是空幻的理想主義而不合時代潮流。當然眞假必須分辨，好壞可以爭論，至於興趣之所趣，則無庸爭辯。人一生的心路歷程卽是一串選擇的組合，否定人性潛在可能，遭致心靈枯竭，對於心學家來說，這種作繭自縛，等於選擇自甘墮落。陽明的心靈世界具備萬有富裕異常，這是在百死千難的顚仆生涯中歷經思想三變而踏入正途後的終極成就。他把不堪回首當年的心懷，表現在詩趣中，頗有警惕之意：

　　　「欲笑從前顚倒見

　　　枝枝葉葉外頭尋

　　　…………

　　　抛卻自家無盡藏

　　　沿門持鉢效貧兒」⑭

---

⑭　《陽明全書》，卷二〇，頁三六。

可以作爲宋明心學家的肺腑之言。

＊本論文曾於一九八三年十一月以及一九八四年二月在國立臺灣大學哲學系以及香港中文大學學術講座宣讀。

明儒陳白沙生平學說概觀

一、陽明學的先驅

提到明代哲學思想，一般均以心學大師王陽明（一四七二——一五二九）爲宗。蓋因其思想體系之精深博大，不僅代表了宋明道學發展過程的巔峯狀態，卽使以整個中國哲學的遷演發展觀之，陽明心學的確是一個突出的高潮，以其知行合一的實踐哲學，對後世的影響而論，其重要性更不可諱言，不但對鄰國日本、韓國、越南的文化播下了深遠的影響，綜觀我國當代政治家思想家，亦幾無一人不受其啟發激勵者。這種情形，使得陽明學無論在歷史價值及時代意義雙方面，都根深蒂固的奠立了它在傳統文化中不可動搖的地位。

由於陽明學對當代思想的重要性，十年前夏威夷大學特邀中西名學者，舉辦了一次王陽明思想專題討論會，並出刊英文專集，以紀念其五百年誕辰。幾年前，美國哈佛大學杜維明教授及加拿大多倫多大學秦家懿教授，一連出版兩本極具份量的陽明研究著作❶。可見陽明

❶ Tu-Wei-ming, *Neo-Confucian Thought in Action, Wang Yang-ming's Youth* (1472-1509), University of California Press, 1976. Julia

思想的遠播流傳，不僅已經達到「東風西漸」的程度，而且可說正是方興未艾。

其實對王陽明的過份推崇，容易形成一種錯誤印象，似乎有明一代幾近三百年間，除了陽明一家，別無其他學說值得發揚。這種獨尊陽明的局面，甚至可以解釋成對整個明朝的一種貶辭。一般追溯王學源流的見解爲：遠承周朝思孟學派的遺風，近接宋代陸象山（一一三九──一一九三）心學要旨，與朱熹分庭抗衡，獨樹一幟，別開門戶。這樣把明季前期許多有功於醞釀薰陶王學的碩儒巨子一槪存而不論，而陽明所受佛學，尤其是禪宗思想及道家道教的影響，更抹煞殆盡矣❷。

事實上，陽明心學的肇端，已居明代中葉。明初所謂眞正的純儒當中，較爲彰名顯著者，有曹端（月川，一三七六──一四三四），薛瑄（敬軒，一三九二──一四六四），吳與弼（康齋，一三九一──一四六九），胡居仁（敬齋，一四三四──一四八四）。明史與黃宗羲（一六一○──一六九五）的明儒學案，都把他們列爲承襲朱學的正統派儒家，明史並謂：

> 「原夫明初諸儒，皆朱子門人之支流餘裔，師承有自，矩矱秩然。
>
> 曹端，胡居仁篤踐履，謹繩墨，守儒之正傳，無敢改錯。」❸

（續）Ching, *To Acquire Wisdom: The Way of Wang Yang-ming*, University of Columbia Press. 1976. 筆者曾撰書評刊載於澳洲雪黎大學出版之 *Journal of the Oriental Society of Australia*, Vol. 11, 1976; Vol. 12, 1977.

❷ 有關陽明受禪學之影響，可見日人著作，久須本文雄，《王陽明の禪的思想研究》，名古屋，一九五九。以及忽滑谷快天，《陽明與禪》，中譯本，劉仁航譯，上海，一九二一。又有關陽明受道教之影響，見拗存仁《明儒與道教》，新亞學報，卷八，頁二五九～二九六。

❸ 《明史》，卷二八二，〈儒林傳序〉。

提到薛瑄時，明史本傳又說：

> 「瑄學一本程朱，其修己教人，以復性為主，充養邃密，言動咸
> 可法。嘗曰：『自考亭（卽朱熹）以還， 斯道已大明， 無煩著
> 作，直須躬行耳。』」

劉宗周（戢山，一五七八——一六四五）更形容吳康齋之學為「刻苦
奮勵， 多從五更枕上汗流而得」❹。吳氏及其門徒胡居仁並絕意科
舉，刻勤躬耕，於山中講學，傾一生精力，行實踐之旨。故薛瑄、曹
端、吳與弼、胡居仁等四儒家，正是明代思想史作者所謂的涵養躬行
派❺。這種明初注重工夫體驗的求學方法，以及篤行實踐的學風，決
定了整個明代思潮由朱轉陸的新方向，當然對後來陽明知行合一的哲
學，有直接或間接的引導啟迪。

薛瑄、胡居仁連同王陽明於萬曆年間，從祀孔廟。明代近三百年
中一共只有四人榮獲這種皇室頒授身亡後追封的殊榮，另外一位學者
便是吳康齋的高徒陳獻章（一四二八——一五〇〇）或稱白沙子。他
是真正畢一生精力，探討內聖之功，而能躬身樹立典範，卓然有成，
而直接影響到陽明學的心學巨匠。

黃宗羲簡潔有力指出：

> 「有明之學，至白沙始入精微。」❻

又曰：

> 「作聖之功，至先生(白沙)而始明，至文成(陽明)而大成。」❼

---

❹　《明儒學案》，〈師說〉。
❺　《明代思想史》，臺灣開明書局，一九六二，頁一三。
❻　《明儒學案》，〈白沙學案〉，序言。
❼　同前書，「本傳」。

簡又文「以爲其時間範圍，非徒限於有明，實包括以前之學術思想史也」❽，是爲對陳白沙極端推崇之辭。蓋白沙學之所以能直探心靈本源，以鳶飛魚躍的精神，自得自樂，而臻天人至境，樹立明代思想獨特風格，卽羅倫所謂「觀天人之微，究聖賢之蘊」❾，以至「握造化之樞機，可謂獨開門戶，超然不凡」❿，確是明初哲學思潮進展的一大轉捩點。於是陸學之風尙，逐漸明朗，由白沙之步履同趨，一線相承，開啟陽明心學的先驅，因此白沙學爲陸學到王學的眞正連繫橋樑。

然而，王陽明與陳白沙之間，學術承受及思想關連則頗爲含糊曖昧，歷來哲學史家都未作清楚的交待，偶有論及者，亦語焉不詳。究其主因，大抵是受黃宗羲先入爲主的決斷之說所影響：

「兩先生之學最爲相近，不知陽明後來從不說起，其故何也。」⓫

陽明未在傳習錄中論及白沙則是事實，但在他處至少提過陳白沙之名三次。例如，一次在〈湛賢母陳太孺人墓碑〉中讚白沙門人陽明之師友湛若水（甘泉，一四六六──一五六〇）之母，送甘泉受學於白沙曰：「嘗使從白沙之門」⓬；另一次王陽明於正德十年（一五一五年）提到其友楊珠（景瑞）時，謂楊從學於白沙⓭。陽明對白沙當有所

---

❽　《白沙子研究》，香港猛進書屋，頁四八。

❾　羅倫（一峯，一四三一──一四七八）。語見《白沙子全集》，乾隆本（一七七一年版），卷末，〈送白沙先生詩序〉。

❿　《明儒學案》，〈師說〉。

⓫　同前書，〈白沙學案〉。

⓬　《王文成公全書》，四部備要，卷二十五，頁二三。

⓭　同前書，卷七，頁五九。楊珠，見阮榕齡著，《白沙門人考》。

知，所謂有意不提及者，蓋白沙學曾受胡居仁等攻擊，指爲趨向黃老，流入禪教，而目之爲異端。在明室朱學遺風，科舉進仕之習尚彌漫下，陽明雖有受啟發於白沙學，亦儘量避免予以討論或引用。一如白沙亦只提過陸象山一次[14]，目的在隱避忌諱。然而在另一方面，陽明與白沙之間的弟子師承關係，則甚爲清晰簡明，略言之，白沙較陽明年長四十四歲，生平未曾謀面，白沙門徒湛甘泉於白沙去世後遊京師，弘治十八年（一五〇五年）獲交王陽明，兩位碩儒志同道合，一時互相應和，陽明曾嘆曰：

> 「予求友於天下，三十年來未見此人。」[15]

而且，甘泉「平生足跡所至，必建書院以祀白沙，從遊者遍天下」[16]。故白沙思想經由湛甘泉之介紹，得以直接傳遞至於陽明。白沙曾寄書其弟子林光（緝熙，一四三九——一五一九）謂：

> 「秉筆欲作一書寄克恭（即賀欽）論爲學次第，罷之，不耐尋思，竟不能就。緝熙其代余言。大意只令他靜坐，尋見端緒，欲說上良知良能一節，使之自信，以去駁雜支離之病，如近日之論可也。千萬勿吝。」[17]

白沙在此處特別提出「良知良能一節」，眞可謂上接陸象山，下啟王

[14]　《白沙子全集》，卷二，頁一三。

[15]　《甘泉文集》，〈贈別應元忠吉士敍〉。

[16]　《明儒學案》，〈甘泉學案〉。

[17]　《南川冰蘗全集》，卷末。

陽明，無可否認，白沙成了陸王學派中脈絡相遞的橋樑。

二、生平略傳

白沙子原名陳獻章，字公甫，號石齋。於宣德三年（一四二八）生於廣東新會都會鄉，後遷往江門之白沙里，故學者尊稱為白沙先生，而其學則稱為江門學派。卒於弘治十三年（一五〇〇），春秋七十有三。

父名琮，體羸弱多病，卒時年僅二十七。歿後逾月白沙始生。母林氏，孀居時年二十四，守節終身，辛勤撫育幼兒，「至於九歲，以乳代哺」（〈乞終養疏〉），故白沙一生以至孝奉侍其母，後來皇室屢薦不起，其因亦為歸養其母。

白沙先生門徒張詡（廷實）所撰〈白沙先生行狀〉中有一段描述白沙其人，頗為活潑逼真：

「先生身長八尺，目光如星，左臉有七黑子如北斗狀⑱。音吐清圓，嘗戴方山巾，逍遙林下，望之若神僊中人。自幼警悟絕人，讀書一覽輒記……一日讀孟子『有天民者，達可行於天下而後行之』，慨然歎曰：『嗟夫！大丈夫行己當如是也』。弱冠充邑庠生，其師某者，見其所為文異之曰：『陳生非常人也，世綱不足以羈之。』」⑲

---

⑱ 「右臉有七黑子如北斗狀」，門人林光曰：「此朱子相也。若云白沙亦有，何吾輩之未見也？」，見《南川冰蘗全集》，卷五，頁二七。

⑲ 行狀見《白沙子全集》，卷末。

正統十二年（一四四七，二十歲）中鄉試第九名，次歲赴北京春
闈，中副榜進士，入國子監讀書，三年後會試復下第，乃南歸，年二
十七赴江西臨川從學於吳與弼。黃宗羲載一段其師生軼事謂：

「每日，晨光纔辨，吳氏手自簸穀，而白沙未起。乃大聲曰：『秀
才若為懶惰，即他日何從到伊川門下？何從到孟子門下？』」❷⓿

如上所述，刻苦奮發的精神是當時碩儒中的新學風，對白沙當有激勵
的功效，後來白沙學注重實踐的精神，蓋有所本也。故白沙曾謂其
師：「聞其論學，由濂、洛、關、閩，以上達洙泗，尊師道，勇擔荷，
不屈不撓，如立千仞之壁，蓋一代人豪也。」❷❶

白沙留其師處，受業半載而歸，足跡不踰戶，專門研讀古今載
籍，旁及佛老經典，甚至稗官野史，亦無所不窺，以至廢寢忘食，略
困則以水沃其足，如是者累年而未有所得。於是築「春陽臺」，靜坐
其中有十年之久（一四五五──一四六五），以自悟自得之方法，直
探心靈實體。由於長期苦修苦行，最後終於獲得成就，白沙自述此段
為學造道之心路歷程：

「僕才不逮人，年二十七，始發憤從吳聘君（即康齋）學。其於
古聖賢垂訓之書，蓋無所不講，然未知入處。比歸白沙，杜門不
出，專求所以用力之方。既無師友指引，日惟靠書冊尋之，忘寢
忘食，如是者累年而卒未得焉。所謂未得，謂吾此心與此理未有
湊泊脗合處也。於是舍彼之繁，求吾之約，惟在靜坐。久之，然

❷⓿　《明儒學案》，〈崇仁學案〉。
❷❶　《白沙子全集》，卷二，頁一八，〈書玉枕詩話後〉。

後見吾此心之體，隱然呈露，常若有物；日用間種種應酬，隨吾所欲，如馬之御銜勒也；體認物理，稽諸聖訓，各有頭緒來歷，如水之有源委也。於是渙然自信曰：『作聖之功，其在茲乎！』」㉒

嗣後於鄉間教學，聲名日顯，四方來學者益眾，順德梁儲（一四五一──一五二七）亦仰慕而來。至成化二年（一四六六）於講學之暇，與門人習射禮，遭流言誣為聚兵謀叛，白沙處之泰然，至學士錢溥誠言相勸，始束裝北上，重遊太學。

抵京師後，一日國子監祭酒邢讓，試以宋儒楊時（龜山，一○五三──一一三五）「此日不再得」詩為題，白沙和之曰：

「能飢謀藝稷，冒寒思植桑，少年負奇氣，萬丈磨青蒼。
夢寐見古人，慨然悲流光，吾道有宗主，千秋朱紫陽。
說敬不離口，示我入德方，義利分兩途，析之極毫芒。
聖學信匪難，要在用心臧，善端日培養，庶免物慾戕。
道德乃膏腴，文辭固秕糠，俯仰天地間，此身何昂藏。
胡能追軼駕，但能漱餘芳，持此木鑽柔，其如磐石剛。
中夜攬衣起，沈吟獨徬徨，聖途萬里餘，髮短心苦長。
及此歲未暮，驅車適康莊，行遠必自邇，育德貴合章。
邇來十六載，滅迹聲利場，閉門事探討，蛻俗如驅羊。
隱几一室內，兀兀同坐忘，那知顛沛中，此志竟莫強。
避如濟巨川，中道奪我航，顧茲一身小，所繫乃綱常。
樞紐在方寸，操舍決存亡，胡為謾役役，斲喪良可傷。
願言各努力，大海終回狂。」㉓

㉒　同前書，卷三，頁二二～二三，〈復趙提學〉。
㉓　同前書，卷六，頁二。

邢讓閱後，大驚而嘆曰：「龜山不如也」。颺言於朝，謂「眞儒復出」。於是白沙聲名震動京師，一時公卿顯貴，名士賢流，如羅倫（一峯，一四三一──一四七八），章懋（楓山，一四三六──一五二一），莊泉（定山，一四三七──一四九九）輩等相聚爲友，賀欽（克恭，一四三七──一五一〇）且拜白沙爲師。

翌年秋南歸，杜門潛心苦學。江西司藩臬布政使等遣人敦聘出長白鹿書院，亦報書以不能紹述朱學爲由辭謝。憲宗聞其英賢，命有司以禮勸駕，巡撫右都御史朱英亦具提薦。白沙不得已乃再度上朝，道出羊城，到處觀者如堵，至擁馬不得行，圖其貌以留紀念而誌景仰者，以數百計，其享譽之盛，可見一斑。

白沙於一四八三年春抵京師，公卿大夫咸謂「聖人復出」。半年後得家書，以老母在家憂念成疾，具本陳情憲宗，撰〈乞終養疏〉，申言南歸養母，兼理舊疾。憲宗親閱再三，大爲其孝思感動，次日授翰林院檢討，待其母病愈仍回京供事。返粵後，親事其母，絕意仕途，其後屢薦不起，講學於山林，頗得自得之樂，浙江姜麟（一四八七舉進士）稱白沙爲「活孟子」。

弘治十三年（一五〇〇）再薦於朝庭，令未抵粵，白沙已於是年二月初去世。萬曆十三年（一五八五）詔以從祀孔廟，並追諡「文恭」。

三、白沙學風

黃宗羲論白沙學派時說：

「出其門者，多淸苦自立，不以富貴爲意，其高風所激遠矣。」㉔

白沙弟子張詡亦謂：

> 「我白沙先生起於東南，倡道四十餘年，多示人以無言之教，所
> 以救僭儷之弊而長養夫真風也。」⑤

蓋白沙學風，重啟發式教育，先以涵養內心之虛靜，以期深思而自得，故以自身懿行示範，激勵門生陶冶高尚人格，這種提倡大儒精神，一反當時俗儒以科舉仕進為求學目的之頹風流弊。

從祀詔文謂白沙「得道於沉潛靜篤之中」，誠一言中的。白沙極重視修己工夫，以習靜入虛，其方法為靜坐澄心，他說：

> 「為學須從靜中坐養出個端倪來，方有商量處………但只依此下
> 工夫，不至相誤，未可便靠書冊也。」⑥

於〈復趙提學〉書中說：

> 「有學於僕者，輒教之靜坐，蓋以吾所經歷，粗有實效者告之，
> 非務為高虛以誤人也。」⑦

又曰：

> 「老拙每日飯食後，輒瞑目靜坐竟日，甚穩便也。」⑧

㉔ 《明儒學案》，〈白沙學案〉。

㉕ 同前書，卷六，〈通政張東所先生詡〉。

㉖ 《白沙子全集》，卷三，頁一二～一三，〈與賀克恭〉。

㉗ 同前書，卷三，頁二三。

㉘ 同前書，卷三，頁三四，〈與何子完〉。

靜坐源於道家之「坐忘」及佛家之「坐禪」，白沙曾修煉靜坐十年，羅倫問他過份強調靜坐是否流於異端，白沙答以宋代理學家以靜坐爲入門之法：

> 「伊川先生每見人靜坐，便歎其善學。此一靜字，自濂溪先生（周敦頤）主靜發源，後來程門諸公，遞相傳授，至於豫章（羅從彥）、延平（李侗）二先生尤專提以教人，學者亦以此得力。晦庵（朱熹）恐人差入禪去，故少說靜，只說敬，如伊川晚年之訓。此是防微慮遠之道，然在學者須自量度如何。若不至爲禪所誘，仍多着靜，方有入處。若平生忙者，此尤爲對症之藥。」❷⑨

白沙學的要旨是在體會透悟，重在踐履篤行，而思慮之清淨是揚棄世俗名利私欲的必要條件。是禪非禪多爲門戶之見，本與學問之道無關，所以他說：

> 「佛氏教人靜坐，吾亦曰靜坐；曰惺惺，吾亦曰惺惺。調息近於數息，定力有似禪定，所謂流於禪學者，非此類歟？」❸⓪

他甚至自己承認「白沙詩語如禪語」❸①。但白沙靜坐的旨趣在靜養端倪，此端倪是存於內心的道的本體，非靠書册得來，而是內心妙悟領會而自得者，這種學問在他看來是不靠累積言傳的，他把學問分爲二種：

---

❷⑨　同前書，卷三，頁八二，〈與羅一峯〉。
❸⓪　同前書，卷三，頁二五，〈復趙提學〉。
❸①　同前書，卷八，頁七九。

「夫學有由積累而至者，有不由積累而至者；有可以言傳者，有不可以言傳者。夫道至無而動，至近而神，故藏而後發，形而斯存。大抵由積累而至者可以言傳，不由積累而至者，不可以言傳也。」❸❷

這種由內觀而得的學問，能悟得者，其發如涓涓之源泉，永無止境。所謂「會得者，活活潑潑，不會得，徒然弄精神」。頗有莊子「得魚而忘筌，得兔而忘蹄」之風格。故白沙之為學，特重經驗的領會，故論理言道，雖是千言萬語，所談者不過道理的粗跡而已。這當然是對明初朱學獨霸局面的一種反抗，因為朱學在明室提倡之下，壟斷科舉制度，把求學造道拘限在背誦詞章的窄門，枉費一生精力，埋沒人性，貶低了人的價值。故白沙極力「舍彼之繁，取吾之約」，以直捷的方法，求天理，存人心，去發揚人的可貴處，以免淪為禽獸，他說：

「人具七尺之軀，除了此心此理，便無可貴，渾是一包膿血，裹一大塊骨頭，飢能食，渴能飲，能着衣服，能行淫欲，貧賤而思富貴，富貴而貪權勢。忿而爭，憂而悲，窮則濫，樂則淫。凡百所為，一信氣血，老死而後已，則命之曰禽獸可也。」❸❸

此心此理是人的可貴處，為學要先立乎大者，存此心，隨處體認天理，上通天道，以達天人之際，是白沙學的一貫之道，所以要勸人靜中體會，「學勞攘則無由見道，故觀書博識，不如靜坐」❸❹。白沙因

---

❸❷ 同前書，卷三，頁一一，〈復張東白〉。

❸❸ 同前書，卷二，頁九，〈禽獸說〉。

❸❹ 同前書，卷三，頁七九，〈與林緝熙〉。

而強調自我的重要性：

「致養其在我者，而勿以聞見亂之，去耳目支離之用，全虛圓不
測之神，一開卷盡得之矣。非得之書也，得自我者也。蓋以我觀
書，隨處得益，以書博我，則釋卷而茫然。」❸❺

白沙之束書不觀，當然是針對明初頹廢的讀書風氣「誦其言而忘
其味」的一種譏諷，他說這種情形「六經一糟粕耳」，對宋儒建立之
無上權威，表示反抗，甚至說過頗爲激烈的話：

「孟子聰明還孟子，如今且莫信人言。」❸❻

白沙旣以爲學不在言論講述，而在躬行實踐，故平生絕意著述，嘗有
詩曰：

「他年儻遂投閒計，只對青山不著書。」❸❼

又曰：

「莫笑老儂無著述，真儒不是鄭康成。」❸❽

其「道學傳序」中對典籍之繁多燕雜，爲害之大，有精闢之言，甚而

❸❺　同前書，卷一，頁一八，〈道學傳序〉。
❸❻　同前書，卷一〇，頁三七。
❸❼　同前書，卷八，頁五〇。
❸❽　同前書，卷八，頁四五。

引用元儒許衡（文正）之言，暗諷須焚書一遭：

> 「自炎漢迄今，文字記錄著述之繁，積數百十年於天下，至於汗
> 牛充棟，猶未已也。許文正語人曰：『也須焚書一遭』。此暴秦
> 之迹，文正不諱言之，果何謂哉？……後之學者，記誦而已耳，
> 詞章而已耳。天之所以與我者，固懵然莫知也。夫何故？載籍多
> 而功不專，耳目亂而知不明，宜君子之憂之也。」 **㊴**

詞章之束縛，書冊之桎梏，使人失去自由自主的精神，人反成了文字
的奴隸，學問變成雕蟲小技，這是發展人心智慧的大障蔽，除去障蔽
要知道懷疑，懷疑是覺悟之機，故白沙說：

> 「前輩謂學貴知疑，『小疑則小進，大疑則大進』（陸象山語），疑
> 者，覺悟之機也；一翻覺悟，一翻長進，即此便是科給。學者須
> 循次而進，漸到至處耳。」 **㊵**

這種懷疑覺悟使白沙視傳統典籍為「糟粕」、「秕糠」，因有「古人
棄糟粕，糟粕非真傳」之句，和陸象山「六經皆我註腳」之詩謂：

> 「聖人與天本無作，六經之言天註腳，
> 百氏區區贅疣若，汗牛充棟故可削……
> 讀書不為章句縛，千卷萬卷皆糟粕。」 **㊶**

㊴ 同前書，卷一，頁一七～一八。

㊵ 同前書，卷三，頁四〇，〈與張廷實〉。

㊶ 同前書，卷六，頁三五，〈題梁先生芸閣〉。

　　總而言之，「千卷萬卷書，全功歸在我，吾心能自得，糟粕安用那？」❷，白沙這種重內輕外的爲學方法，當受老子「爲學日益，爲道日損」的影響，所以他由博返約，由靜坐入門，直探心體，別闢蹊徑。其學風完全擺脫了世俗齷齪矯飾，探取道家的虛靜，卻不沾妄誕踰閑，體會佛典的心淨常樂，卻不揚棄人倫社會，不汲汲於富貴的懷抱，不戚戚於貧賤的志節，是眞儒的情操，更不愧是承繼發揚了道學精神的眞命脈。

　　吳康紹述白沙學時謂：

　　「心傳欲接明道，議論近乎象山，氣象有類康節，襟抱欲學曾點。就此數者而模擬之，知言君子或可以得白沙治學爲人之槪矣！」❸

四、由無到動的哲學

　　白沙束書不觀和靜坐修行的作風，固然類似苦行主義，但其背後隱含了神秘色彩濃厚而微妙莫測的哲學。他在靜趣中，亟力變化氣質。久之，突見心體之「隱然呈露」，展現了宏濶的內在世界，卽此一念之微，一點靈機，透悟渾然與萬物同體，由內發揮出高度生命創造力，非極度純淨靈巧的神思，不得臻此。這就是他修靜的目的，在虛無的境地，悟得極爲生動而富於創造力的心體。

　　黃宗羲謂「先生之學，以虛爲基本，以靜爲門戶」。白沙自己說：「省事除煩惱，端居養靜虛」❹。此「靜虛」的境界就是他修已

---

❷　同前書，卷六，頁九。
❸　吳康著，《宋明理學》，臺北華國出版社，一九六二年再版，頁二九五。
❹　《白沙子全集》，卷七，頁一三。

功夫所涵養的心境，是一種一塵不染的淨土，白沙把它稱之爲「虛明靜一」❹。所以「致虛」之義，在無欲而精一，克去有我之私，並且「常令此心在無物處」，他解釋說：

> 「人心上容留一物不得，纏着一物，則有礙，且如功業要做，固是美事，若心上念念，只在功業上，則此心便不廣大，便是有累之心，是以聖賢之心，廓然若無，感而後應，不感則不應，又不特聖賢如此，人心本體皆一般，只要養之以靜，便自開大。」❹

所以他主張要洗心，日新而日日新，以涵養靜虛之心境。他對「虛」的解釋爲：

> 「未形者虛也，虛其本也，致虛所以立本也。」❹

所以白沙以爲追溯生命的本源，必須致虛習靜，在虛無的境界，心如明鏡，廓然大公，而明覺自然。

這種習靜致虛而澄心淨慮，頗似道家及禪家的修道工夫，白沙學確有得力於釋老之處，這是無可否認的事實。他要使此心常處於「無物處」，而進入虛無之境，連佛家專用的名詞「空」亦爲其採用，如致黎雪青之詩謂：

> 「是身如虛空，樂矣生滅滅。」❹

---

❹　同前書，卷二，頁一六。
❹　《明儒學案》，〈白沙學案〉，〈與謝元結〉。
❹　《白沙子全集》，卷三，頁一一。
❹　同前書，卷六，頁一六。

他一方面稱讚邵雍，一方面承認自己學佛，且對惡意攻擊者，以鴉聲之陰險反譏之：

> 「詩到堯夫不論家，都隨何柳傍何花。
>
> 無住山僧今我是，夕陽庭樹不聞鴉。」❹

他稱許邵雍是因其無門戶之見，白沙自己在宋明道學家中亦是最無門戶之見者，在儒釋道三教中能取其中庸之道，而充份表現出「和」與「誠」的精神，故白沙學不失儒家之眞精髓者在此。所以常說他有舞雩陋巷之風——遠之如曾點顏回，近之如明道康節，氣象灑脫，胸襟開濶。

但是白沙之得道，兼採釋老的方法，致虛入靜，這不是走向寂滅的路線。他的虛無之境是心靈高度純淨狀態，無住、無累、無礙而虛明靜一。這是他涵養爲學的端倪，發現人心本體的必要條件。所以他的最終旨趣是在探求生趣活潑的自得之學，是富有創造性的動的哲學。

白沙在幾十年的修持靜養中，發現了心之實體：

> 「久之，然後見吾此心之體，隱然呈露，常若有物……作聖之功，其在茲乎！」❺

這等於是「眞我」的發現，卽虛無的妙境中神領悟得的「端倪」，黃宗羲謂「不知端倪爲何物」。「端倪」一詞最先出現於《莊子》〈大

---

❹　同前書，卷十，頁六九。

❺　同前書，卷三，頁二二。

宗師〉：「反覆終始，不知端倪」。此端倪在白沙學中，是心的創造
以達到天人合一之境的起點，亦即「通塞往來之機，生生化化之妙」，
他跟門生李世卿說：

> 「朝夕與論名理，凡天地間耳目所聞見，古今上下載籍所存，無
> 所不語，所未語者，此心通塞往來之機，生生化化之妙，非見聞
> 所及，將以待世卿深思而自得之。」[51]

所以白沙學中最大的轉捩點在由無到動的哲學，他說：

> 「至無有至動，至近至神焉。」[52]

由「無」到「動」是在「虛無」的境界發現心的創作，「至近」是自
我的最深處，「至神」則為最神妙的心體。無怪乎白沙讚歎人心之本
體謂：

> 「高明之至，無物不覆，反求諸身，欛柄在手。」[53]

對白沙而言，心體之發現，等於悟得天理，由心的創作可以隨處體認
天理，〈與林緝熙〉書中說：

> 「終日乾乾，只是收拾此理而已。此理干涉至大，無內外，無終

---

[51]　同前書，卷一，頁二二。
[52]　同前書，卷六，頁二。
[53]　同前書，卷六，頁一。

始，無一處不到，無一息不運，會此則天地我立，萬化我出，而
宇宙在我矣。得此欛柄入手，更有何事？往古今來，四方上下，
都一齊穿紐，一齊收拾，隨時隨處，無不是這個充塞。色色信他
本來，何用爾腳勞手攘？……會得，雖堯舜事業，只如一點浮雲
過目，安事推乎？此理包羅上下，貫徹終始，滾作一片，都無分
別。自茲以往，更有分殊處，合要理會。毫分縷析，義理儘無窮，
工夫儘無窮……夫以無所著之心行於天下，亦焉往而不得哉？」㊸

「天地我立，萬化我出，而宇宙在我矣」是何等廣大高明的氣魄，**議
論類同陸象山「宇宙即吾心，吾心即宇宙」，又有程明道「人與天地
萬物同體」**的胸襟，渾然天地氣象。這是白沙由心的創作而體悟出小
我與大我融合無間，物我兩忘，而臻於天人合一之境。

五、自然與自得之樂

　　白沙學的「天人合一」觀，大抵而言，源自孟子「萬物皆備於
我」，《莊子‧齊物論》中所謂「天地與我並生，萬物與我為一」
以及《易經》中「生生之謂易」「天行健，君子以自強不息」等等，
故天人之際是白沙學的登峯造極。因為這種成就是由實際經驗體會而
得，故在他詩文中表現出了高度自然的智慧，例如：

　　「超超塵外心，浩矣周八極。」㊹

　　「高着一雙無極眼，閒看宇宙萬回春。」㊺

㊸　同前書，卷四，頁一二。
㊹　同前書，卷六，頁四。
㊺　同前書，卷一〇，頁四〇。

這種灑落豁達的風骨，蔚然成爲大觀，目的在參天地，贊化育，並契合自然，同化天人，都是白沙動的哲學中，心靈創作的成果。所以他的精神不但通透容納了空間宇宙，而且能自始至終把握住時間宇宙的進展，而悟得心靈的永恒性，不僅是死生如一，而且精神可以「永託山水間」了，此即白沙所謂：

「生之謂來，死之謂去，往來之間，奚得奚喪？」❺⑦
「天地無窮年，無窮吾亦在。」❺⑧

所以白沙得以自由俯仰宇宙之間，「境與心融，時與意會，悠然而適，泰然而安……撤百氏之藩籬，啟六經之關鍵。于焉優游，于焉收斂。靈臺洞虛，一塵不染，浮華剝盡，眞實乃見。鼓瑟鳴琴，一回一點（顏回與曾點）。氣蘊春風之和，心游太古之面。其自得之樂，亦無涯也。」❺⑨

　　白沙自得的哲學，頗爲微妙複雜，「自得」可以說是自我實現或自我完成(Self-realization)，或是自我確信的心境，也可以指心地泰然的境界，是快樂的來源。但在白沙學中，自得最重要的一項意義是心的創造觀，由涵養靜虛，直接由「直觀」深思悟得此心此理的湊泊，領會出「充塞往來之機，生生化化之妙」，是不落言詮的個人體驗。

　　在白沙哲學中，心的創造自得，可以使小我同化於大我，達到「無我、無人、無古今」❻⓪而包容宇宙，契合天人的境地。這種規模

---

❺⑦　同前書，卷四，頁二一。
❺⑧　同前書，卷六，頁二六。
❺⑨　同前書，卷二，頁二七。
❻⓪　同前書，卷一，頁二九，及卷八，頁七六。

宏濶的創造自得，白沙所用的方法，卻十分簡單直捷，靠人心上的一
點靈機，一念之微。此方法一爲儒家的「誠」，一爲道家與佛家的
「覺」。他說：

> 「夫天地之大，萬物之富，何以爲之也，一誠所爲也。蓋有此
> 誠，斯有此物，則有此物，必有此誠，則誠在人何所具於一心
> 耳。心之所有者此誠，而爲天地者此誠也，天地之大此誠且可
> 爲，而君子存之，則何萬世之不足開哉？」**㊿**

「誠」的力量所至，「金石可開」，所以一念之誠，萬象俱開，萬化
在我矣。另外一種爲直捷的冥心妙悟，卽「覺」。白沙於〈前輩論銖
視軒冕塵視金玉說〉中論之：

> 「人爭一個覺，纔覺便我大而物小，物盡而我無盡。夫無盡者，
> 微塵六合，瞬息千古。生不知愛，死不知惡，尚奚眼銖軒冕而塵
> 金玉耶？」**㊽**

誠與覺在白沙的創造觀中，如車之兩輪，鳥之兩翼，缺一不可。這種
人與萬物之默然契合，洞見天地萬物之森然於方寸之間，徹悟天理，
而發現「道在我」矣。在此過程中必然要有虛靜之心與藝術才情，去
發覺天地間生生不息的化機。而這種心體創造的過程是無可言傳的，
卽如道家所謂，「知者不言，言者不知」。不能領悟的人，因無虛靜
之心，徒然作弄精神。能守靜養道者，心領神會，則隨處靑山綠水，

㊿　同前書，卷二，頁四。

㊽　同前書，卷三，頁三四。

魚躍鳶飛，天地氤氳，而浩然自得了。所以黃宗羲說白沙學的「吃緊
工夫，全在涵養」。此處吃緊與工夫容易引起誤會，因為白沙的涵養
工夫，絲毫不費人力，更非作弄精神，此即自得之學必須與白沙的自
然觀相提並論之理。白沙曾作詩曰：

> 「說到鳶飛魚躍處，絕無人力有天機。」⑥³

又說：

> 「從前欲洗安排障，萬古斯文看日星。」⑥⁴

黃宗羲論白沙時又說：

> 「先生學宗自然，而要歸自得。自得故資深逢源，與鳶魚同一活
> 潑，而還以握造化之機，可謂獨開門戶，超然不凡。至向所謂自
> 得，則曰『靜中養出端倪……』孟子曰：『君子深造之以道，欲
> 其以自得也。』」⑥⁵

李二曲亦極為欣賞白沙學，嘗謂：

> 「白沙之學，以自然為宗，『去耳目支離之用，全虛圓不測之神』，
> 見之詞翰，從容清真，可以觀其養矣……讀其學，令人心融神

---

⑥³　同前書，卷九，頁三八。
⑥⁴　同前書，卷八，頁三二。
⑥⁵　《明儒學案》，〈師說〉。

怡，如坐春風中，氣質不覺為之默化。」⑥

白沙自己亦常說：「自然之樂，乃眞樂也，宇宙內復有何事？」⑥ 又說：「出處語默，咸率乎自然，不受變於俗，斯可矣。」⑥ 而道是自然之體，故求道在率乎自然。他說：

> 夫道無動靜也，「得之者，動亦定，靜亦定，無將迎，無內外」（明道〈定性書〉語）。苟欲靜，卽非靜矣。故當隨動靜以施其功⑥。

故白沙學中，習靜入虛，浩然自得，都不着一絲人力。所謂「苟欲靜，卽非靜矣」以及「指蒲團而言靜」之謂也。湛甘泉解釋其師之自然觀爲：

> 「夫自然者，天之理也，理出於天然，故曰天然也，在勿忘勿助之間，胸中流出而沛乎宇宙，絲毫人力亦不存……夫先生詩文之自然，豈徒然哉？蓋其自然之文章，生於自然之心胸，自然之心胸，生於自然之學術，自然之學術在勿忘勿助之間，如日月之照，如雲之行，如水之流，如天葩之發，紅者自紅，白者自白，形者自形，色者自色，孰安排是？孰作為是？是謂自然。」⑦

故此，白沙學的要旨是在自然的陶冶中，與山水爲伍，怡然自得，澹

---

⑥　《二曲集》，卷七，〈體用全學〉。

⑥　《白沙子全集》，卷三，頁六三。

⑥　同前書，卷四，頁五。

⑥　《明儒學案》，〈白沙學案〉。

⑦　《白沙子全集》，〈重刻白沙子全集序〉。

泊寧靜，而意境又極高遠。所以他的詩文中，常用的字眼爲默默，無言，忘言，無心，這些都是達到自然與自得之樂的工夫，因爲心體創作的學問，只能自行體會，不能用言語傳授的，所以必須純任自然，他說：

> 「宇宙內更有何事？天自信天，地自信地，吾自信吾。自動自靜，自闔自闢，自舒自卷。甲不向乙供，乙不待甲賜，牛自爲牛，馬自爲馬。感於此，應於彼。發乎邇，見乎遠。故得之者，天地與順，日月與明，鬼神與福，萬民與誠，百世與名，而無一物奸於其間，嗚乎大哉！」❼

故天人之際的學問，以白沙來說，必待親自體驗，而不可言傳的。所以他和元好問「鴛鴦繡得憑君看，莫把金針度與人」的詩句說：

> 「莫道金針不傳與，江門風月釣臺深。」❼

又說：

> 「家有鴛鴦譜，何必更向針。」❼
> 「針在繡不傳，傳繡針不妙。」❼

無怪乎，他要感歎：

---

❼ 同前書，卷四，頁三三～三四。
❼ 《明儒學案》，卷四七，爲羅欽順(一四六五——一五四七)引白沙之詩。
❼ 《白沙子全集》，卷七，頁三六。
❼ 同前書，卷九，頁一〇。

「衡嶽千尋雲萬尋，丹青難寫夢中心；
人間鐵笛無處吹，再向秋風寄此音。」⑦⑤

㊉　同前書，卷一〇，頁二五。

陳白沙對熊十力的影響

一、引 言

熊十力先生（一八八五──一九六八）的哲學思想，融合唯識佛學理論於儒家學說中，創立一套「觀象以知化」的宇宙論，發揮大易「翕闢成變」的道理，以說明乾坤生生不已的大化流行。在本體論方面，首先反歸本心主體作爲哲學基礎，根據「卽用顯體，以體成用」的「體用不二」論，開展了他的形而上學，直探「內外主客契合之妙機」，因此在認識論方面也化解了因「心物二元對立」而必然導致「心役於物」的哲學難局。他的整個思維方式承襲的是近於宋明陸王學派因主張「先立乎其大」而帶有主觀觀念論色彩，其實是強調體認工夫的主體性哲學。

在他豐富的著作中，提到明代心學大師陳獻章（白沙子，一四二八──一五〇〇）之名至少有八、九次❶。以考據的眼光看來，次數

---

❶ 熊十力《新唯識論》，語體本文，臺北廣文書局，一九六二年初版，卷上，〈轉變章〉，頁八三。熊十力《讀經示要》，臺北廣文書局，一九六〇年，卷二頁一一〇。熊十力《十力語要》，臺北廣文書局，一九六

雖然不很多，但是所提部分都明顯的看得出對熊氏哲學產生過關鍵性的影響和啟發作用。其中或引用白沙詩文，或討論其哲學，也一律推崇備至，絕無微辭，一改通常對傳統儒道佛三教學說，一方面「吸收採納」，一方面「駁斥彈正」的作風。即使是對熊十力影響極大的王陽明也受到熊氏的攻擊批判，認為陽明對「格物」的解釋「即排斥知識，則由其學雜老與禪，遂成此大錯」❷。熊十力又提到「陽明有時將良知說為本體，此乃大謬。蓋為禪宗所誤耳」❸。總而言之熊氏不能苟同陽明的良知天理也可以存在於外的說法，因為熊氏的本心不能像良知在客觀世界中尋得。如此看來，熊先生對陳白沙的特別稱道，似有溺愛之嫌。這種現象其實是不難了解的，因為熊氏雖然未接受過正統學校教育，但從十六、七歲就開始研讀《白沙子全集》❹，可能在他青年時代的心目中，早已形成先入為主的概念與意識形態，無形中影響到他一生的哲學思考方式。

　　本篇文章不可能詳細討論熊先生體系龐大的哲學思想，也不可能對陳白沙的心性之學作全面交待❺。但是熊氏求學造道的心路歷程中

　　（續）二年，卷一頁一二；頁四四；卷三頁二七；卷四頁三二。陳應燿《白沙
　　　　先生紀念集》，香港陳氏耕讀堂，一九五二年，頁二三～二五，〈熊十
　　　　力答應燿書〉。劉述先《熊十力與劉靜窗論學書簡》，時報出版公司，
　　　　一九八四年，頁六四。

❷　熊十力〈明心篇〉，臺北學生書局，一九七九年，頁一三七。

❸　同前書頁一一四。熊氏同意陽明「心卽理」，但不能同意「理卽心」，
　　參考❻❾本文。熊氏一如白沙認為「理」是渾一而不可分主客內外，參考
　　本文第七節。

❹　《白沙先生紀念集》，頁二四。

❺　筆者曾用中英文撰寫過不少有關陳白沙的論著，最主要者為 Paul Jiang,
　　The Search for Mind: Ch'en Pai-sha, Philosopher-Poet, Singapore
　　University Press, 1980. 其他有關白沙學的研究有簡又文《白沙子研

所強調實踐體認的重要性，甚至在他主體性哲學的整個理論骨幹和內容結構上，都可以明顯的觀察到他受白沙學影響的痕跡。所以本文的主要目的就在指出熊氏思想是在申述宋明心學家「言而未盡」之處，以及他在心性理論的困境上所採取的解決方法，特別是牽涉到陳白沙影響熊十力的幾個重要問題上面，嘗試作出一些比較研究，以提供一二線索給研究傳統哲學的學者以及致力於發揚中國傳統文化的同道作參考。

二、求諸語言之外

陳白沙不事著述，其書信中討論的哲學問題，往往欲語無言，像蜻蜓點水般寥寥數語的提示而已。以現代眼光看來，哲學成份似嫌單薄有限。熊十力先生早年有人勸其著作時，還引用了白沙「莫笑老慵無著述，眞儒不是鄭康成」❻ 的詩句來解嘲。《白沙子全集》中也以詩集爲多，約有兩千多首。雖然充份表達了「天人合一」創造自得的詩人情趣，和熊十力的論著所表現出運思嚴謹而含意深邃的雄渾氣魄，宛如「大海眾漚」的洶濤狂瀾，簡直有天壤之別。其實白沙視語言文字如「糟粕秕糠」❼，嚴厲指責當時學界盛行的「誦其言而忘其

(續)究》，香港猛進書屋，一九七〇年；Maria Yen, *The Philosophy of Education of Pai-sha Tzu(1428-1500)*, Hamberg University, 1981., 黃桂蘭《白沙學說及其詩之研究》，臺北文史哲出版社，一九八一年；邱素雲〈陳白沙思想研究〉，載《國立臺灣師範大學國文研究所集刊》，第二七號，一九八三年，頁四五一～六五八。

❻　《十力語要》，卷一，頁四四。原詩見《白沙子全集》，陳愈能編，一七七一年版。卷八，頁四五。

❼　《白沙子全集》，糟粕，卷一，頁一八；卷六，頁二；卷九，頁三五。秕糠，卷六，頁二。

味」的假道學作風❽。他強調爲學須從日用酬酢間的實踐工夫去「隨處體認天理」❾總之探討眞理的唯一康莊大道是「求諸語言之外」，「深思而自得」，才能發覺眞我。熊十力也常引用《論語》中的「默而識之」，「天何言哉」，「予欲無言」而主張孔子也像老子一樣提倡「無言之教」。他認爲作學問「決定不是從他人語言文字下，轉來轉去，可以得到眞理的」❿。陳白沙引用元儒許衡（文正，一二〇九——一二八一）「也須焚書一遭」的話⓫，熊十力曾提到皮錫瑞「不獨六經束高閣，且有燒經之說」當非此意⓬。白沙暗指同意焚書，顯然是過激之言，其意殆不過如陸象山所謂「學苟知本，六經皆我註腳」的警惕之語⓭。熊十力指點研讀中國傳統哲學的途徑，是先從明代心學再轉宋朝理學，然後往上追溯孟子而孔子達到大本大源處⓮。等於指示中國哲學的入門應從白沙陽明的建立主體爲先，是對白沙陽明的極端推崇之辭。此二心學家是有明一代學術代表人物。黃宗羲在《明儒學案》中謂：

「有明學術，白沙開其端，至姚江（陽明）而始大明。」⓯

---

❽ 同前書，卷一，頁一八。

❾ 同前書，卷三，頁六四；卷八，頁五六。熊十力亦引用到此句，見《新唯識論》，卷上〈轉變章〉，頁八二；卷下之一〈明心上〉，頁八四。

❿ 《新唯識論》，卷上〈轉變章〉，頁八二。

⓫ 《白沙子全集》，卷一，頁一七。

⓬ 《讀經示要》，卷一，頁七。皮氏提燒經是指五四運動期間打倒孔家店的狂言。

⓭ 《象山先生全集》，「四部叢刊」版，卷三四，頁二五八。

⓮ 參考《讀經示要》，卷二，頁一四九。

⓯ 《明儒學案》，「四部備要」版，卷一〇，頁一。

「兩先生之學最為相近，不知陽明後來從不說起，其故何也？」⑯

熊十力曾對此哲學的重要問題提出說明：

> 「余嘗怪陽明本生無一言及白沙，昔人有謂陽明才高，直是目空
> 千古，故於白沙先生不復道及。如果此說，陽明必終身未脫狂氣
> 也。陽明之賢決不至是。湛甘泉在白沙門下，名位最著，陽明與
> 甘泉為至交，而論學則亦與之弗契，足見陽明與白沙必有異處。
> 而終不道及者，正是敬恭老輩，非敢慢也。」⑰

熊氏本來有意討論陽明與白沙學說之異處，惜始終未能付現。真如他
所謂無暇論及，還是談多了總不免批評，不如「終不道及以敬恭老輩
呢？」

三、心體隱然呈露

　　陳白沙在初學階段中克服困窘艱辛的景況，尤其是刻苦奮發注重
涵養篤行的精神，對熊十力產生過很大的共鳴和激勵啟發的功效。白
沙二十七歲時，受業吳與弼（康齋，一三九一──一四六九）門下半
載而歸，足跡不踰戶，專門從事研讀古今書籍，旁及佛老經典，甚至

---

⑯　同前書，卷五頁一。其實陽明至少提過白沙之名三次，見《陽明全書》，
　　「四部備要」版，卷七，頁二七；卷二○，頁一七；卷二五，頁一一。
　　詳見姜允明〈從心體的形上意義申論宋明心學中天人合一的理論基礎〉，
　　《漢學研究》，臺北漢學研究資料及服務中心，一九八四年第二卷第二
　　期，頁五五八，⑩。
⑰　《白沙先生紀念集》，〈熊十力答應燿書〉，頁二五。

稗官野史亦無所不窺，廢寢忘食，略困則以水沃其足，如是者累年而未有所得。於是築「春陽臺」靜坐其中有十年之久（一四五五——一四六五），以自悟自得的內觀體驗，直捷證悟心靈實體。由於長期苦修苦行，終於發現了心體，在「復趙提學」的信中，他自述過這段為學的甘苦經驗：

> 「僕才不逮人，年二十七，始發憤從吳聘君（康齋）學，其於古聖賢垂訓之書，蓋無所不講，然未知入處，比歸白沙，杜門不出，專求所以用力之方。既無師友指引，日惟靠書冊尋之，忘寢忘食，如是者累年而卒未得焉。所謂未得，謂吾此心此理未有湊泊脗合處也。於是舍彼之繁，求吾之約，惟在靜坐。久之，然後見吾此心之體，隱然呈露，常若有物，日用間種種應酬，隨吾所欲。如馬之御銜勒也。體認物理，稽諸聖訓，各有頭緒來歷，如水之有源委也。於是渙然自信曰：『作聖之功，其在茲乎！』」⑱

熊十力似乎對白沙所發現的心體，「隱然呈露，常若有物」興發了極大感觸，影響所及，成為熊氏哲學思想的重要關鍵，可以說他的整個哲學都在導向「會歸本體，直指心源」⑲，甚而「窮究宇宙之真，直須反諸本心始得」⑳ 的主旨，對白沙與熊氏來說哲學探討的主要課題，是宇宙與人生根源問題，唯一入門方法是本心的覺悟，從個人內在經驗中求得「豁然貫通」，稱之為「證會」或「理會」。白沙的「理會」是「此心此理湊泊脗合」，在他整個「自得之學」中佔有關

---

⑱　《白沙子全集》，卷三，頁二二～二三。

⑲　《讀經示要》，卷一，頁一〇〇。

⑳　《新唯識論》，卷下之一，〈成物章〉，頁一五。

鍵性的地位。熊十力對本心的把握是「默識於不言之地，炯然自明」
❷，這種超乎言詮之外的親身體驗須靠「眞積力久，至脫然離繫，本
體呈露時，乃自明自見，謂之體認。」❷。又說「本體呈露時，即自
明自證，謂之證體。」❷。熊十力常用陽明咏良知詩：「無聲無臭獨
知時，此是乾坤萬有基」來說明白沙發現心體的這種「歸極證體」：

> 「須知，生天生地生人生物，只是一理。此理存乎吾人者，便名
> 為本心（陽明謂之良知），惜吾人不能保任之。誠能痛下一番靜
> 功（白沙之靜虛涵養功夫），庶幾本心呈露，此理便顯。而生生
> 化化，不滯不息之妙，壹皆自明自喻。豈可推度得之乎？」❷

熊氏同意白沙本心呈露的成就不是語言文字上的邏輯推度所可及者，
正如白沙詩所謂：「千卷萬卷書，全功歸在我，吾心能自得，糟粕安
用邪」❷。這些都是兩位大師由博反約，自得體認的甘苦經驗中，所
道出的肺腑之言。

四、始信萬化自我出

上面提到熊氏所謂一旦「本心呈露，此理便顯」，「此理」在熊
十力即為「生生化化，不滯不息之妙」的宇宙大化流行，受白沙影響
至為明顯，因為陳白沙曾對「此理」有較詳盡的交待：

❷　《十力語要》，頁一。

❷　《新唯識論》，卷下之二，附錄，頁六六。

❷　同前書，卷下之一，〈成物章〉，頁一五。

❷　同❷。

❷　《白沙子全集》，卷六，頁九。

> 「終日乾乾，只是收拾此理而已。此理干涉至大，無內外，無終始，無一處不到，無一息不運。會此則天地我立，萬化我出，而宇宙在我矣。得此欛柄入手，更有何事？往古來今，四方上下，都一齊穿紐，一齊收拾，隨時隨處，無不是這個充塞。色色信他本來，何用爾脚勞手攘？⋯⋯會得，雖堯舜事業，只如一點浮雲過目，安事推乎？此理包羅上下，貫徹始終，滾作一片，都無分別，無盡藏故也，自玆以往更有分殊處，合要理會。毫分縷析，義理盡無窮，工夫盡無窮⋯⋯。」❷❻

「天地我立，萬化我出，而宇宙在我矣」是何等龐大高遠的氣魄，議論類同陸象山「宇宙便是吾心，吾心即是宇宙」❷❼，又有程明道「仁者渾然與物同體」❷❽的胸襟，渾然天地氣象。這是白沙由心體創作功能體悟到小我與大我融合無間，物我同源，而終臻於天人合一的境界。熊十力最重要的著作《新唯識論》詳細說明了「體用不二」的宇宙大化流行，而於用上說一翕即物，一闢即心，爲了比較強調本心的主體性，還用「翕實從闢，闢爲翕主」❷❾來解釋心物同源的天人合一哲學。《新唯識論》中「體用翕闢」的原理，熊氏解釋細膩而詳盡，是遠超前人的獨創之見。白沙也提過「宇宙自翕自闢，自舒自卷」的話，而且熊十力還引用過白沙這一段話：

> 「宇宙內更有何事？天自信天，地自信地，吾自信吾，自動自

---

❷❻　同前書，卷四，頁一二。

❷❼　《象山先生全集》，卷三六，頁三一四。

❷❽　《二程遺書》，「四部備要」版，〈識仁篇〉，卷二上，頁三。《增補宋元學案》，「四部備要」版，卷一三，頁三。

❷❾　《新唯識論》，卷下之二，附錄，頁七二。

靜，自翕自闢，自舒自卷……。」❸⓿

　或許在熊十力早年思想醞釀時期，提供了靈感的來源而產生某種程度
的影響。

　　心體呈露的實際經驗，在前面提到白沙與熊氏稱之爲「理會」，
「證會」，「證體」，下面還要提到更多同義辭，例如「見體」，「實
證」以及最重要的「覺悟」和「性智」，都是熊十力以不同角度強調
發覺心體的重要性，也可以看出這是整個熊氏哲學開展的軸心點。在
這方面熊氏充份發揮了他的獨創性，同時受白沙影響的部分也十分明
顯。因爲以體認工夫去深造自得，憑藉心體自然創造而成就萬物同體
的形上學理論，在他們的思想中，完全是同曲同工的。但是天人合一
的哲學牽涉甚廣，系統的介紹不是本文目的❸❶。在此必須指出熊十力
認爲整個中國哲學的宗旨就在「明天地萬物一體之義」，而且「已普
遍浸漬於中華民族的心髓」❸❷，而中國哲學的特質也就在它所採取的
方法正是熊氏所謂體認見體，當下即是的直捷觀點，這種哲學熊十力
有一段特別精要肯切的總結。

　　「見體，當下即是，夐然絕待，離諸繫縛，始信萬化自我出。官
　　天地，府萬物，富有日新，是其充實而不可已也。宇宙人生本來
　　不二，相對絕對，迷者有分，悟乃融一，此心論最旨也。」❸❸

---

❸⓿　《白沙子全集》，卷四，頁三三。熊氏引用部分見《十力語要》卷三，
　　　頁二六。

❸❶　參考❶⓰所提〈從心體的形上意義申論宋明心學中天人合一的理論基礎〉
　　　一文。

❸❷　《十力語要》，卷一，頁四四。

❸❸　《新唯識論》，卷下之二，附錄，頁七二。

在此，熊氏也引用了陳白沙哲學中的見道語：「萬化自我出」。

五、本心覺悟卽性智

《新唯識論》的目的在「究萬殊而歸一本，要反之此心」[34]。因為「本心卽萬化實體」[35]，「心也性也，各異而實一，卽吾人所固有健動之本體也」[36]，所以一如白沙，關鍵全在明覺實證人與宇宙最終極的本源就在心體，達到這種境界就是熊十力所謂性智的顯現，亦是他全部思想中深造自得的終極目標，他說：

> 「實證者何？就是這個本心的自知自明，換句話說，就是他本心自己知道自己，不過，這裏所謂知或識的相狀很深微，是極不顯著的，沒有法子來形容他的，這種自知自識的時候，是絕對沒能所和內外及同異等等分別的相狀的，而都是昭昭明明，內自識的。不是渾沌無知的。我們只有在這樣的境界才叫做實證。而所謂性智，也就是在這樣的境界中才顯現的，這才是得到本體……實證相應者，名為性智，就是這個道理。」[37]

熊十力提出「性智」一辭，是別開生面的獨創之舉，不但把陸王和白沙的「本心」概念提供了更進一步更深一層的解釋，而且彈正了陽明以良知為絕對本體之主觀觀念論的缺陷。熊氏說：「夫性者，吾人與

---

[34] 同前書，卷上頁一。

[35] 《讀經示要》，卷一，頁七四。

[36] 同前書，卷二，頁二一。

[37] 《新唯識論》，卷上，〈明宗章〉，頁六。

天地萬物同具之本體」❸，「性者，生之本然，純粹至善者也，通天
地萬物而一焉者也」❸。他又說：「吾心之本性，即是天地萬物之本
體」❹，「性智即是本心，亦即本體（理智卻是性智的發用）」❹。
如此看來，「本性」、「本心」與「性智」初看在某種含義上是互通
的，但「本性」與「本心」必須加上體認實證的工夫，例如「即得本
性，則我與天地為一」❹，也就是「識得本心，則萬化萬變，萬事萬
物，萬理萬德皆反己體認而得其源」❹。所以熊十力要提出「保任本
心，即固有性智，而勿失之」的結論❹。「性智」之成為本體，顯然
要加上體認實驗的工夫，也就是陽明「致良知」的「致」，但「致」
的用意鬆而泛，遠不如白沙與熊氏強調的「覺悟」來得吃緊。熊十力
的解釋是：

> 「性智者，即是真的自己底覺悟，此中真的自己一詞，即是本體
> ……這個覺悟，即所謂性智，這個覺悟就是真的自己，離了這
> 個覺悟，更無所謂真的自己，此具足圓滿的明淨的覺悟的真的自
> 己，本來是獨立無匹的。以故，這種覺悟……元是自明、自覺，
> 虛靈無碍，圓滿無缺，雖寂寞無形，而秩然眾理畢具，能為一切
> 知識底根源的。」❹

---

❸　同前書，卷下之一，〈明心上〉，頁七一。又見《讀經示要》，卷一，
　　頁一〇九。

❸　《讀經示要》，卷一，頁二八。

❹　《十力語要》，卷一，頁四六。

❹　同前書，卷三，頁七〇。

❹　《讀經示要》，卷一，頁七八。

❹　同前書，卷一，頁七〇。

❹　《新唯識論》，卷上，頁三。

❹　同前書，卷上，〈明宗章〉，頁二～三。

「性智」一辭的提出雖然充份表現了熊先生劃時代的獨創性，但內容所指「眞的自己底覺悟」卻是整個白沙「自得之學」的基礎與骨幹。白沙喜讀「吾坐養吾眞」[46]，「我生之初我有眞」[47]，主旨在用靜功涵養心體呈露，去體悟明覺生化健動的妙機，展現出「一眞自如」[48]的眞我，就像熊氏所謂「故於萬變而悟一眞耳」[49]。白沙說：「反而求之吾心而道存焉」[50]，熊氏也回響：「不可外吾心而求道」[51]。白沙一有覺悟自證便稱「道在我矣」，「宇宙在我矣」。熊氏說：「證者，本體呈露，自明自喩之謂也」[52]，「本心之明，是覺」[53]，「覺者，自明自見自證」[54]。《白沙子全集》中有三十五次提到「覺」或「悟」[55]，可見其在白沙思想中的重要性。白沙說：

> 「學無難易，在人自覺耳，才覺退便是進也，才覺病便是藥也。眼前朋友可以論學者幾人，其失在於不自覺耳。」[56]

他強調由小我的人透過當下卽是的覺悟，就可以達到大我眞我的境

---

[46]　《白沙子全集》，卷七，頁二四。

[47]　同前書，卷一〇，頁五六。

[48]　同前書，卷一，頁一四，卷一〇，頁五二。

[49]　《新唯識論》，卷中，〈功能下〉，頁六三。

[50]　〈與林光〉，載林光《南川冰蘗全集》，卷末。參考簡又文《白沙子研究》，頁一八一。

[51]　《十力語要》，卷二，頁二七。

[52]　同前書，卷一，頁七六。

[53]　同前書，卷三，頁六〇。

[54]　同前書，卷一，頁四三。

[55]　參考 *The Search for Mind* 一書，頁八七。

[56]　《白沙子全集》，卷三，頁六二。

界：

> 「人爭一個覺，才覺便我大而物小，物盡而我無盡，夫無盡者，
> 微塵六合，瞬息千古。」❺

白沙覺悟到無盡的眞我，渾然一幅天地氣象，所謂「超超塵外心，浩
矣周八極」❻，「無窮吾亦在」❺，「默而觀之，一生生之機，運之
無窮，無我無人無古今，塞乎天地之間，夷狄禽獸草木一體，惟吾命
之沛乎！」❻。白沙天人合一的旨趣可以用他的一首詩來總結：

> 「高着一雙無極眼
> 閑看宇宙萬回春」❻

六、此心此理方是真我

　　前面提過，熊十力受到陳白沙的影響自少年時代開始，這種先入
為主的觀念對熊先生的思維方式不僅是啟發而已，還有很重要的定向
作用。熊先生說：「余讀白沙先生書，約在十六、七歲時，當時受感
最大最深者，首在禽獸說」❻。白沙的〈禽獸說〉內容摘錄如下：

---

❺　同前書，卷四，頁三四。
❺　同前書，卷六，頁四。
❺　同前書，卷六，頁二六。
❻　同前書，卷一，頁二九。
❻　同前書，卷一〇，頁四〇。
❻　《白沙先生紀念集》，〈熊十力答應燿書〉，頁二四。

「人具七尺之軀，除了此心此理便無可貴，渾是一包膿血，裹一大塊骨頭。飢能食，渴能飲，能着衣服，能行淫欲，貧賤而思富貴，富貴而貪權勢。忿而爭，憂而悲，窮則濫，樂則淫，凡百所為，一任血氣，老死而後已，則命之曰禽獸可也。」[63]

熊先生說：

「余乍讀此文忽起無限興奮，恍如身躍虛空，神遊八極，其驚喜若狂，無可言擬。當時頓悟血氣之軀非我也。只此心此理方是真我。血氣一團，宛然成藐小之物，而此心此理，則周徧乎一切物之中，無定在而無所不在，是夐然絕特也。人生任血氣用事，即執藐小之物為自我，其飢食渴飲乃至窮濫樂淫，一切與禽獸不異。此其人雖名之曰人，實乃禽獸也。若能超脫血氣之藐小物，而自識至大無匹之真我，則炯然獨靈，脫然離繫，飢食渴飲，着衣居室，皆有則而不亂、循理而不溺，乃至貧賤不移，富貴不淫，浩然與天合德，即人即天也，天者真我，非超越乎吾人與萬物而獨在如宗教家所謂神也。

余因白沙禽獸說，頓悟吾生之真，而深惜無始時來一切眾生都不自覺。余曾以此說示友好，似皆視為平常語句，無復感觸，乃歎眾生陷溺之深，雖仲尼釋迦出世亦救他不得也。……余所謂人生本有虛靈明覺而備萬理含萬德之無盡寶藏者，此為確不容疑之事。白沙所云此心此理，即指此無盡寶藏而言。吾人當認識此無盡寶藏是為真我，萬不可迷執血氣之藐小物為我。因此起惑造業，而喪其可貴之寶藏。此是白沙苦心處，吾人奈何不悟。

---

[63] 同[62]《白沙子全集》，卷二，頁九。

陽光空氣，乃至動植等食料之化合物（謂身），分明如露如電如陽燄等，而其間確有真真實實之無盡寶藏是為吾人真性，亦云真我。吾人何忍不好自護持，而任血氣乘權以損害此真我哉。
有人言先生從人類之道德與智慧等方面，而徵明人生本有備萬理含萬德之無盡寶藏。殊不知人類實有無量無邊罪惡，此非從無盡寶藏中流出乎？答曰，無盡寶藏中決無罪惡種子，罪惡屬後起，只由迷執血氣之虛小物為自我，遂有物我對峙（由計有自我，故同時即計有他人或外物），由此造作種種罪惡。孔門之學主克己，佛氏首斷薩迦耶見（身見），此等義趣甚深廣大，難為迷妄者言。有問無盡寶藏是一人獨有耶，抑萬物共有耶？答曰：一人獨有之無盡寶藏，即是萬物共有之無盡寶藏。譬如一漚獨具之大海水，即是無量眾漚同具之大海水。一為無量，無量為一。此非玄談，悟時自知。梨洲〈白沙學案〉云：有明儒者，不失矩矱者亦多有之，而作聖之功，至先生（白沙）而始明，至陽明而始大，此實不刊之論……。」[64]

熊十力完全贊同陳白沙「此心此理」才是可貴的真我，「性智」就是此心此理的真我之覺悟。性智雖是熊先生獨創的術語，其實質內涵解釋，走的卻是延伸白沙思考路線的必然結果。

七、此理不分主客內外

熊十力承襲白沙學的證據，以兩位大師對「此理」的解釋為一重

[64]　《白沙先生紀念集》，頁二四～二五。

要的線索。熊先生曾提到：「明儒陳白沙先生亦云：『斯理也，宋儒
言之備矣，吾惡其太嚴也』。此言婉而深」 ❻ 。又說：

> 「明儒陳白沙曰：『斯理也，宋儒言之備矣。吾惡其太嚴也』，
> 白沙此評，其胸中元有千言萬語，無法向人道。斯理是何等道
> 理。云何見得宋儒言之備。又云何見得太嚴。又云何惡之。後人
> 既不會白沙意，亦不復求之，真可痛惜。白沙天資甚高，所以能
> 見宋儒得失，晚明習齋諸儒，其評宋儒多已失當。至清人則皆為
> 狂犬之吠矣！嗚乎，論學談何容易。」 ❻

依照熊十力的看法，「一切一切的物，都是心量所涵攝的」 ❻ ，所以
不能「捨心而言理」，因為「境和心，本來是渾融而不可分的」 ❻ ，
又說：

> 「吾國宋明哲學家關於理的問題，有兩派的諍論：一、宋代程伊
> 川和朱元晦等主張理是在物的，二、明代王陽明，始反對程朱，
> 而說心即理。二派之論，雖若水火，實則心和境，本不可截分為
> 二，則所謂理者，本無內外，一方面是於萬物而見為眾理燦著，
> 一方面說吾心即是萬理賅備的物事，非可以理別於心而另為一種
> 法式。……唯真知心境本不二者，則心境兩方面，無一而非此理
> 呈現。內外相泯，滯礙都捐，如果偏說理即心，是求理者，將專

---

❻ 《十力語要》，卷一，頁一二。
❻ 《讀經示要》，卷二，頁一一〇。
❻ 《新唯識論》，卷上，〈唯識上〉，頁二三。
❻ 同前書，卷上，〈唯識上〉，頁二四。

求之於心而不可徵事物。這種流弊甚大，自不待言。我們不可離物而言理，如果偏說理在物，是心的方面本無所謂理，全由物投射得來，是心純為被動的，純為機械的，如何能裁制萬物，得其符則。我們不可捨心而言理。二派皆不能無失。余故說理無內外。說理即心，亦應說理即物，庶無邊執之過。」❻❾

熊氏以「理無內外」之分，指出程朱與陸王兩派的弊端，完全根據白沙解釋「此理」的觀點：

「此理干涉至大，無內外，無終始，無一處不到，無一息不運。會此則天地我立，萬化我生，而宇宙在我矣……。」❼⓪

陳白沙喜運用「此心此理」的原因，主要是把「此理」解成「心體的創作功能」，所謂「理」就是宇宙生化的大用流行，心是體，理是其用。因為體用不可分，所以強調「會此則天地我立，萬化我出，而宇宙在我矣」。白沙用「精神心術之奧之運」❼① 來解釋宇宙「生生化化之妙」，熊氏更進一步採用《易經》和佛學，詳細提供了翕闢成變，生滅滅生的道理，他把這種無窮生化取名為「動」，是一種「心的恒轉」，這種「恒轉之動」是由「無」的境界派生出來。在「由無到動」的重要關鍵上，陳白沙對熊十力產生過極大的啟發與影響，因為此重要關頭正是兩位善於觀化的大師長年浸潤於佛學而歸返儒家的轉捩點。

----

❻❾　同前書，卷上，〈唯識上〉，頁二一～二二。

❼⓪　《白沙子全集》，卷四，頁一二。

❼①　同前書，卷二頁一一。

八、心之恆轉至無而動

熊十力曾回憶他如何得力於白沙學的地方：

「我從前有一個時代，是很傾向於印度佛家思想的。我的研究佛家學問，決不是廣見聞矜博雅的動機，而確是為窮究真理，以作安心立命之地的一大願望所驅使。我嘗問無著和世親一派之學於歐陽大師，也曾經服膺勿失的。其後漸漸離開百家之說，佛家和其他（連孔子也在內）一概不管，只一意反己自求。我以為真理是不遠於吾人的。決定不是從他人的語言文字下，轉來轉去，可以得到真理的。所以我只信賴我自己的熱誠與虛心。時時提防自己的私意和曲見等等來欺蔽了自己。而只求如陳白沙所謂措心於無。即是掃除一切執着與迷謬的知見，令此心廓然，無有些子沾滯。如此乃可隨處體認真理。久之我所證會者，忽然覺得與孔門傳授之大易的意思，若甚相契。因此，才把舊日所依據無著和世親一派的主張而造作的唯識論，全毀其稿，又誓改造《新唯識論》，以救其失。我之有得於孔學，也不是由讀書而得的，欲是自家體認所至，始覺得和他的書上所說，堪為印證。這個甘苦也無法向一般人說了。」⑫

黃宗羲謂白沙學以虛為基本，以靜為門戶。此「靜虛」的境界就是他修己功夫所涵養的心境，是一種一塵不染的淨土，白沙稱之為「虛明

---

⑫ 《新唯識論》，卷上，〈轉變章〉，頁八二～八三。

靜一」❼。上面熊先生所求如陳白沙所謂措心於無，即白沙所謂：「常令此心在無物處」❼，白沙曾解釋說：

> 「人心上容留一物不得，才着一物則有碍。且如功業要做，固是
> 美事，若心上念念只在功業上，則此心便不廣大，便是有累之
> 心，是以聖賢之心，廓然若無，感而後應，不感則不應。又不特
> 聖賢如此，人心本體皆一般，只要養之以靜，便自闊大。」❼

所以白沙主張要洗心，日新而日日新，以涵養靜虛之心境，在虛無的境界，心如明鏡，廓然大公而明覺自然，他致學佛的黎雪青之詩謂：「是身如虛空，樂矣生滅滅」❼，他一方面承認自己學佛，且對惡意攻擊者，以鴉聲之陰險反譏之：「無住山僧今我是，夕陽庭樹不聞鴉」❼。熊十力可能是喜歡白沙無門戶之見。但白沙學的整個關鍵是在「由無到動」的自得之學，他的「無」是「靈臺洞虛，一塵不染，浮華剝盡，真實乃見」❼的境界，所以他說：

> 「會而通之，一真自如，故能樞機造化，開闔萬象；不離乎人倫
> 日用，而見鳶飛魚躍之機，若是者輔相皇極，可以左右六經而教
> 無窮。」❼

---

❼　《白沙子全集》，卷二，頁一六。

❼　同前書，卷三，頁六三。

❼　《明儒學案》，〈白沙學案〉，卷五，頁六。

❼　《白沙子全集》，卷六，頁一六。有關白沙「靜虛」的境界，參考 *The Search for Mind* 一書，第五章，頁七二～八五。

❼　《白沙子全集》，卷一○，頁六九。

❼　同前書，卷二，頁二七。

❼　同前書，卷一，頁一四。

白沙的「無」是心體最高度的純淨狀態，能夠「至虛元受道」❽⓿，所以白沙強調「至無而動」❽❶，又說：

> 「至無有至動，至近至神焉」❾❷

這種心體的「至無」而突破進展到「至動」的宇宙生化流行，熊十力又獨創了新名辭稱之爲「恒轉」。熊氏說：「恒轉是至無而善動的」❽❸，又說：「恒轉，是至無而健動的。無者，無形，非是空無。無形故絕待，絕待故至眞至實，眞實故健，故生化無窮，亦名爲動」❽❹，「夫體，至寂而善動，至無而妙有」❽❺。如前面所提白沙的「此理」是心體的功能大用，亦卽宇宙生生化化之妙用。熊氏也說「恒轉亦名功能」，「功能是渾一的全體」❽❻。《新唯識論》的〈明心〉一章開宗明義的就明白表示：

> 「夫心者，恒轉之動而闢也，蓋恒轉者，至靜而動，至神而無（神者，虛靈不滯之稱。無者，無形相，無障染，無有起意造作也。）……實則恒轉者，眞實而不可渝，純白而無染，剛健而不撓……」❽❼

---

❽⓿　同前書，卷七，頁三四。

❽❶　同前書，卷三，頁一一。

❽❷　同前書，卷六，頁二。

❽❸　《新唯識論》，卷上，〈轉變章〉，頁五八。

❽❹　同前書，卷下之一，〈成物章〉，頁三。

❽❺　同前書，卷中，〈功能下〉，頁六〇。

❽❻　同❽❺。

❽❼　同前書，卷下之一，〈明心上〉，頁六一。

熟悉熊十力哲學的人都不會否認，這段話的實質內容是他突破空寂的無，由至無創進到妙有，使心體呈露，性智顯現的過程，也就是他整套形上學的內核軸心點，他的全部思想脈絡也由此關節轉承接合而展開的。由於他為學過程中所感受的甘苦滋味與白沙所經歷的完全雷同，長年陶養在佛家近乎寂滅的虛無境界，逐漸悟得大易健動的生化妙機，而返歸儒家人生不離日用的肯定態度，在這方面熊十力步的是陳白沙的後塵。

九、結　語

熊先生為傳統哲學的集大成者，其思想淵源固然是多方面的，又因涉獵西方哲學，視野特廣，所以成就了格局龐大，結構精緻，運思縝密，內容豐富而含意深遠的哲學體系。又因為早年研讀《白沙子集》受到啟發，無形中產生的定向作用，竟使他一脈相承了陳白沙的思維方式，所以兩位大師的哲學，無論在範疇命題上，形式輪廓上或理論主幹上都相當接近。甚至說熊先生發揮的是白沙之言所未盡也不一定是絕對誇辭，他們都以哲學的目的在「窮萬化而究其源，通眾理而會其極。然必實體之身心踐履之間，密驗之幽獨隱微之地」❸。天人之際的學問，意境高遠，必待親自體驗，才能豁然貫通。這種強調實際經驗的學問，如人飲水，冷暖自知，本來不應該用來作寫文章的對象，就是熊先生所謂「聖賢所窮者極大，所造者極微，其深遠之蘊，何可於文言中表達得出。文言畢竟如筌蹄，要須會意於文言之外耳，其學主反己，而天下之理得」❸。陳白沙和元好問（一一九〇——一二五

❸　《十力語要》，卷二，頁二三。
❸　《讀經示要》，卷二，頁一一〇。

七)「鴛鴦繡得憑君看，莫把金針度與人」的詩句有云：「莫道金針不傳與，江門風月釣臺深」❾⓿，以此警惕反求諸己的重要。無怪乎他要感歎：

「衡嶽千尋雲萬尋，丹青難寫夢中心；
人間鐵笛無處吹，再向秋風寄此音。」❾❶

熊十力先生安心立命的哲學思想，極高明又道中庸，可以體現較高層次的文化生命，這種理想就是整個中國傳統命脈賴以承先啟後，繼往開來的關鍵所在，不論在現代或任何時代都具有積極正面的意義，自不待言，他的哲學醞釀形成之際，鮮為人知，當時正值「儒門淡薄，收拾不住」的局面，熊先生不但一時成為維護傳統命脈的中流砥柱，進而開啟了現代重整傳統哲學的序幕，而白沙學在歷經漫長的四個半世紀後，終於得到廻響，的確是一件頗不尋常而具有重大意義的事。陳獻章的學術在中國哲學史上所作的貢獻和應有的地位，從此也可以得到較為客觀公允的蓋棺論定。

＊本文初稿曾於民國七十四年十一月在新加坡東亞哲學研究所學術講座中宣讀。

---

❾⓿ 此為羅欽順（一四六五～一五四七）引用白沙之詩，見《明儒學案》，卷四七，頁一〇，元好問的詩句見《元遺山詩集》，「四部備要」版，卷一四，頁一〇。

❾❶ 《白沙子全集》，卷一〇，頁二五。

熊十力哲學思想中「本心」概念初探

一、引　言

　　熊十力（1883-1968）的哲學思想，大體而言是融佛入儒而歸宗大易，充份發揮了其中「體用不二，翕闢成變」的原理，直探心體創生妙化的功能，以說明主客內外的契合關鍵。在他的理論主幹上可以看出承襲的是思孟陸王的心性之學，而強調以實際體認工夫「先立乎其大」的哲學宗旨。他對傳統儒道佛學說所採取的態度是一方面吸收其精華，尤其是在三教的滙通處，頗能異中見同而不流於駁雜，另一方面又在百家的學說理論上，彈正其偏激，彌補其短缺，這種哲學「如蠶吐絲，如蜂釀蜜」，是深造自得的成果，他常說其中甘苦滋味無法用語言文字向人道來。熊十力曾經涉獵西方哲學，雖然未必十分深入，但是影響所及，視野上顯得特別廣濶，終就形成了格局龐大，結構精緻，運思嚴謹，涵意深遠而以儒家價值本位為特色的思想體系，其實質內容是相當豐富的，可以視為當代哲學家中傳統思想的集大成者。至於說他是當代傳統哲學的開山祖也早已是公認事實。

　　據說熊十力記憶力特強，雖然未曾接受過正統的學校教育，少年時代一天之內就能背誦《三字經》。他自述十六、七歲時研讀明儒陳

白沙（獻章，1428-1500）遺著，讀到他的〈禽獸說〉一文，「忽起無限興奮……當時頓悟血氣之軀非我也，只此心此理方是眞我」❶，又說「少時好探窮宇宙論」❷。所以一貫強調治理哲學者，應以窮索宇宙人生的根本問題爲終極目標，一旦有所稟悟，便須力行於日用酬酢之間，在實際體驗中建立安身立命的生活哲學，從正面去肯定實證人生的積極意義，而且認爲在這種自我創造的過程中，體現較高層次的生命理想，即爲整個中國文化命脈賴以承先啟後，繼往開來的關鍵所在。熊十力的哲學思想醞釀形成之際，雖然鮮爲人知，當時正值五四運動高潮，線裝書要被扔進毛坑的時代，熊十力也引用皮錫瑞「不獨六經束高閣，且有燒經之說」❸，在這種西流氾濫情況下，面臨了「儒門淡薄，收拾不住」的局面。熊十力的思想不但一時成爲維護傳統的中流砥柱，進而開啟了整個現代重整傳統哲學的序幕。

二、本心習心

熊十力雖然沿襲了宋明心性之學的思考路線，但他的課題兼容並包主客內外，接觸面涵蓋面極廣，他的「體用合一」、「心物合一」、「知行合一」、「天人合一」爲主的哲學，探取不失偏倚而又以整體統貫的方法去處理宇宙人生各個層面的問題，爲了緊扣人爲萬物主宰義的主體性哲學，其理論脈絡都由「心體」的關鍵辭去承轉接合而展開，所以熊十力的思想體系，萬象包羅而會歸統攝爲一，無論在本體

---

❶　見〈熊十力答應燿書〉，載陳應燿《白沙先生紀念集》，香港中華書局，一九五二年，頁二四。

❷　熊十力《體用論》，臺灣學生書局，一九七六年，頁一五八。

❸　熊十力《讀經示要》，臺北廣文書局，一九六〇年，卷一，頁七。

論、宇宙論、認識論方面都是條貫秩然，一多相融的境地。他在《新唯識論》開宗明義就指出：

> 「識者，心之異名。唯者，顯其殊特。即萬化之原，而名以本心，是最殊特。言其勝用，則宰物而不為物役。亦足徵殊特。新論，究萬殊而歸一本，要在反之此心。是故以唯識彰名。」❹

除了這種新唯識的本心，他把一般眾生所論並無特殊意義的心稱之為「習心」，即是佛家唯識論所說八識中的「眼識、耳識、鼻識、舌識和身識」等前五識，亦是印度佛家依眾緣而起之依他心，也是道家和程朱學派「人心道心」二分法中的「人心」，亦即現代心理學所談到的心，他說：

> 「心理學所為以物理的官體或神經系為心理的基礎，以及本能說明心作用者，其所設立之領域在此也。本心則非其所問也，故心理學之心由官體形成而後有，元非別有來源。易言之，未嘗不依本心而有，然畢竟不即是本心，此不可無辯。由是義故，則本來無二種心者，卻又不得不假說有二種，晚周道家說道心及人心，佛家亦有類此區別。」❺

由於習心與本心的區分，以其探討對象的不同，學問亦因之劃分為科

---

❹　熊十力《新唯識論》，廣文書局，一九六二年，〈新唯識論全部印行記〉，頁一。

❺　《讀經示要》，卷一，頁七三。

學與哲學❻，科學知識由推理所得，屬於習心研討的範圍，他認為人類感官經驗所累積而得的知識，為日用實際生活所需，亦不必加以揚棄貶視，科學所憑藉以發展的工具就是人類理智的運用，熊十力這樣給予現代科學界定了特殊地位，發前人之所未發，在心性之學的傳統中可稱為具有獨創性的見解。他本來有意撰寫一部〈量論〉探討科學的哲學，為其建立一條康莊大道，始終未能實現，但在他的著作中不難窺出其理論的主要線索。

但是科學知識畢竟只是習心的對象，在熊氏哲學體系仍屬於次級下層，因為這種聞見之知是由習心作用產生的「習氣」經過「物交物之餘勢累積而得」❼，由於「物化」傾向而駁雜蕪蔓，他說：

「眾生一向是習心用事，習心只是向外逐境，故妄執境物，而不可反識自己，（自己，謂吾與天地萬物同體之本性，以其與吾身之主宰而言，則謂之本心）。習心是物化者也，是一切物相待者也，本心則超越物表，獨立無匹者也。既習心乘權，則本心恆蔽錮而不顯。是以吾人一切見聞覺知，只是於境物上生解，終不獲見自本性。」❽

三、會歸本源

熊十力的哲學主旨在「會歸本體，直揭心源」❾，其終極關心的

---

❻ 《新唯識論》，卷上〈明宗章〉，頁一。他認為科學知識靠量智探求，而本體的知識，須實證相應，則靠性智。以上見卷上〈明宗章〉，頁六～七。

❼ 《讀經示要》，卷一，頁七二。

❽ 《新唯識論》，卷下之一，〈明心上〉，頁六九。

❾ 《讀經示要》，卷一，頁一○○。

對象當在形而上學的範圍。這種知識不是依靠推理得來，須憑體認工夫去神解儻悟以達豁然貫通。換言之，去發覺本心作用具有統貫天地而恒轉的功能❿，在萬變中悟得一眞才是具有恒常價值的知識。熊氏自述少時不解《大學》明明德，閱康成註，覺其空泛無着落，閱朱註，以虛靈不昧言，自知反諸自心，及讀陽明〈詠良知〉詩：「無聲無臭獨知時，此是乾坤萬有基。拋卻自家無盡藏，沿門持鉢效貧兒」⓫，則又大詫異，懷疑萬端，苦思累年不得解。二十五歲左右，偶閱《列子》〈天瑞篇〉：

> 「忽爾觸悟，天地萬物本吾一體，須向天地萬物同體處，卽萬化大源處，認識本心。」⓬
>
> 「吾向以天地萬物，為離吾之身而獨在也，而豈知天地與我並生，萬物與我為一耶⋯⋯徧萬有而為之宰，周吾身而為之君者，此乃吾之本心耶。」⓭

從本心觀點來說，「其主乎吾身者，亦卽主乎天地萬物」⓮，本心就是實體眞宰，「識得本心，則萬化萬變，萬理萬德皆反己體認而得其源」⓯。

　　熊十力旣然以「哲學之事，基實測以遊玄，從現象以知化」⓰，

---

❿　見下第六節心體恒轉。

⓫　《讀經示要》，卷一，頁六八。

⓬　同前書，卷一，頁七二。

⓭　同前書，卷一，頁六九。

⓮　同前書，卷一，頁七〇。

⓯　同⓮。

⓰　《新唯識論》，卷上初印上中卷序言，頁二。

他的本體論要「窮萬化而究其源，通眾理而會其極」[17]，目的當在建本以立人極，是從天人相互交滙的本心實體上，去啟發生命豐沛多面性的特質，以成就人爲萬物之靈，爲宇宙之眞主宰的生命理想，承襲的是宋明心學家倡言的「仁者之學」，「大人之學」，「自得之學」的眞精髓。

四、隨義多名

前面已經提過，熊氏本心的概念具有新而特殊的意義，他認爲唯心論或唯物論都不能成立而主張心物合一，「夫言心，則已備物，無物，而心之名奚立？但物本不在心外。使其在外，則心何由知物，又何能用物耶？故夫智周萬物者，未嘗置物於心外也。」[18]又說：「內心外物，分成兩界對立，此於眞理太悖，悟到心境渾融，方是實際理地」[19]。其實熊氏也不是把「心」與「物」以數理式的直接等號溝通，只是心體具有特殊的功能去了別物境殊相，在這種意義之下心物是融合爲一而不互駁背反，如此本心就是萬物萬化的實體，而萬物萬化其實就是本心的別名。他批評程朱說：

> 「程子曰，『在物爲理』。朱子云『心具眾理』。夫理旣在物，而非卽心。則心如何得具有此理，程朱所不能說明也。」[20]

---

[17] 熊十力《十力語要》，廣文書局，一九六二年，卷二，頁二三。
[18] 同前書，卷二，頁四九。
[19] 《新唯識論》，卷上初印上中卷序言，頁三。
[20] 《讀經示要》，卷一，頁七四。

其實在熊氏哲學系統中不僅「心即理，理即心」，「言心備物」，本心即是萬化實體，他說，「隨義差別，則有多名」❷，例如他在討論《大學》明明德時說：

> 「（本心實體）以其無聲無臭，沖寂之至，則名為天。以其流行
> 不息，則名為命。以其為萬物所由之而成，則名為道。以其為吾
> 人所以生之理，則名為性。以其主乎吾身，則謂之心。以其秩然
> 備諸眾理，則名為理。以其生生不容已，則名為仁。以其照體獨
> 立，則名為知。以其涵備萬德，故名明德。」❷

本心的實際內容包羅萬象，因此用辭廣泛，名目繁多，每次提到程顥的天理，王陽明良知，佛家智智或法性心，或者下面要討論，熊十力哲學中最具獨創性的「性智」，都有類同本心的解釋。在《佛家名相通釋》中更為複雜，如「立一心為主，名為心王」❷，隨舉一例蓋因不勝枚舉，即所謂「見到真實處，彼此不能有異同」，以他看來，在「本心」的根源處盡是一片物我融一，整體渾全的境界。

五、體認工夫

從本心概念的實質內容，最能看出熊十力「一即無量，無量即一」的哲學宗旨。他常用「大海眾漚」的譬喻作說明，同時應用這種觀點尋出百家學說在大本大源上滙通之處，以「本心」統歸成類，所

---

❷　同❷。

❷　同❷。

❷　《佛家名相通釋》，廣文書局，一九六二，卷上，頁五〇。

謂「籠罩言而成一家之學」，所以他的哲學體系統貫宇宙人生所有範圍，實際上牽涉到中國哲學史上全部關鍵問題，他的著述中「凡所有名詞，有承舊名而變其義者，有採世語而變其義者」[24] 這是他「深造自得於躬行之際」的學問，本文目的僅在概念分析，自然如隔靴搔癢。對熊氏來說，概念的分析一如考據詞章，充其量不過雕蟲小技而已，「唯務支離破碎，而絕無安心立命之地，甚者於有價值之問題不知留意考索，其思想日益卑陋……則性情失其所養，神解無由啟發，何足表現人生？」[25] 他又說：

> 「本體不是外在的物事，更不是思惟中的概念，或意念中追求的虛幻境界，唯反己深切體認，便自識本來面目。」[26]

中國傳統哲學是由實際生活經驗累積而成的智慧產物，不事邏輯分析，不重推理安排，事物之數量性質等對熊十力來說只是「戲論」[27]。雖然百家的哲學思想「莫不博大精深，自成體系，然不肯以其胸中之所蘊，發為文字」[28]，他以為對本體的真理必須靠經驗的實證，要述諸人類「自家固有的明覺（亦名智），即此明覺之自明自了，渾然內外一如，而無能所可分時，方是真理實現在前，方名實證」[29]。所以要在萬象中，一一皆體認為真理顯現，最終覺悟到天地萬物一體的天人合一境界。他說：

---

[24] 《新唯識論》，卷上初印上中卷序言，頁二。
[25] 《讀經示要》，卷一，頁五。
[26] 《新唯識論》，卷上初印上中卷序言，頁五。
[27] 《十力語要》，卷二，頁二二。
[28] 同前書，卷二，頁二三。
[29] 同前書，卷二，頁二二。

「體認者，能覺入所覺，渾然一體而不可分，所謂內外，物我，一異，種種差別相，都不可得。」㉚

「萬物之本，不待向外窮索，返求之於心而自識，大學所謂明明德是也。」㉛

「修養工夫最緊切。修養深，而私欲盡，真體現，即真理不待外索，而炯然自識。」㉜

這種強調「知行合一」的哲學，其理論根據是源自大易的「體用不二」，下節將要討論。他說：「工夫即本體，故謂之道，無此工夫，即本體不顯，是失其道。」㉝所以注重體認工夫的思想探取的方法途徑是「即用顯體」，在日用酬酢之間，隨處體認天理，以求本心實體之躬行自得，不必趨向外在物境追逐，返求於心而可以自明自證。熊十力說這種以修養工夫從自我篤行而獲得的本體論知識，即是「孔子所謂默識，宋儒說爲體認，佛氏亦云自證」的覺悟方法得來㉞。

六、心體恆轉

熊十力的宇宙論中，認爲宇宙萬物是生動活潑，生生不已，變動不息的一大整體。他說：「宇宙原是大用流行，不妨說爲一大動力」

㉚　同前書，卷二，頁二一。
㉛　《讀經示要》，卷一頁四。
㉜　同前書，自序，頁三。
㉝　同前書，卷一，頁一七。
㉞　同前書，自序，頁三。
㉟　《新唯識論》，初印上中卷序言，頁四。

㉟，他之所以強調體認工夫的重要性，目的即在大用流行上，採取「即用顯體」的方式去把握本心實體，在心體創生造化的功能上去實證「無聲無臭，純白無染」的本體。他以「體用不二，動靜合一」以及「翕以成物，闢成渾一之翕闢成變」的道理，在《新唯識論》〈明心章〉開宗明義的提出本心恒常轉變的宇宙本體論，是他整個哲學的精髓核心，極富於獨創性。他說：

> 「夫心者，恒轉之動而闢也。蓋恒轉者，至靜而動，至神而無，本未始有物也。然其神完而動以不匱，斯法爾有所攝聚。不攝聚，則一味浮散，其力用無所集中，唯是芥蕩空虛而已。大化流行，豈其如是。故攝聚者，真實之動，自然不容已之勢也。攝聚乃名翕。翕便有物幻成，所以現似物質宇宙。而恒轉至是乃若不守自性也。實則恒轉*者*，真實而不可渝，純白而無染，剛健而不撓……夫本體之動，其翕而成物，若與自性反。然同時，即顯發其清剛浩大之力，有以潛移默運乎一切物之中，而使物隨己轉……此力，對翕而言，則謂之闢。」㊱
>
> 「翕與闢，同屬恒轉之顯現，雖旣現而勢異，但翕終從闢。健順合而成其渾全，本旣不二，用乃故反，而實冲和。故翕闢不可作兩片物事看去。又翕則分化成多，而由闢運乎一切翕之中，無所不包通故。故多即是一。闢，則恒是渾一，而以行乎翕或分殊之中故，即一亦為多。」㊲

上面提過「本心恒轉」是熊十力全部哲學的內核部份，融合了大易、

㊱　同前書，卷下之一，〈明心上〉，頁六一～六二。

㊲　同前書，頁六三。

老子及佛學理論於一爐而鑄成，充份發揮了他的獨創性。以下以（1）體用不二，（2）相反相成，（3）翕闢成變，（4）刹那生滅，共四段分別說明熊氏「本心恒轉」宇宙本體論：至無至靜實體呈顯出生生不息大用的一套道理。

（1）體用不二

熊氏以「體用合一」，「卽體卽用」，「以用顯體」的道理作根據去說明「本心恒轉」。他認爲本體轉變（卽體卽用）是「非常非斷的」，非斷所以恒，非常所以轉，「非常非斷」故名恒轉，因爲本體顯現爲大用而變動不居，「若是恒常便無變動了，便不成爲用了」。只能說成非斷而不能說成斷滅，否則亦無變動而不成爲用，所謂「不常亦不斷才是變，才成爲大用流行，所以把他叫做恒轉。」❸❸

他旣已假設卽體卽用，自然本體會轉變，在宇宙大用流行的觀點來說就是「本心恒轉」。「卽體」與「卽用」之間的關係上雖體用之間有分，其實體用本不二。他常用大海水譬喻本體，以眾漚譬功用，從眾漚的觀點上說，正是用大海水以自成爲眾漚，所謂用者正是用其本體以自成爲用。他說「物質變動不居是本體之功用，而不卽是本體，譬如眾漚，騰躍不住是大海水之功用」❸❹，眾漚顯現是各別眾多的，大海水是渾全的，眾漚與大海水的關係是「本不二而有分」，所以他說：

「本體無形無象，　而其功用則內涵健動凝斂之兩機，　凝斂之謂

---

❸❸　以上此段均見同前書，卷上〈轉變章〉，頁五五～五六。

❸❹　熊十力《原儒》，臺北史地教育出版社，一九七四年，下卷，〈原內聖〉第四，頁一六〇。

> 質，健動之謂神。兩機俱轉（非一先一後），流行不息，故曰本
> 體之流行是其大用。」 ④⓪

所謂用者，即用其本體，而成爲萬殊之大用，不是體在用以外，所
謂「體者用之實相，故體用不二（譬如大海水與眾漚本不二）雖然不
二，體與用究不得無分」 ④①，他說：

> 「流行有象而可測（流行卽是本體之大用……宇宙萬象，皆是流
> 行之迹象，譬如閃電，一閃一閃，現似有象，有象故可測），流
> 行之本體，無形無象，隱微至極而難知。」 ④②

這就是熊氏要強調體認工夫以覺悟到本心恆轉，而採用「卽用顯體」
之說的理由所在。賀麟說：「他所提出的卽用顯體之說，實不啻爲反
本歸寂，明心見性，指出一下學上達簡易平實之門徑。」 ④③

(2) 相反相成

熊十力認爲《易》之〈十翼〉「必出於孔子無疑。嘗謂《易》無
〈十翼〉，則象數雖流傳不失，亦只是占卜之書，有何價值。唯〈十
翼〉出，而後《易》爲哲學思想之書。孔子所以爲哲學之宗，蓋亦在
此……孔子〈十翼〉，爲言義理之祖。雖卽象而引申觸類，而《易》

---

④⓪ 同④⓪。

④① 同④⓪。

④② 同④⓪。

④③ 賀麟《當代中國哲學》，臺北勝利出版公司，一九五四年，頁一六。

④④ 《十力語要》，卷一，頁六〇。

自此已成爲孔子之創作。」❹❹ 又說：「易者，儒道兩家所宗統也」❹❺，
大易也是熊氏《新唯識論》中假設本體具有自成轉變之功能的根據，
他否認有些當代哲學家指出他的本體成變採取的是黑格爾正反合的辯
證法。他自辯其學理根據源自大易卦爻以及老子「一生二，二生三」
兩處，循相反相成的法則以談變的哲理。認爲大易每卦都是三爻，以
表事物轉變之發展，老子說「生」亦爲「相因而有」以成其變動之發
展。他說：

> 「中國最古老的哲學典冊，莫如大易，大易最初的作者，只是畫
> 卦爻，以明宇宙變化的理法，他們畫卦，每卦都是三爻（只表示
> 變動）。爲什麼用三爻呢？從來解易的人，罕有注意及此，我常
> 求其義於老子書中，老子說，一生二，二生三（生爲相因而有），
> 這種說法，就是申述大易每卦三爻的意義。本來大易談變化的法
> 則，實不外相反相成。他們畫出一種圖式來表示這相反相成的法
> 則。……有一，便有二，這二就是相反，同時又有個三，此三卻
> 是根據一而與二相反的。因爲有相反，才得完成其發展。否則只
> 是單純的事情，那便無變動和發展可說了。」❹❻

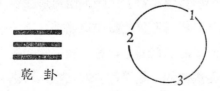

乾　卦

他以乾卦爲例，卦的三爻，係從下而上，每卦三爻是以相反相成表示

---

❹❺　《新唯識論》，卷上初印上中卷序言，頁一。

❹❻　同前書，卷上〈轉變章〉，頁五七。

變化的法則。至於「一、二、三」是以圓圖佈置，並不是循環式變遷之意，而是「圓神不滯」「順暢無礙」之意，「因為變化是全體性的，是生動的，活躍的，圖中一、二、三的符號，不過表示功用的殊異和微妙，並不表示有互相對待的實在的東西」❹。熊十力就用這種最簡易的方程式，由一到三的變化發展，說明本心恒轉，翕闢成變的哲理。

(3) 翕闢成變

本體能變，熊氏稱之為恒轉，就是本體顯現為萬殊的大用流行。如果用一二三方程式來看，恒轉是一，一生二而有所謂「翕」，「此翕便是二」。「才有翕，便有闢，唯其有對，所以成變……這一闢，就名為三」❹。恒轉之一，只是表示「體」之將現為「用」的符號，翕與闢之二和三都表示「用」的符號。只說到一，只是虛擬體之將現為用，只提到二，只是表示大用的流行，他解釋說：「只有三，既是依據一而有的，卻又與二相反，而即以反乎二之故，乃能顯發三的力用，得以轉二使之從己……三是包含一和二的。」❹只有這樣才識大用流行，可以即用而識體，就是於三而識全體大用。

為什麼本心恒轉是以「翕」「闢」兩種形態展開呢？翕與闢是兩種健動的勢用。翕是成為形質的傾向與趨勢，因為翕的原故，完成物形而成物質宇宙。翕的勢用興起，另一種反物化的勢亦俱而興起，稱為闢，闢的勢用是剛健的，是運行於翕之中，而能轉翕從己。闢是有相而無形的，是無所不在的，是向上的，是伸張猛進的，是本體底自

---

❹　同❹。
❹　同前書，卷上〈轉變章〉，頁五八。
❹　同前書，卷上〈轉變章〉，頁五九。

性的顯現，翕只是個收攝凝聚的勢用，使之物化爲宇宙形體，故稱爲物。而闢是健動而運乎翕之中而爲其主宰，可稱爲心。所謂「闢名爲心，翕名爲物。今如吾心，爲吾身之主，而交乎一切物，能裁斷不爽焉。即此而知闢是主宰」⑩。翕和闢只是恒轉的分化，應以整體看待。心與物亦然，是一整體的兩面。

總而言之，恒轉是至無而善動的，由攝聚而成的翕與健以自勝的闢，兩種勢用，相續變動，生生不已。如此，熊十力以翕闢成變之說建立了本心恒轉以達成乾坤運化流行的道理。

（4）剎那生滅

熊十力根據大易思想，認爲宇宙是一動盪不已的生化過程，但又參酌融合佛家「剎那生滅」之說，使這種哲理更爲生動而具體易解。他認爲要發見翕闢在生和滅兩方面的奧妙，才算深知於變。

佛家分析時間至極小量取名剎那（Ksana），根據《大毗婆沙論》卷一百三十六說：「壯士彈指頃，經六十四剎那」⑪。剎那量極爲微小，吾人心中一念才起之際便是一剎那。但是一念才起即便絕滅，還復爲無，絕不留住，如此剎那生，剎那滅。因爲生時即是滅時，大化遷流絕無暫住。才生即滅，頓生頓滅，方滅方生。剎那剎那都是創新，生滅頓變。一切物皆剎那剎那生滅相續，生滅滅生。這種變化至極微妙，至極迅速，所以熊氏說不可以感官覺察得到，而且每一剎那都是頓變，宇宙間絕無永恒之物。但是熊十力批評佛家把生滅世界視爲無常，而有厭離或超脫之意。儒家則視此變化之動力，能捨故趨新

---

⑩　同前書，卷上〈轉變章〉，頁六一。

⑪　同前書，卷上〈轉變章〉，頁六九。

以揭開天地奧秘，使人於生生不息處，洞見至誠之自然，流行大用處，識得主宰之實體，不言超脫，而自無不超脫㊿。佛家只見滅故，而儒家視得生新，他說：

> 「大化無有窮盡，森然萬象，皆一真的顯現……識得孔子意思，
> 人生有無上底崇高價值，無限的豐富意義。尤其對世界，不會有
> 空幻的感想，而自有改造的勇氣。」㊸

從這段話可以充份得證熊十力的思想淵源上是援佛入儒而歸宗大易。他的思想得力於佛學之處甚多，以佛家生滅變化解釋本心恒轉，理論上也顯得較爲厚實，也是新儒學在三教合一的發展史上成爲別開生面的創舉。

七、性智顯現

其實在熊十力整個思想體系中最具獨創性的，應是他提出「性智」一詞作爲宇宙本體論之終極理據的見解，雖然只不過是「本心又名性智」，但這是他修正王陽明致良知說過份重內輕外，再綜合佛儒本體論「雙顯空寂與生化二義」㊹，使純一之本體在人性中顯現流露的終極理想。他說：「佛家登地以後，漸至究竟，轉識成智，無邊妙用，皆自圓明心地生，知主行從，仍與大易同歸」㊺。熊氏提出的

㊿ 以上均見同前書，卷上〈轉變章〉，頁六九～八二。

㊸ 同前書，卷上〈轉變章〉，頁八二。

㊹ 《十力語要》，卷三頁二二。

㊺ 同前書，卷三，頁四四。

「性智」其實就是他親身體認到佛儒兩家在理論上的交合滙通處，亦正是天與人的交合滙通處。他提出的性智就是澈悟到宇宙人生會通的眞實境界。本心是虛寂而明覺的，能悟得翕闢生滅無暫住的本然眞實，而大化流行亦只是本心恒轉的功能。所以本心是「舍物歸己，攝所歸能」。就人而言，由體認澈悟到生生化化的眞實流行，就是眞體顯現，亦即性智呈露。他在〈破破新唯識論〉中說：「徹內徹外，只此翕闢之流，而實無有內外可分。自此實悟無所謂小己，無所謂宇宙。造化之秘，天人之蘊，盡此矣！」❺❻。又說：

> 「本心元自昭明，無有迷闇。萬化之起，萬物之生，萬物之成，
> 皆從昭明心地流出………此中實有千言萬語說不得，非有盡性工
> 夫，則不能覿體承當，吾之新論，骨子裏只是此義。」❺❼

熊十力最反對有人把他的思想只當作一套理論看待，他強調的是自修自覺的實際體認。致力於當下即是的證會見體，他說：

> 「見體，當下即是，夐然絶待，離諸繫縛，始信萬化自我出。官
> 天地，府萬物，富有日新，是其充實而不可已也。宇宙人生本不
> 二，相對絶對，迷者有分，悟乃融一，此新論最旨也。」❺❽
> 「實證者何？就是這個本心的自知自識……就是他本心自己知道
> 自己……這種自知自識的時候，是絶沒有能所和內外及同異等等
> 分別的相狀的，而卻是昭昭明明，內自識的。不是渾沌無知的，

---

❺❻　同前書，卷一，頁二〇。

❺❼　同前書，卷三，頁四四。

❺❽　《新唯識論》，卷下之二，附錄，頁七二。

我們只有在這種境界中才叫做實證。而所謂性智，也就是在這樣的境界中才顯現的，這才得到本體。前面說是實證相應者名為性智，就是這個道理。」⑤⑨

對熊氏來說，「性」是吾人與天地萬物同具的本體，「智」是自我覺悟的種根，他說：「性者，生之本然，純粹至善者也，通天地萬物而一焉者也」⑥⓪，「即得本性，則我與天地為一」⑥①。智則是從人性的本然功能而言，具有生動活潑的創造力，所以他說：

> 「心識的現起，雖仗旁的境緣，是一種內在的，活的，不匱乏的，自動的力，能了別一切的境。是自主的，自在的，自創的……此自動的力，實即性智的發用。」⑥②

性智不是量智，故不能推理得之，一般人為習心蒙蔽，必須要除去障礙，妄習斷盡，性智才能全顯，才能達到覺悟真解的境地⑥③。要破除妄習的障礙，他主張要學佛家空宗「大掃蕩」的手段，「一一呵破，總歸無所有，不可得」⑥④。在認識論方面，空宗滌除知見，破除法相，悟入法性，他說：「這點意思，我和空宗很有契合處」⑥⑤。但他以為「一往破盡，則破亦成執」，則不能同意空宗⑥⑥。所以性智顯現

---

⑤⑨　同前書，卷上，〈明宗章〉，頁六。

⑥⓪　《讀經示要》，卷一，頁二八。

⑥①　同前書，卷一，頁七八。

⑥②　《新唯識論》，卷上，〈唯識下〉，頁二八～二九。

⑥③　同前書，卷上，〈明宗章〉，頁三。

⑥④　同前書，卷上，〈功能章〉，頁一八。

⑥⑤　同⑥④。

⑥⑥　同⑥④。

的方法，他採取的是自明自見自喻自證的本然覺悟，人性如果絕無迷妄，離諸繫縛，復然絕待，本然地達到自覺神悟而證會見體，當下即是而豁然貫通。所以他對傳統哲學中人與宇宙萬物同體的這種天人合一境界的領悟，舖出了一條旣深密又直捷的新途徑。

八、結　語

熊十力的哲學思想以「本心」概念爲內核軸心，整個龐大的體系，都由此軸心點轉承接合而展開，以達天人合一的終極旨趣。對諸子百家的學說，他也採用異中求同以觀其會通的和諧精神，形成大一統的綜合性思想。陳榮捷說他的貢獻不僅在「佛學的儒家化」（Confucianization of Buddhism），而且融貫統合了三教學說[67]，「他重建新儒學的努力，使得心性之學的形而上學基礎更加穩固而增長了生動活躍的特質」[68]。熊十力的宇宙本體論兼容並包三教的理論精髓，因結構嚴密而形成一融貫的體系，不但不顯駁雜，而且豐富化了人生的含意與價值，對人性的實質內容賦予一種名符其實的包羅「萬象」之哲學意義，頗能顯其富於獨創性的深厚功力。傳統哲學中主流思想的天人合一理論，也因熊十力的發揚而登峯造極，成爲當代傳統哲學深具突破性的發展。

他描述中國古典哲理多言簡意賅，「其冲旨妙義，與乎千條萬緒，

---

[67] Wing-tsit Chan, *Religious Trends in Modern China*, New York, Octagon Books, 1978, p. 134.

[68] Wing-tsit Chan, *A Source Book in Chinese Philosophy*, Princeton University Press, 1963, p. 764.

悉蘊於微言之外，有待學者由微言而自家深密玩索」[69]，又常感歎
「實有千言萬語說不得」而認爲自己著書只是不得已，所以引用陳白
沙「莫笑老儒無著述，眞儒不是鄭康成」的詩句而說：「得此見地，
方許通過要津」[70]。這種強調體認工夫去實證「本心呈露，性智顯
現」的行動哲學，他說「恐怕只有求之於中國的儒家和老莊，以及印
度佛家了」[71]。言下之意，熊十力似乎在說西洋哲學充其量只能作些
「隔靴搔癢」的工作！

---

[69] 劉述先《熊十力與劉靜窗論學書簡》，臺北時報文化出版事業，一九八
四年，頁一五七。劉述先有關熊十力的著作見 Shu-hsien Liu, "The
Contemporary Development of A Neo-Confucian Epistemo-
logy" in *Inquiry*, Vol. 14 (1971) pp. 19–40; Shu-hsien Liu,
"Hsiung Shih-li's Theory of Causation", in *Philosophy East &
West*, Vol. 19:4 (1969) pp. 399–407. 等等。

[70] 《十力語要》，卷一，頁四四。參考拙文〈熊十力與陳獻章〉，《國學
集刊》第一期，以及〈熊十力哲學思想中天人合一的理論〉，《熊十力
先生紀念集》。

[71] 《新唯識論》，卷上〈明宗章〉，頁六。

方東美先生對宋明新儒家
哲學的評價

一、引 言

方東美先生（一八九九——一九七七）是屬於「大器磅礴，才氣縱橫」類型的當代哲學家，以其對古今中外涉獵範圍之廣泛而言，卽使舉目當世東西方哲學界亦屬絕無僅有。無論在他的著作、演講或課堂上，他帶有強烈生命情調的哲學智慧和文學神思，總是像汹濤波瀾，此起彼落，連緜不絕。在哲學思考的方法上，方先生的特點是採用廣濶無邊的視野，去融滙貫通中西人類文化與哲學思想上各個學說學派的精華，然後一如莊生的大鵬鳥，扶搖直上九萬里外，放眼曠觀古今，傲視寰宇。一方面爲延續中國傳統文化把脈，一方面爲二十世紀的西洋哲學尋找出路，不但展露出哲學家兼詩人的無盡才華，而且從他的「微言孤旨」中，令人頓然透悟到一種遺世獨立，凜然堅貞的道德人格，和一股貫穿宇宙，與天地上下同流的聖賢氣象。

對初學哲學的人來說，一定會覺得方先生學問高深莫測，格局過份龐大，一旦接觸，迎之不見其首，難捉摸出入門之方。在我自己的親身經驗內，尤其是在初學期間，亦總覺得隨之不見其後，因爲不能

緊隨他在高空遨遊，經常從半空中跌得粉身碎骨。要經過幾年的折磨
與薰陶，才逐漸跟隨乘雲凌空，在他廣大悉備的思想體系中，恍惚體
悟到他「入乎其內，出乎其外」之作風所表現出來的哲學境界。至於
方先生的「有德造道之言」，是經過千錘百煉的深造功夫而成就者，
曾入方師門下的人， 面對聆聽他的高度哲學智慧， 大概都會有一種
「雖不能至，心嚮往之」的感受。

二、「價值中心觀」的哲學思想

方東美先生哲學方面的興趣非常廣泛，對中西印各種學派的體
系，總是如數家珍，寧可掛萬而不漏一。他的中心思想雖然以儒家為
主，對儒道佛三教傳統評價都很高，關於這一點，他曾下過精闢的總
結：

> 「中國哲人中，儒家意在所揚聖者氣象，道家陶醉於詩藝化境，
> 佛家則以苦心慧心謀求人類精神之靈明內照。要之，道家放曠於
> 空靈意境之中， 逍遙自得， 宛似太空人之翱翔太虛。 儒家豁達
> 大度， 沈潛高明， 兼而有之，其於天人之際， 古今之變， 處處通
> 達， 造妙入微， 期能踐驗高超理想於現實生活。 佛家則蘊發慈
> 悲， 悲以疾俗憫人， 慈以度世救人， 苦心化為大心、慈心於以落
> 實。」❶

儒道佛傳統的三教， 雖然代表了中國三種型態的哲學智慧， 其實在

---

❶ 〈中國哲學之通性與特點〉一文，收於《方東美先生演講集》，黎明，
一九七八初版，頁四五。

「天人之際」的理解上，從不把宇宙人生看成貧乏機械式的孤立系統，而看成爲一廣大和諧的整體秩序，形成統一融貫的機體論，顯現出宇宙的眞象和人生的意義。方先生認爲哲學的目的就在「眞、善、美、神聖」❷ 四大範疇中，發揚生命精神的永恒價值，以達到像孟子稱讚孔子「高明配天，博厚配地」的崇高境界。所以方東美哲學的實質內容顯得異常豐富，這是因爲他把傳統儒道佛三教的學說宗旨，一舉貫穿收拾之後所造就的終極結論，尤其是在三教的交合滙通處，經過總攝融貫的綜合過程，而不顯駁雜陳列之弊。在下文談到方先生評論宋明儒學所受三教影響時，這一點非常重要，必須事先指出。

　　我們同時也指出「方學」的特徵在於龐大的架構和恢弘的氣魄，這種特徵其實也正是方先生眼中先秦儒家和道家的規模，他對此特別稱道激賞，所以他的哲學史觀立場也一再主張要返歸先秦原始儒家和道家對生命精神賦與的一種強烈價值感。一方面肯定天道之創造力，「充塞宇宙，流衍變化，萬物由之而出」❸，另一方面強調人性之內在價值，「翕含闢弘，發揚光大，妙與宇宙秩序，合德無間」❹。他說表現這種思想最重要者莫過於《易經》。根據前人種種研究成果以及太史公司馬談、司馬遷父子之考證，「《周易》這部革命哲學，啟自孔子本人」❺。對他來說，《易經》可通儒道兩派學說而又成爲儒家思想的大本大源，這一點他的立場與熊十力的略同，認爲：

　　「自然本身即是大生機，盎然充滿，創造前進，生生不已；宇宙

---

❷　《新儒家哲學十八講》，黎明，一九八三，頁四四。

❸　《生生之德》，黎明，一九七九初版，頁二八八。

❹　同前書，頁二八九。

❺　同前書。

萬有，秉性而生，復又參贊化育，適以圓成性體之大全。」❻

《易經》又提倡「性善論」之人性觀，發揮人性中之美善諸秉彝，使善與美俱，相得益彰，以盡善盡美爲人格發展之極致，「唯人爲能實現此種最高的理想」❼，進而形成一套「價值總論」，將流行於全宇宙中之各種相對性差別價值，使之含章定位，一一統攝於「至善」，最後才形成一套「價值中心觀」之本體論，以肯定性體實有之全體大用。

總而言之，方先生發揮了〈繫辭傳〉中「價值中心觀的本體論」精義，發展成爲他自己以「價值論」爲基礎的思想體系，自然產生了具有道德意義的宇宙本體論，或者說是具有天地氣象的倫理學說，不但是價值論的色彩鮮明，宗教情操亦成爲一大特色。在他評論宋明儒學時，也成爲一重要線索。

不可諱言的，這種規模龐大的倫理學說，以現代西方眼光看來，是過份理想化的。如果宇宙論與倫理學說合一，自然律與道德律就可以互相印證，形上學知識論都有揉和價值論的傾向，容易導致極端的結論而遭遇理論上結構上和邏輯上的困難。在西方價值中立的心態來看，只重方法的過程和方法的原理，不同領域的課題，鴻溝截然，對立分明，不容混同。方東美先生對西方這種「價值漂白」的態度則絕不能贊同，他認爲：「宇宙一切現象都含道德價值，故可說中國人的宇宙乃是道德的宇宙。」❽他又說：

　　「現代西方自然主義者競相呼號，謹守眞善美價值之中立，反觀

---

❻　同前書，頁二八九～二九〇。

❼　同前書，頁二九〇。

❽　《中國人生哲學》，黎明，一九八四年五版。頁二二。

中國哲人則於宇宙觀及人性論均繫以價值之樞紐，蓋違此理想，即成智障，殊不足以遊心慧境矣！」❾

方先生的思想是以哲學智慧為探索對象，而西方大體以知識方法論為哲學，其哲學命題，在出發點上若不加以釐清分辨，則容易引起相互攻難，相互貶損的情形。其實這也是未來東西哲學會合時將遭遇的最大困難之處。

三、「通古今之變」的歷史感

其實方東美先生最忌諱的是學術一元化的獨斷主義和孤立主義，認為「道統」觀念容易造成「學弊」，所以主張如孔子「博採眾家，不拘於一說，虛心坦懷，不先有成見」❿的「學統」精神。所以他的立場總是不偏不倚，面面兼顧地普遍深入檢討東西各派學說的利弊。在中國方面，他既然對先秦原始儒道墨家「究天人之際」的磅礡氣概，抱有強烈的價值感，由這種類似崇古的價值感再轉化為一種「歷史使命感」，培養出來他「通古今之變」的敏銳觀察力，在他闡述宋明新儒家哲學思想演革變遷的過程，這種「價值感」和「歷史感」便成為他判斷立論的雙重主力。

方先生對先秦的「顯學」，尤其是孔子、《周易》、老莊、《尚書》〈洪範〉、墨子等哲學體系讚不絕口，但是認為歷史的發展不是

---

❾　Thomé H. Fang, *Chinese Philosophy*: *Its Spirit and Its Develop-ment*, Taipei: Linking Publishing Co., 1981, p. 545.

❿　《新儒家哲學十八講》，頁六。

一條鞭式的。他說：「漢儒卑卑不足道，宋明學人非純儒。」❶ 以歷史演進看哲學思想的發展則是一路「向下廻」走下坡以至於到明清以後不可收拾的地步。尤其若以獨斷孤立主義的「道統」觀念看來，他說：「漢承秦弊……唐承隋弊，宋承唐弊，元承宋弊，明承元弊……以至於今」❷，如此每下愈況，令人廢書而歎。由於方先生潛在豐富的價值感和歷史感，培養成他相當強烈的批判性，由氣魄弘大的先秦標準來衡量，很自然的看出宋明儒氣魄變小，走向審慎收斂的一途❸。他以「道統」觀念中偏窄武斷心理造成「學弊」，而認爲「學統」精神應不以儒家爲正統，所以稱《論語》一部書最多不過是「格言學」❹。又稱孟子因「道統觀念和歷史觀念執持很深」❺，是「道統的始作俑者」❻，心胸不夠寬大。稱荀子「雖然精細，氣魄也小了」❼。方先生雖然大事稱讚莊子，又批評他「醉心於離世獨立，而輕忽了世俗的生活」❽。他批評董仲舒對《尚書》、《周易》都是外行，而且「對整個古代哲學思想演進的趨勢爲外行」❾。方先生又以爲漢儒大多爲「冒牌儒家」❿，以他看來宋人只有小品文或語錄，罕見大文章⓫，他批評宋明儒非純儒是因宋明儒都受禪宗影響而「束書不觀」，專求「默坐澄心」，雖然他們時而說佛，時而抨佛，這種抨佛說佛充

---

❶　《哲學三慧》，三民書局，一九七一，頁六。
❷　《新儒家哲學十八講》，頁一〇。
❸　同前書，頁二〇七。
❹　同前書，頁二四。
❺　同前書，頁七。
❻　同前書，頁七。
❼　同前書，頁七。
❽　《生生之德》，頁二七三。
❾　《新儒家哲學十八講》，頁八。
❿　同前書，頁一三。
⓫　同前書，頁三一。

其量也只不過是「口頭禪」❷，方先生甚至批評當代研究宋儒的更是「束書不觀」，「自說自話」❷。在宋儒方面，他說周敦頤的《通書》也不過是「格言學」，只得孔孟眞傳的一半。❷又認爲朱子的《易學啟蒙》，表面上是宋學，其實是漢學。❷程朱的理論走上煩瑣的路線，方先生不厭其詳的舉出種種理論上的困難，又說大程和朱熹旣已自承「出入老佛十餘年」，何以後儒要一再「廻護宋儒而排斥道佛？」❷，所以無怪乎到了顏元要大事提倡「減一分程朱，得一分孔孟」❷的結論。

　　以上所舉不過是方先生以學統精神立論，而較具批判性的一些實例，其中自然不乏精闢之論，亦間雜了過激之言。其實宋明新儒家哲學不是他最主要興趣之一，在臺大開設宋明清儒家哲學和輔大開的新儒家哲學還是他晚年的事，在輔大開的課成了他臨終前的最後一課，只講到宋儒周敦頤、邵雍和張載，以後二程、朱子、陸王在他的《新儒家哲學十八講》一書中付諸厥如。一九七二年他在夏威夷舉行的東西方哲學家會議王陽明五百週年紀念會上雖然提出過一篇論文 "The Essence of Wang Yang-ming's Philosophy in a Historical Perspective"（從歷史透視看王陽明哲學的精義），他對宋明新儒家哲學較完整的專作，要等到他的英文大部著作 *"Chinese Philosophy: Its Spirit and Its Developments"*（中國哲學的精神與發展）此書中才有較詳盡的闡述，此書出版時，已是他逝世後將近四年的事了。

---

❷　同前書，頁五四。
❷　同前書，頁六。
❷　同前書，頁一五一、一五四。
❷　同前書，頁五五。
❷　同前書，頁五〇。
❷　同前書，頁二。

四、「學統」與「道統」之辨析

前面提過，方先生認為「道統」觀容易引起偏狹武斷的心理，使思想型態逐漸趨向閉鎖僵化而形成孤立系統，不足以維護中華民族悠久博大的文化傳統。而且即使以「道統」的觀點來看，宋明新儒家並未得到儒家正統的實質內涵。所以他主張要以如張載所語「大其心則可以體天下之物」❷❽的尺度，還要「莊子大鵬鳥高空俯視的智慧，和大海潮音之美」❷❾，然後採取「純學統」的精神去觀察分析宋明新儒家在沿革承襲的脈絡上，如何廣取博采，如何精思冥求，如何旁通統貫，以「上追《周易》，取法老莊，觀摩墨子」❸⓪。這種方法在他看來是研究新儒家的唯一「康莊大道」。所以在「學統」精神的觀照下，所謂「儒家是中國古代學術史上唯一正統，諸子為別派」的說法，對方東美先生而言是「有所商榷的」❸①。

再以方先生「學統」的觀點，舉例來談儒家最根本的典籍。他根據漢人費氏易——費直的說法：孔子是以〈彖傳〉、〈象傳〉、〈文言傳〉來解釋《易經》的本文，後來相傳成「魯學」、「楚學」和「齊學」❸②。方先生認為朱子之易學可謂全然是齊學，由齊學產生漢易之書名叫《周易參同契》，所以導致朱子竟認「易為卜筮之書」的結論❸③。

---

❷❽ 同前書，頁一七。
❷❾ 同前書，頁一九。
❸⓪ 同前書，頁四四。
❸① 同前書，頁四六。
❸② 同前書，頁六三～六四。
❸③ 同前書，頁五五。

　　方先生又判定周敦頤的「太極圖」不是源自《周易》，而是道教之偽託，它實際上是道教鍊丹時丹鼎之法。因爲《周易》的「乾元」是創造的權力，「坤元」是蘊育的權力，在時間上是向前、向上的創生造化過程。但是「太極圖」中，上圈是「無極而太極」，下爲「陰靜陽動」，再下爲「五行」，然後往下成爲「乾道成男，坤道成女」，最後終於「萬物化生」。方先生認定這不是創造演化的過程，而是像西方新柏拉圖學派的「萬物流出說」 (Theory of emanation)，先由完美的境界，一層層向下墜落，與《周易》進化創造的旨趣不可同日而語。所以「 太極圖 」這種道教的產物， 朱子卻稱讚爲最得《周易》本旨，方先生認定與周易風馬牛不相及❸❹。

　　有關周敦頤《太極圖說》內容方面的解釋，方先生也認爲「可用隋朝蕭吉所著〈 五行大義 〉完全解說清楚， 但這依然不是儒家的思想，而是陰陽五行家的思想」❸❺。所以周敦頤成爲宋代新儒家的開山始祖，僅有《通書》一部著作，其淵源可以追溯到周易者也唯在此書。可以看出，這是周敦頤的思想逐漸成熟而獨立，擺脫了道教的影響而另起爐灶，把衰頹的五代思想，導引到一個積極的儒家正路上❸❻。

　　方先生採用「學統」精神對周敦頤的思想淵源和對後儒的影響有極精闢和詳盡的分析，認爲「太極圖」和《太極圖說》這種充其量祇是「健身之術，與哲學無關」❸❼的東西，還未必是周敦頤的著作，問題出在朱子的固執成見，自己亟力推崇這是千聖不傳的重要文獻，不但浸淫了二十六年之久， 一直到他臨終前還與門生談到《太極圖說》，

---

❸❹　以上見同前書，頁六五。

❸❺　同前書。

❸❻　同前書，頁二一四。

❸❼　同前書，頁一二〇。

給與「孔孟以來所未有」❸的最高評價。方先生一方面根據黃宗炎的《太極圖辨》和顏元的門生李塨所著《周易傳註聚辭》來駁斥「太極圖」處處不合儒家的道理❸。一方面根據他自己的哲學觀點認爲「太極圖」和《太極圖說》不是一種「本體論」，雖然在「太極」之上安上了「無極」也不是正統道家哲學的「超本體論」(Me-Ontology)。又從它把道教的小周天之行氣向上逆行，反轉成爲二氣五行向下衍生的過程來看，也不能稱爲「宇宙論」，充其量，也祇是「宇宙開闢論」(Cosmogony)。圖中從無極到太極，從太極到陰陽二氣，再從陰陽二氣到五行，由五行而男女，最後化生萬物，這其中變化的程序，分爲五個層面加以敍述，並沒有說明原因，毫無理論的線索，不像《周易》的〈彖〉、〈象〉、〈文言〉及〈聚辭〉大傳有一套完整的理論系統，所以還不是一套「解釋的宇宙開闢論」(Explanatory Cosmology)，只是「描述的宇宙開闢論」(Descriptive Cosmology)❹。它雖然像 Platinus 的「萬物流出說」，但沒有經由人類「靜觀冥會」所產生的「歸於本初」的最後「復歸於太一」的終結，也缺乏「時間的連續性」或「創造性的統一」種種由乾元動力創生而出的必然性原理。所以方先生認爲這種「三不像」的一套理論，在朱子眼裏成爲不世巨構，令人費解。

五、周子通書與朱註之曲解

　　再就《通書》這部頗具哲學價值的書爲例，其思想來源可以直溯

---

❸　同前書，頁一○九。

❸　同前書，頁一一二～一一六。

❹　同前書，頁一二一。

到〈尚書・洪範篇〉、〈周易・文言傳〉及〈繫辭大傳〉和《禮記》
的〈中庸篇〉。它的哲學內容有創造性的本體論，又用「神學的解
釋」以賦與價值學上的根本說明，又有〈尚書・洪範〉中「宗教熱忱」
的「誠」。周敦頤之成為北宋五子中儒學復興的先驅，方先生認為果
是名不虛傳[41]，可以由《通書》看出周敦頤深通易理。但是非常不
幸，朱子對《通書》的註解一再犯錯，其註謂：

> 「元，始也；資，取也。言乾道之元，萬物所取以為始者，乃實
> 理流出，以賦予人之本。」[42]

朱子不把乾元創造萬物的過程當作創造程序，而當作流出程序，拋棄
了周易創造說的原意，越出儒家思想的正軌。接着所謂「卽圖之陽動
也」，是根據「太極圖」的「陽動陰靜」。在《周易》中「立天之道
曰陰曰陽」，天道是形而上，陰陽也是形而上。朱註的陰陽卻是形而
下的，把周易形而上的乾元觀念，貶抑成了形而下的物質作用。周子
《通書》中又說：

> 「乾道變化，各正性命；誠斯立焉」[43]

朱熹註成：

> 「所賦之正，則實理於是而各為一物之主矣！」[44]

---

[41]　同前書，頁一二九。
[42]　同前書。
[43]　同前書，頁一三〇。
[44]　同前書。

方先生認為這「一物」所指的其實還是從陰陽二氣，五行金木水火土所化生的物質元素，朱子又註：「即圖之陰靜也」。方先生對此作了相當嚴厲的批判，認為：

> 「乾元在《周易》裏面是陽動，絕對不能化成陰靜。因此朱子在這地方，不僅是哲學基本概念沒有弄清楚，他連所謂最簡單的定義劃分也沒有弄清楚……他根本就不理解，在宇宙之中，乾元的創造權力是絲延不斷的在時間中賡續發動的，從而成就生命最高的價值……他越說越離譜了，底下簡直不曉得他說些什麼東西……他把太極同陰陽分開了，陰陽是氣，屬於形而下；太極是理，屬於形而上。這樣一分，倒顯得《周易》的經文根本沒有意義了，根本是衍文。」❹⑤

所以方先生認為朱子對《通書》之見識，遠不如其弟子陳淳之完全符合孔孟的真傳，一以貫之，從太極到陰陽，以至於人類的生命創造活動，舉凡繼善成性所成就的一切生活價值都是善❹⑥。

方先生認為周子學說來源根據《周易》和《尚書》〈洪範〉，但朱子的曲解無一處不違反周敦頤的學說，把太極之理拉下來與陰陽二氣，五行之形質混為一談，把歷來釋易為從永恒源頭談變化的「不易」，整個周易所談「生生之謂易」的「變易」和鄭康成所談的「簡易」三種不同的解釋全部拋棄，換上了一種氣化作用的靜態「交易」，這種陰陽動靜相交完全是董仲舒所謂的陰陽，陽動而靜，朱子還說明善，陰靜而動，就完全是惡了，這是董氏「陽德陰刑」之說，與《周

---

❹⑤　同前書，頁一三○～一三二。

❹⑥　同前書，頁一三三。

易》無關，而是漢儒雜家的陰陽五行之說，在朱子本身的學說，理和氣截然分開，形成了理是「所以一陰陽」，陰陽是氣，五行是質，與所以陰陽所以五行的「超越之理」始終無法取得連繫，這當然是朱子承受張載的「氣論」和二程的「理」所構成的「理氣二元論」，在方先生的眼中，並未得到孔孟眞傳，這種朱子的說法，完全是變相的荀子學說❼。

　　再就周敦頤的倫理學說方面來看，方先生認爲周敦頤的主張「賢希聖，士希賢」是合乎孔孟和大小戴《禮記》中的理想，但是他的「聖人」是從「無以爲之用」中培養而出的，從周子的〈聖學篇〉以及〈養心亭記〉中都是主張「無欲則一」，「寡焉以至於無」，所以要成聖人，就要「無欲」，這種消極作用的「無」不是老子的「無」，而是荀子「自然之天」的「無爲而物成」的「無」，這種「無」是「空無所有」，把一切欲望，甚至連「可欲之差」都消除化解。周敦頤所瞭解的道家，只是魏晉新道家而不是老子所謂之無。方先生十分推崇老子，認爲老子的「無」可以超越萬有層次所表現的一切缺陷，「它是超越在一切之上，又是一切之一切的最後根源，一切都是它轉變之後流露在下層本體世界中的各種層次之秘密的表現」❽，即方先生所謂的 "Myteriously myterious mytery"（玄之又玄），是通透萬有而涵蓋萬有的宇宙一切生機活動的根源。方先生認爲周敦頤對宋儒影響極大，但因爲他未能通透到「皇極大中」的觀念，宋儒的生命精神是收歛退縮的而不是開拓發揚的。

---

❼　以上見同前書，頁一三六～一三七。

❽　同前書，頁一九一。

六、新儒家的局限性和偉大風範

在上節討論周敦頤雖然未能把握通透到老子，而只以「無欲」的消極作用當作道德修養的方法，而且宋儒都主張「居敬」、「體仁」、「存養」、「立誠」等等是兼顧到宗教情操和光明的道德理性兩方面所作的努力，而這種「居敬」的工夫也未必是儒家的工夫，而且是受佛教禪宗的打坐禪定工夫影響，走上了「默坐澄心」的寂靜孤路上。其實如果從他們的時代背景去看這種特殊的學風，所以造成一股方先生所謂「憤世疾俗的偏狹心情」❹，其原因極為明顯而不難瞭解。

在中國歷史上，五代之亂後，無論在社會、學術、政治方面，是中華民族最墮落的時代，用方先生的話：「這是一個幾乎無善可襃，而有惡可貶的時代」❺。所以在一個倫理敗壞，社會體制崩潰之後，宋代思想家為了亟力挽救人倫隳喪之弊，必須在人生的實際問題上面，重新建立道德人格的標準，在學術方面也力求恢復儒家正統，以企求銜接先秦原始儒家思想，成立所謂「道統之傳」的新儒家哲學。在承襲救弊方面，宋儒所擔當的任務自然是極為繁重，而在這儒學的復興運動中，不但吸收了道家道教佛教的觀點，在承傳銜接儒家思想方面亦作出了特殊的貢獻。所以在方東美先生的眼中新儒家的氣魄雖然不如先秦的弘大，但局限在時代背景的特殊因素，如果過份苛責，同樣容易陷入偏窄的「道統」觀念之嫌。

在上節中，我們不厭其詳的列舉出方先生如何批判朱熹註解周濂

---

❹ 同前書，頁七八。

❺ 同前書，頁七二。

溪的《太極圖說》及《通書》所產生的種種曲解，以及朱子對《周易》的基本概念上的混淆，諸多微詞，甚至令人有持論太苛的感受，但是方先生以充分的歷史證據去分析疏理，以還原眞象，對歷史作出交待。但是他在談論到朱子以及其他新儒家時都能指點出其個人的學術價值，尤其是朱熹在他的著作上所作的重要貢獻，特別對朱子註解的《四書》極端推崇，方先生稱之：「的確是處處表現了他的卓見」❺❶。在朱子文集中，不乏有價值的傑作，舉例來說，朱熹把程頤的學說在欲望與情緒方面的問題消解避免之後，再去建構他的「人性論」，講喜怒哀樂之未發謂之「中」，又依據小程子的見解，回溯到《周易》的精義而主張：「得天地生物之心以爲仁」，他在文集中所作〈仁說〉極富哲學價值，他在其他方面的哲學成就，方先生也以強烈的辭語加以肯定。以較客觀的態度來評價，包括朱熹在內的新儒家，都有淸教徒的精神，這種宗教情操和道德精神結合起來，因爲思想方面不是採取思想之滙通而是採取思想之隔絕的方式，結果產生了宗教的偏狹主義，這就違背了孔孟「忠恕之道」。這種道德偏見是因爲朱熹等等新儒家極端熱衷於「志於道」，但是方先生認爲他們所志之「道」，表現在各方面卻不一定是形而上之道，主要原因是程朱等人必欲把「天理」勾搭在「氣」這一方面，形成了他們所志之「道」降落在「氣」的世界，拘限在形而下的境界，凝聚在現實人間世務上，無法往上開拓，眼光氣魄都不如先秦的恢宏開濶❺❷。方先生認爲治療這種弊病，最好是借重原始道家的精神，如果新儒家不承認有這

❺❶　同前書，頁一六二。

❺❷　同前書，頁八六。*Chinese Phliosophy: Its Spirit and Its Development,* pp. 401–430.

❺❸　《新儒家哲學十八講》，頁七八。

種疾病，方先生認爲清代漢學家戴東原說得正好：「宋儒以理殺人，死矣，不可救矣！」❸雖然戴東原所發爲過激之言，針對新儒家偏執理性的弱點而言，可以令人深省。

另一方面，因爲新儒家熱衷「志於道」，重視道德修養上的「居敬、立誠、存養、體仁」種種美德，因而建立成功了許多立身治學的偉大風範。他們大抵砥礪志節，力學有成。「其出身不是利祿之門的官學，而是敦品勵志的私學」❸。方先生認爲邵雍所謂「大心體物」或張載所謂「大其心則能體天下之物」，這是眞正的學術精神，使學術不致於日形萎縮而日新月異，創造不已❸。張載寬弘的思路與氣魄可以用他的名言：「爲往聖繼絕學，爲萬世開太平」看出一股極其偉大的精神境界❸。這種恢宏的氣魄，方先生認爲正可以補救北宋諸儒思想斂縮之弊❸。方先生又以希臘哲學作比較認爲邵康節是一位「笑的哲學家」，因爲「他有廣博的知識，豐富的才情，又充滿了歷史智慧，凡事都看得透，想得開。所以待人處事，隨順和平而笑口常開」❸。另一位宋儒程頤，「他凡事看不慣而憤世嫉俗，養成一個狹隘的心情，總是愁眉苦臉的，倒像一個哭的哲學家」❸形成一個有趣的對照。方先生特別稱道邵雍，認爲他締造了儒學的新天地，邵雍的「超越唯心論」體系可以比擬康德的學說❸。

總而言之，方先生認爲新儒家在融和道德與宗教，道德與藝術上

❸　同前書，頁九九。
❸　同前書，頁一七。
❸　同前書，頁九八。
❸　同前書，頁二一八。
❸　同前書，頁二二三～二二四。
❸　同前書，頁二二四。
❸　同前書，頁二二五。

面，也作了重大貢獻，爲中國文化綻放異彩，尤其是在哲學與宗教的融和上面，不似西方思想之粘滯難言，也沒有西方思想之二分法所形成之困窘❻。主要是因爲中國傳統哲學的承傳過程在《周易》的大本大源處，已建立了內在的圓融性和涵蓋性，足以消解像西方遭遇的對立性與矛盾性所造成的困難。

七、陽明學說之一元機體論

西方哲學中，這種二元對立，主客分截的二分法，使存有論與價值論之間的鴻溝越拉越大，新儒家在這種哲學問題上面，方先生認爲新儒家在「仁」的觀念上有新的體驗，拓展了新天地，可以說是傑出的貢獻，如程顥所謂「仁者渾然與萬物同體」，由於人性內在動力的「仁」作橋樑，上下內外，渾然一體。所有西方哲學中的問題迎双而解，新儒家發揮「備天地，府萬物」的精神，而把它在生命上面表達出來，成爲所謂「以天地萬物爲一體之仁」，這是新儒家在「天人合德」，「天人合一」，「天人不二」等觀念加以發揚出來的，屬於原始儒家的根本精神❻。同時也是原始道家如莊子所謂：「天地與我並生，萬物與我爲一」的精神，而儒道兩家在春秋皆爲「顯學」，並不發生「道統」的問題❻。

所以在新儒家哲學中，方先生往往以對「仁」的瞭解與體驗，以判定其思想的成熟性和價值性。如張載《正蒙》〈天道〉篇所云：「天體物不遺，無一物而非仁」❻，朱子《續近思錄》所云：「天地之

❻　同前書，頁二九四，頁二九七。
❻　同前書，頁七三。
❻　同前書，頁七八。
❻　《中國人生哲學》，頁二二。

間，理一而已」，「天理只是仁義禮智之總名，仁義禮智便是天理之件數」[65]。張南軒云：「善者，天地之性也」[66]。陳北溪繼承《周易》、《論語》、《中庸》、《孟子》之說而發揮「天理流行無間，爲仁之體」[67]。程朱、黃勉齋、薛瑄同說：「天地以生物爲心」[68]。薛瑄又說：「元亨利貞，仁義禮智八箇字，無物不有，無時不然，充塞天地，貫徹古今」[69]。

　　方先生特別推崇王陽明談到「仁」的精微處，也是體察天地人物的「生道」或「生意」[70]。陽明「以天地萬物爲一體，從心之靈明發竅處感應，而一視同仁」的宗旨[71]，方先生認爲是中國古今各學派學說的共同宗趣。在「從歷史透視看陽明哲學精義」一文中，用一元論的機體主義，去說明中國哲學的主流與特色，視其爲一切思想形態之核心。機體主義的主要旨趣在融貫萬有，囊括一切。而這種機體主義的哲學觀，是原始儒家道家推理而得的結論，方先生認爲同樣是王陽明思想所憑藉之重要起點，而大加推崇。陽明認爲身、心、意、知、物「只是一件」，渾然一體，不可分割，而價值之最高統會實爲內在良知心靈的本然覺知，而不假外求。這種「良知」卽「至善是心之本體，只是明明德而至精至一處便是，然也未嘗離事物」[72]。

---

[65] 同前書，原文《續近思錄》，卷一。

[66] 《中國人生哲學》，頁二二。

[67] 同前書。

[68] 同前書，頁一八。

[69] 同前書，頁二二。

[70] 見《傳習錄》一，及《大學問》。

[71] 見〈從歷史透視看陽明哲學精義〉，孫智燊譯，收於《生生之德》，黎明，一九七九年初版，頁三六九。

[72] 參考《傳習錄》上，頁二，頁四～五，又《生生之德》，頁三六九。

　　方先生分析陽明哲學的要點為：「心外無事，即存在即價值」，「心即理，心外無理」，「知行合一」，「心即性，性即天」。又以學統精神詳細疏理陽明思想之淵源，謂陽明之「心外無事、心外無理、心外無義、心外無善」等等[73]，皆源自佛學華嚴宗之主旨：「萬法唯心造」。陽明喻心若鏡，處處透露神秀與惠能之影響，聖人之心，應是亮如明鏡，昭明朗澈，普照萬物，無所不該。雖然受後來王船山之攻難，認為陽明剽禪擬儒，其實是異端而離經叛道，黃梨洲之看法卻適與相反，認為大開聖賢方便之門，否則中國千聖血脈或有絕傳之虞。方先生又以陽明主要精神乃在儒家，因為佛家過份執着虛寂，逃避日常人倫關係，而儒家則視君臣、父子、夫婦、兄弟、朋友等人際倫理為珍貴親切。陽明於四十之後對禪宗之興趣大減，獨於僧肇思想感受興趣，僧肇首創「物不遷論」，「體用一如論」，「即寂即照論」，這種思想方先生認為直接影響到程顥的「體用一源論」，再引申發揮成為「定性論」。而陽明受大程「定性論」之影響，更為百尺竿頭，發展為「定心論」[74]。所以王陽明的學說方先生認為程顥的影響尤為彰顯。另一面陽明受道家影響者，如「心猶明鏡說」是得自莊子，而自道家之典型禁欲主義來看，其學說主清靜無為，陽明談到心之本體純乎天理處無一毫人欲雜念，顯然接近道家的觀點，對老子「為學日益，為道日損」陽明亦頗多契合。當然王學在儒家的學統方面，曾透過其師友湛甘泉受到陳白沙的影響，而直接陸象山上溯到孟子。

---

[73]　《生生之德》，頁三七八。

[74]　同前書，頁三八四。

八、結　語

　　方東美先生根據「博採眾家，不拘於一說」的客觀態度，指出了宋明新儒家的得失，一方面把新儒家哲學的眞面貌還原過來，對歷史作出交待。另一方面也指出宋明思想家的特色是「在日用尋常的生活能夠把超越的理想拉到現實生命來體驗」⑦。這種思想形態的形成，反映出了對五代道德淪喪的特殊背景而作的努力，他們哲學關懷的重點在重新解決「天理人欲」在倫理結構上的困境。在宋儒中，已有趨勢將宇宙二分爲形而上的「道」與形而下的「物」，並將人性二分爲內善外惡。所以他們的天人合一說多少已夾有形而上學的二元論與倫理學的二元論，爲了克服這類難題，他們強調在人性上有超越性的「天理」，對方先生而言，「這種趨勢已在貶抑人性本有重要性，與原始儒家的風格已不相同」⑦。再說他們強調的天理，與人的關係也各不相同，像周敦頤、張載、程顥與邵雍，是試以「人性」與「天理」視同一體；人性是指生命的完成，天理則指人心昧於私欲時的譴責；再像程頤與朱熹，則是以人性本質的仁心與天理視同一體。對方先生說來，這種程朱學說上所作出的新嘗試，未必是原始儒家的精神，同時他們也「不能夠容納儒家思想以外的道家精神和佛家的精神」⑦。這樣一來，宋儒在傳統文化「承先啟後，繼往開來」的重要任務上就造成了學術上的局限性和孤立性。但是方先生對陸王學說較爲欣賞，認爲陸象山的絕對唯心論堅決反對將天理與人欲二分，將知識、存在

⑦　《方東美先生演講集》中〈中國哲學之通性與特點〉一文，頁四六。

⑦　《中國人生哲學》，頁一八一。

⑦　《方東美先生演講集》，頁五三。

與價值一概視作心靈眞相的展現，而完成其心靈與宇宙同體的唯心論。王陽明更承此唯心論，而發展出人與天地萬物一體的哲學，認爲廣大同情之心照燭萬有，暉麗一切，備天地而兼萬物，其胸中一體之仁與良知當下卽可證驗無遺，所以依此論據，而自覺身、心、意、知及其對境皆能相互連貫，兩端銷融而頓成一體⑱。

　　王陽明在方先生的眼中成爲宋明新儒家中最爲傑出的哲學家跟他的哲學思想有密切的關係。如眾所知，方先生的思想淵源，可上溯至《尙書》〈洪範〉九疇中「皇極大中」，《周易》「生生之謂易」的創造機體論，以及孔子仁學孟子性善論，原始道家哲學和大乘佛學爲主要骨幹。在他思想的實質內容上，他主張以個人生命內在的價值感，直透領悟到「宇宙是一個包羅萬象的大生機，無一刻不發育創造，無一地不流動貫通」⑲，而臻於天人統合融貫，密合無間的境界，形成了「以生命爲中心的宇宙論」，和「以價值爲中心的人生觀」的一種廣大悉備的哲學系統，與陽明學說在結構主幹上，在命題範疇上，在終極關懷上都能夠相互契合。當然方先生對陽明大加稱道之外，對宋明儒家所建立的昂然特立，敦品勵志，不爲現實社會浮薈，不爲敗壞的政治利益作附庸，以維護學術的獨立性所造成的學風同樣激賞，而這種凜然的學術風骨也成了方東美先生的特有風格。

---

⑱　《中國人生哲學》，頁一八一。
⑲　同前書，頁一八。

語意與哲學

一、前　　言

　　現代哲學界中，由於一股新興潮流的發展，使得今天的學術思潮再度展露出欣欣向榮的氣象，這棵新苗的茁壯，在短短的時間內明顯地帶給我們強有力的影響，這個嶄新的蛻變也爲我們帶來了新的曙光。

　　這便是邏輯經驗論 (Logical Empiricism) 及其有關學派的成立。邏輯經驗論衍發於一九二三年由施克教授 (Professor M. Schlick) 領導的維也納學派，經過他們辛勤創造的結果，收穫極爲豐碩輝煌，這股介乎哲學與科學之間的學術運動對於二十世紀的影響，無論在科學或哲學方面都是空前僅見的，許多大學者滿懷勃勃的興緻，勇朝這個方向致力窮索深研，因此有關此類的著作，便如雨後春筍相繼問世，琳瑯滿目，美不勝收，在短短的三十年中便已鋒芒畢露，人類追求眞理的渴望，無時不在滋長着，人類進步的源泉動力卽蘊寓於此，而這股學術運動更將爲我們舖成坦然大道，帶來璀璨的希望之光輝。但此新興的科學目前仍受到反勢力的襲擊，往往新學術思想的建立在

層層挫折阻撓之下，雖困窘而不變移，雖顛沛而不躓踣，才能更顯出超絕獨逸，出類拔萃的優點，邏輯經驗雖擁有此類優點，但是用以推翻傳統形而上學的理論，似乎有待充實，因爲這個新興的科學所揭露的所謂解析哲學 (Analytic Philosophy)，雖有極堅強的魄力，但在倫理道德或價值領域方面，卻還沒有具體的貢獻，解析哲學還停留在發掘金玉的階段，對於附置一隅的問題也正在作着辛勤耕耘，以其穩固的磐基，旺盛的學風，內容日益充沛精確，體系亦日趨完整無缺，因此它的波濤洶湧的來勢，所以使一切敵視的眼光頓覺顫慄不安，則是無可諱言，顯而易見的。

二、語意學奠基的動力

解析哲學的旨趣是在致力於建立語言的意義標準，以此意義標準作出發點，以便對於向來的哲學重作一解析的批評以及嚴密的釐清工作。他們注重邏輯解析的技術，並以哲學當作邏輯解析。無論研究科學或哲學，在其各項論旨中若不能建立一套完善而恰切的辯析方法，則一堆沒有生命的文字，絕不能當作研究學問的工具，這些文字的意義其實質究指何物尚分辨不清，則人類因此而生的迷惘與困惑，將永無獲得消除的一天。因此，建立一套邏輯的語言，使各種語言文辭在意義上有一水落石出的面廓，令人明其所指，悟其所言，不必隱諱，不生曲解，語句的逼眞，明快凌厲，如見其人，如聞其聲，確是迫不容緩的一件事。否則，此類語意上的水乳混融，只有日陷哲學於困境，哲學在研究眞理的道路上，有關涉及一切宇宙與人生的事實、意義、價值，都是攝取的廣大對象，故重視完整無缺地融滙這些以建立莊美宏偉的眞理之智慧殿堂，才是我們研究哲學的遠大目標。但是，

自古至今又有那些人眞正接近過眞理？這個工作確實艱巨無比，重重
困難險境都等待着我們去破障，綜觀歷史上各類混雜的主義或學說，
有如萬花筒內之奇觀，舊的尚未凋謝，新的又接踵而至，標新立異，
爭妍奪艷，這雖可以婉轉解釋成「文化上的大進步」，但在哲學界卻
攪成一混亂的局面，總是在霧中捉迷藏，有時枉費一生精力，仍然不
能一窺精要之處，尤其在語意上的混淆，使得對立的學派各持一己之
見，連緜數千年仍各不相讓，爭論不休，概言之，其弊之由來，皆
導因於使用語言工具之不愼所致，慌亂團轉於文字魔術（Magic of
Words）圈中，載浮載沉，形成許多不必要的問題，詭譎莫測，變幻
不已，因此現代哲學的一大特點便是特別重視語義的探討，語意學
（Semantics）亦應運而生，今天語意學已經不再是邏輯經驗者的專利
品而是一門獨立學問，不懂語意學而去談哲學正如不懂高等數學而去
談物理學一樣愚昧，的確，語意學正因此負起了重大的使命，在科學
與哲學上從事撥雲見日，驅除迷霧的工作，這便是語意學的偉大貢
獻，今天探討語言符號之意義的學者，正努力朝着這個遠大目標邁
進。

三、語意學輪廓底探討

　　人類開始活動於世之際，語言便成了左右人類生活和思想的主
宰，語言工具是人類不能片刻脫離的，但是這種自然語言只能適用於
一般性的傳達意見，而且在這種場合語言，還保持了不可抹殺的效
用，至於探討較爲深刻嚴肅的學問，尤其是科學與哲學，必須重新
規劃創立一套新的語言系統，以規避語意上由混淆而起的一切弊病，
消除語意中夾帶的一切幻覺浮影，這種想法早在二千多年前的斯多亞

(Stoics) 學派便已發生，而「語意學」一詞亦首次出現於此時，但是他
們所謂的語意學，所探討的範圍卻相當有限，僅僅是一種研究字義改
變的歷史學問，或是語言學的總稱的一個別名，並沒有指謂出語義上
真正的功能或名實之間相關的問題，所以還不能稱爲一種有關語意方
面的嚴格科學。自從奧登和理查(C. K. Ogden and I. A. Richards)
的先驅之作《 意義之意義 》 (*Meaning of Meaning*) 問世之後，喚
醒了人們對語意學的自覺， 這本由兩人合著之名作， 是以文學的觀
點，綜合了亞理斯多德、狄奧尼西斯 (Dionysius) 對語言所作之文法
研究，唯名論學者對語言所作的形而上學之研究，吐克(H. Tooke)、
繆勒 (M. Mueller) 對語言起源所作之研究，洛克 (Locke)、斯陶特
(Stout) 對語言所作的心理學的研究，萊布尼兹、羅素對語言所作的
邏輯的研究，斯坦因荷爾 (Steinhal)、馮德 (Wundt) 對語言所作的
社會學研究， 以及巴爾德文 (Baldwin)、胡塞爾 (Husserl) 對語言
所作術語學的研究，而對語言作內部詳盡的考察，因爲此書的創導，
開闢了新的學術天地，古老的問題也蒙上新的色彩，對語意學的考察
也正式進入哲學的領域。哲學是一種思辯性的學問，需要嚴格的語意
學的訓練，否則不容易辯析出諸如感情因素， 價值判斷等認知活動以
外的意含 (Extra-cognitive connotation)，而妨礙到實際的認知活
動，因此自然語言必須經過語意學的澄清作用，尤其是哲學方面的論
旨，能夠獲得證明的機會遠較經驗科學爲少。語意學因爲具有異常的
秉賦，因此多數學人便極力從排除名實之間的混淆，進而釐清過去傳
統形而上學晦暗的陰影，以爲以往的哲學都是一個玄想的哲學系統，
在「內在的觀察」上語意與名實之間未有截然的分辨。從純粹語意學
的觀點來看，名實之間並無絕對一對一的相應關係，亞理斯多德那種
本質主義的定義觀，以爲定義就是定義對象之自身的看法，在今日已

不被重視，因為名實之間只有「約定俗成」（Convention）的關係，沒有傳統形上學家所言那種一一對應和實質的關係，名的意義是經由吾人約定之後才獲得，我們也只能以一個名去稱謂一個實，孤立的名本身並無意義，也不是實質的存在，更不能憑空以文字魔術變出另外一個實在的世界來，因此，搬弄文字解決不了任何實際的問題，文字並不神聖，文字是充滿陷阱的，奧登與理查甚至把文字比喻成甲殼動物的硬殼，污穢垢物，盡藏其間，足以阻礙人類理智的活動，使人們沉溺於漩渦之中，永遠沉淪於文字陷阱，這便是語意上應抱有的自覺，正如菲格（Feigl）所言：「討論哲學問題必須先解決意義的問題」。派普（A. Pap）等人甚至主張哲學只是研究有關意義區分的問題而已！

　　但是，語意學者究有多少信心，認為語意分析的偉大成就就決不是以往各學派對自身理論的一種誇言，語意學本身是否能證實自身的建構並不是另外一套語言魔術？語意學的問題如何成為問題？此類問題發展下去可以相繼導致更為嚴肅而繁雜的境地，因此，語意學在此處，仍然須要求助於數理邏輯及符號邏輯的語言去開釋啟廸。

　　誠如上面所說名實之間必須經過一重間接的關係，因此才發生毛病，因名實之關係是人為的約定俗成之手續之後才可能有關聯，因此，語意學要像邏輯一樣設置一些原理原則，以防一切弊病的蔓延，但是如何建構一適當精確之語意學系統？卡納普（Rudolf Carnap）在此途徑上從事語構學（Syntax）的探討。蘭笳（S. K. Langer）則提出「推論的形式」（Discursive Forms），此推論意味由思想翻譯為符號表示時，須經一曲折的翻譯歷程，透過極複雜之抽象思想方能得到此種結果。如寫一「玫瑰」或英文「Rose」以代表實際上的玫瑰時，我們並不能由此語言符號直接發現任何形似玫瑰的因素，又說

「我今天不想去」時更可以看出沒有形似關係的存在，若把前句改成「我不今想天去」，這個不依語構規則（Syntactical rules）造成的句子，顯然可以看出語意問題與語構問題，有密切的關係，卡納普要從語構學的規約出發而建構一個語意學系統其理在此。但是蘭笈不以為然，她提出「表現的形式」（Presentational Forms）加以說明，在此蘭笈把語意學和卡西勒所說的符號象徵（Symbolism）相混在一起。最重要的，語意學本身是一種類似邏輯的形式科學，應該嚴守價值和事實判斷的中立性，要追問我們表達思想時所作用的符號是否合乎一般約定俗成，不能有語意轉移（Meaning Shift）以及混同的情形，引起傳達上的誤解，但語意學可以不過問「眞實眞理的設準」（Criteria of factual truth）和判斷的問題，假如說：「他今天丟了東西」，則語意學並沒有當警察去負責認查事實的義務，而主要是在釐清語意上陰影，避免嚴重後果的產生，如此語言文字的運用必須要有「指」與「所指」等關係的截然分明以及純眞精確的意含，在自然語言中最能看得出常有暗中的射影，使得誤解叢生，在此不妨舉一有趣的例子：

某老心地善良，待人誠懇，喜好交友，但因口才笨拙，經常得罪於人，活至老成僅得八位知己。某日大設筵席，邀友喜慶，至約定時間僅六位到席，候仍未見齊，此老稍覺不耐，無意中脫口而說：「該來的不來！」不幸此語被六友中之二位察覺，心想自己可能不受歡迎，乃相商而去，此老心慌，圖挽回失言之過，又說：「該留的不留！」另有二友聽到，以爲「不該留者」必指自己，二人又去，此老更慌，忙說：「該走的不走！」，然窘境一發不可收拾，此語一出，僅餘二友之一亦悻悻然離去，此老乃大嘆：「我又不是講他們」，最後一友乍聽，亦不悅而去，筵席終告不成，僅餘此老之長歔短嘆！

　　此雖是一個笑談，但人類自古至今都陷在語意混淆的泥沼中，無以自拔，因此要適度地運用語言，必先致力於語意上的自覺，從事嚴肅的學問尤不能忽略於此。

四、語意學與邏輯

　　洛克曾經在語言符號上作過相當的研究，總稱之曰「記號學」(Semiotic)。記號學有三個研究的方向即語構學，語意學和語用學 (Pragmatics)。在此，語意學是研究記號所涉有關一切事物之關係和性質，例如「指謂關係」，「為眞關係」(the relation being true of)，「為眞」，「為有效」(being valid) 等等，如果對這些沒有清楚地把握意含，則對語意更難釐清，談哲學必趨茫然之境。近年來語意方面研究以塔斯基 (A. Tarski) 的大作《眞理的語意概念》(*The Semantic Conception of Truth*) 最為值得注意，他的目標是要找出實質上適當形式上正確無謬的眞理界說，他認為只有在一個構造精確的語言中才能有意義精確的物理界說，因此他藉着建構的語言 (Constructed Language) 以研討界說問題，假如採取他的辦法，則自然語言的效用勢必減少到最低限度，而自然語言所蘊藏的一切本能意象和反射習慣都要遭受刼運，因此形上學家最深惡痛絕於此，因為這樣一來，形上學便無地藏身了。另一位語意學家尼斯 (Arne Naess) 欲以一組概念製定有關同義、異義等語意學中心意念的適當理論，並使完善地獲得其間精確的關係及意涵之確定，他的研究法有二獨特之處；一是採取最徹底的經驗主義的方法，二是不採取哲學式的論辯，而採取問答法來研究此問題，是一種「語意學中的揭露法」。尼斯認為他的方法是從現代哲學解析趨勢中衍生出來的一種科學的發展。卡納普

在《經驗論，語意學，與本體論（或稱元學）》(*Empiricism, Semantics, and Ontology*) 以及瑰英（Quine）在《論有》(*On What there is*) 二書中語意學已經開始研究到本體論的問題，這是自古以來就已困惑着人類的問題，爲了要解決許多抽象的有元(Outological entities)是否存在的問題，羅素的摹述論 (Theory of de'inite description) 確立的目標也在針對此問題，一般有描寫性質的摹述詞如「月裏嫦娥」等，羅素把它看成不全符號 (incomplete symbols)，離開語句襯托就沒有意義可言，但經常有助於完成其他語句的意義，含摹述詞的任何語句都可以翻譯成不含摹述詞的語句，此種語句中包含了一些與邏輯的閉束變數 (bound variables) 相等的運作項，如「每個」，「有些」等等。依瑰英說來，一切名詞都可消除，閉束變數則成爲語言中指涉語言以外的事物之被保留的最後通路，名構不必然涵蘊着存在。語意學在擴展的枝樹上，確有其逐漸繁榮的氣象，而羅素在這方面使用「數學之邏輯化」的論理法 (axiomatic method)，以類型論 (Theory of types) 解決詭論 (Paradoxes) 的問題，以及命辭的特殊分類和抽離原則 (principle of abstraction) 等都是劃時代的建樹。

　　眞正的語意研究是從邏輯解析中推衍而出的一門學科，因此在追求宇宙人生的眞理上，邏輯與語意學是建在息息相關的基礎上的得力學問。人類若寧願生活在幻想世界，終日陶醉於淳美的境界，則必有相當超逸綺麗的情趣，但是我們要面對眞實世界的實際問題時，則只有循依邏輯的規律才能獲得精確的思想，培養出所謂「眞知灼見」，而且凡稍具有理智的人都不願有意規避此種屬於另外一個系統的眞正的「高級享受」。嚴肅的爲學態度往往是一條追求眞理的坦途，應用到哲學上，邏輯正是這種嚴肅態度的化身，有關一切論旨的眞僞都有

待邏輯嚴格的批判，一切哲學命辭的虛實亦由語言的邏輯去衡裁。維根斯坦 (Wittgenstein) 在他的《邏輯哲理論》(*Tractatus Logico-Philo-sophicus*) 內說：「關於哲學方面最大多數的命辭和問題，並非錯誤，而是沒有意義所以這類問題，我們簡直不能有所解答，而只能說它們是無意義的。哲學家們所提出的最大多數的問題和命辭，係由我們不明瞭我們所用的語言之邏輯而產生的（例如善是否等於美）。所以，在哲學上看起來最深奧的問題，一究實並不成其為問題，這是不足為奇的。」，所以他要主張「哲學不是學說，而只是語言的批判」。(Philosophy is not a theory but a critic of language)。

五、結　　論

　　對語意學的問題思索過之後，可知語意學與邏輯一樣只過問表意形式上的對錯問題，對於事實內容的判斷真假只能守着中立性，不涉及事實真理的是非，但可運用來發現哲學陳述中是否違反語意規律，若因語意不明而引起思想混攪，語意學的工具便可像判官一樣予以破斥。因此，嚴格地說，語意學用於哲學時只是研討哲學問題時中立性的形式科學工具，它本身並不表現任何哲學立場，因為意義問題並不就是哲學問題的全部，但語意學家之主張在弄清意義之後再談真假問題，以此轉移哲學的中心問題，維根斯坦及派普等人所言即此。同樣理由我們在辨明意義之前，是否應先辨明文法的對錯，才不會構成理論上的躐等。另一方面，語意學的純形式推理雖然可以維持百分之百的精確度，它的應用卻是另一回事，是否在工具的運用上，尤其運用到哲學問題上時絕不會產生另一種的誤謬？而且邏輯經驗論者及語意學家目前最大的缺憾就是對一切價值判斷均附置一隅，存而不論。也

許在今天無論以那一種觀點互相菲薄對方都有過早之嫌，因爲語意學是一門新興的學問，邏輯經驗論的確立也不過爲時三十載，內部的學說還在從嫩綠中逐漸向茁壯茂盛，未來是不可預卜的，也許繼續發展下去的結果，會帶來更明朗化的面目，只是常聽人所說的「狂熱、糊塗的科學迷或科學宣傳家，只能有害於眞正科學的建設」，不僅科學如此，一切學問皆然，時代精神或風尙不是一種學問奠定的必須條件，不過，最近的二十餘年間，解析哲學的創導，無論在科學或是哲學方面都有相當驚人成效則是無可諱言的！

邏輯實證論的發展及其批判

> 邏輯實證論已像一種新的宗教信條一般被狂熱接受。
>
> ——佐德 C. E. M. Joad——

一、邏輯實證論的發展

實證論對西方哲學界的影響，曾前後出現兩次，首次是由法國思想家孔德（Auguste Comte 1798-1857）所領導，他堅信當時自己已創建了人類思潮的革新。他以爲從不同背景發展而來的歷史，終於邁進科學和實證的階段，自此人類方擁有充實的智慧，去拒斥一切超越經驗的思辯，並局限自身於可觀察、可衡量、可檢證（Verifiable）的範圍之內。因之，在人類的成熟階段，他們竟遠避宗教與形上學，以爲從事這類工作純係徒耗力量，缺乏價值；我們對於世間一切不必加以解釋，祇需報導描述已足。

當代實證論採取了與孔德及其門派人士某些相同的術辭用語，但更積極地嘗試哲學的革新。他們和十九世紀實證論一樣，重視科學，強調經驗，排斥形上學，但他們結論的基礎不盡相同。當代的實證論，開始於約翰·荷普金（Johns Hopkins）大學的派爾斯（Peirce），

他在他的輝煌的前鋒著作《意義的意義》（*Meaning of Meaning*）一書中，導開了新的局面。他發現了現成的聽者，他的生徒名叫威廉·詹姆士（William James）。派爾斯最重要的作品是《如何使我們的觀念清晰》（*How to Make Our Ideas Clear*）❶，再經十九、二十世紀間維也納學派與以形式邏輯之助而更形特出，從羅素（B. Russell）和懷德海（Whitehead）合著的《數學原理》（*Principia Mathematica*）以及維根斯坦（Wittgenstein）的《邏輯語錄》（*Tractatus Logico-Philosophicus*）又獲得更堅固的基礎。所有實證論的努力無非貫注在局限哲學研究的範圍，避免無謂的探討。我們卻必須指出：雖然懷德海教授曾為此運動創造過工具，但決不能以為他是實證論者❷。

在研究關於有效與無效的問題時，引生了極多語言的討論，因此當代實證論同樣致力於研究語意學（Semantics）的問題，在此局勢之下，形成一種崇拜，以實證論為嚴格的正統思想，屬於基礎根源的學術圈。語意學的教會雖無人設立，但喬治·伊里奧（George Eliot）和孔德的後繼者卻在倫敦建造了實證論的教會，他們雖不明顯地訴諸信仰，但他們崇拜的目標，為就旁觀者而言，則是清晰可見，無可隱諱的。

今天具有權威的邏輯實證論者是英國的愛爾（A. J. Ayer）、美國的菲格爾（Herbert Feigl），以及其他維也納學派的繼承者。愛爾教授之獲得聲名成為發言人，其部分原因是因他酷似他的哲學先驅們，犯了相同的錯誤偏見。從柏拉圖，阿圭那（Aguinas）到懷德海等哲人

---

❶　一八七八年於《大象科學月刊》（*Popular Science Monthly*）初版。

❷　參考《觀念的探討》（*Adventures of Ideas*）頁一四七～一五一。懷德海之批評「當代實證論者是強烈而直截的。在預定的界限內，他們貫通了思想和觀察，根據不充足的形上學假定通，作了武斷的主張。」

心中的問題，被當作過敏者無謂的思索，同時也被輕易地揚棄殆盡。愛爾主要著作中的開始宣判是：「傳統哲學家的爭辯，絕大部分都缺乏證據，亦毫無結果」❸。

　　他們堅信根據邏輯經驗論新理論的分析，困擾人類幾世紀的難題，將獲得全盤解決，他們又以爲理性論者和經驗論者的互相駁難，至今已獲圓滿處置。這種主張，顯然和當年馬克斯主義 (Marxism) 宣稱已解決了不少歷來的爭辯一樣，實證論與馬克斯主義共享了偏見和獨斷。

　　當代邏輯實證論滲合了以往的經驗論與現代形式邏輯。經驗論蓄意局限所有知識於感覺經驗之內：除去表示個別事實的句子以外，還有其他的必要句子 (Necessary propositions)，但若加分析，這些或者是同義語，或者是些習慣的俗套。譬如當我們說藍色是一色彩，並未說出一件事實，不過是將蘊含於主詞的重複述及而已。很多句子不過是些定義，而所有的定義均是語言上的隨意約定。

　　我們欲知一句陳述是否具有意義，則須訴諸是否能夠檢證 (Verified) 而定，唯一能夠檢證的辭句皆爲感覺經驗的，「科羅拉多 (Colorado) 有黃金」的命題具有意義，能確實分辨眞假，因爲可逕往科羅拉多去尋覓發現，並知能否將所得金屬置於器皿加以秤量，甚至遷移這句陳述到月球，亦同樣具有意義，因爲我們可去檢證，假使我們能在月球上的話。

　　實證論者又說，過去絕大部分的討論全屬枉費時光，因對方所持論點都是無意義的。根據邏輯實證論，追問神創造世界的目的，完全

---

❸　此書初版於一九三六年，十年後再版附了新的序論，雖然愛爾較其他當代實證論者出名。但他仍無法與馬克斯或佛洛伊得在其他運動中的地位相比較。

同於空幻的聲響。因着我們的有限，我們不知而且不能得知神的意旨。並且這類命題，因為無法試驗之故，它們是全然無意義的。假如此命題為真，有什麼特點可讓人觀察？意義根本應當產生作用。若兩個顯然衝突的命題，都沒有任何能使人類產生不同經驗的作用，則此想像中之抵觸純屬虛假❹。這類命題比誤謬更壞，它們全然是胡扯。

如此，他們顯然嘗試着哲學思潮的革新，人類歷史中大部分思想家的研究，被簡略地剖解為論證不能成立。有關神、絕對者、心靈、善與惡、公義、必需、自由以及超出經驗範圍的辭句，如今已是無意義的，因其無法以感官經驗證實。自由在廻旋的曲線表中顯不出特徵，神不能在實驗室發現，至於美善以經驗方法亦無法窺其堂奧。歷史上，哲學乃是人類生活和命運之真理問題的重要研究，邏輯實證論若蔓延得勢，則這類均將與過去所謂地球為平面和有關燃素（Phlog-iston）的舊學說一樣，成為落伍的。如此，哲學的效用和方法將被局限於文法範圍之內。「它提出使命題有意義之條件，列舉思考時所習用的武斷性的定義，再透過新的技術，使人知道這個定義究竟有什麼意義」❺。

當代實證論者致力於挽救無益的討論，當然值得稱讚。爭辯缺乏有效證據的事物，是毫無價值的。如占星術（Astrology）這類臆說的科學，我們明知其誤。就旁觀者所見，占星術並無任何明顯根據，因此，對於此類言辭所指，無須置予可否，其本身或有一貫系統，但它未能參照事物，加以修正。因此它是愚蠢的努力，徒費光陰而已。

---

❹ 參考柏西・比利治曼（Percy Bridgman）著《現代物理的邏輯》（*The logic of Modern Physics*）關於意義之運作理論之全部討論。

❺ 布蘭莎德（Brand Blanshard）著《思維之本性》（*The Nature of Thought*）。紐約，Macmillan, 1940, 第二卷，頁四〇三。

　　但今天絕大多數實證論者的努力，不願停在對社會有益的貢獻上，顯然以嘗試劃除所有道德判斷為目標，當我說奴隸制度是錯誤的，我的命題如何才根本具有意義？錯誤並不與重量、尺度、聲響、味覺、視覺、觸覺或嗅覺等等有什麼關係，其中有什麼作用可見？我可以想像去作一個現代奴隸制度的實驗，如蘇俄在西伯利亞的集中營一般，但它並不能產生可由感覺經驗觀察的任何「錯誤」。我們可能眼見肩背傷裂，身軀憔悴，但觀察了這些並沒有觀察了其中的錯誤。因此，當我說奴隸制度是錯誤的，正如實證論者所指，我根本未嘗陳述事實的命題，我未嘗陳述有關世界的事實，只是內心情感的表露而已。所謂表明其錯誤，就像面對令人嫌惡的食物，表明內心的厭惡之感而已。

> 「一個人通常在下道德判斷時，有關涉及倫理的字眼，其作用純屬『情緒的』（Emotive），只習用於表明對某對象的感覺，絕無確實的斷案。」❻

　　此論點是由於主張道德命題根本不是命題而成。陳述並非全是命題，所謂命題是能夠成為真或假的肯定與否定。譬如「拿麵包來」這個辭句，既不能肯定亦不能否定，同樣地「上帝存在」、「上帝愛」、「人是不死的」等等全非真命題，只是虛擬的命題（Pseudo proposition）。我們無須多費心思便知這種哲學（假設它鞏固的話）將否定全部神學。在實證論者眼中，神學酷似占星術，信仰雖一度使它苟延殘喘，但終於無法再使第一流智者感到興趣。

---

❻　愛爾（A. J. Ayer）著《語言，真理與邏輯》（*Language, Truth and Logic*）再版，頁一〇八。

持這種主張的人不在少數。我們無須引用許多作者加以說明，例如我們可以閱讀劍橋特林尼提 (Trinity) 學院約翰威斯頓 (John Wisdom) 的較為溫和的著作《諸神》(*Gods*) ❼。在結束前，我們要被維根斯坦的格言所提醒：「關於一個人不能說的，他必須保持緘默」，並希望這位先生的奉勸已被遵行。但我們在艾爾的重要發表中獲得了針對宗教知識的爭論方式，至少可說這位作者頗不乏自信，在這個關點上，試看下列的宣稱：「提到神，倒使我們引出了神學知識可能性的問題，我們在評論形上學時，看到這種可能性早已被劃除了」❽。

艾爾以為「有關神的屬性之言辭全是無法感覺的」，這句話並不因此就支持了無神論 (Atheism) 或不可知論 (Agnosticism)。有意義的命題 (Significant proposition) 只能有意義地加以反駁❾，但何以神學的命題是無稽之談？只因這類命題無法由感官經驗加以檢證。

宗教經驗或許被認為是發揚自一位自稱為經驗論者，其實不然。事實上，數以百萬有思想的人們互相傳誦的天主的經驗，遭遇科學知識的考驗之後，他們種種崇高的願望，因下列寥寥數言，完全被迫放棄了，這些文字寫着：

「因此，我們結論，所有關於宗教經驗的論證，全是虛偽的堆砌，人類具有宗教經驗之事實，是因基於心理學上的觀點，令人感到興趣而已，但斷不能因此就採信於宗教知識的存在，也不能因具有倫

---

❼　《邏輯與語言》(*Logic and Language*), 1st. series, Basil Blackwell 牛津大學發行，一九五二, Essay X.
❽　愛爾參考的再版本，頁一一四。
❾　同前書，頁一一五。

理經驗而意味到倫理知識的存在，有神論者（Theist）像倫理學家一樣，可能堅信他的經驗爲可認知的經驗，但，除非他能將他的『知識』化爲可用感官經驗檢證的命題，否則，我們可以說穿，他只不過在欺騙自己。」[10]

二、實證論的自相矛盾

正像實證論者猛烈甚而自負的筆伐，同樣也帶來不少細心有力的批評，其中之佼佼者是耶魯大學的布蘭莎德（Brand Blanshard）教授，在他主要的著作《思維之性質》（*The Nature of Thought*）以及隨後刊登在學術雜誌上的論述中，他接受實證論者的挑戰，替實證論作了縝密的邏輯分析。自從實證論者主張要廣泛地憑藉邏輯推論，這位訓練有素的邏輯家，便在此原則上接受挑戰，但他卻不再孤獨了，此時相繼出現極多輝煌的批評，其中莫利斯・懷玆（Morris Weitz）是出類拔萃者之一，他曾寫《哲學和語言的弊病》一書（*Philosophy and the Abuse of Language*）[11]。

或許佐德所作的評論最爲徹底不過，他借用實證論者的利器，作了堅實有力的反擊，他指出他們的偏激固執和獨斷主義，並繼續詳細列舉實證論者不幸正陷入他們自己竭力指斥的無稽之談[12]。

對付邏輯實證論的主要方法，並不在爲道德或宗教抗辯，而是以

---

[10]　同前書，頁一一九～一二〇。

[11]　見《哲學報》（*Journal of Philosophy*），vol. 44. No. 20，一九四七年九月二十五日出版。

[12]　佐德著《邏輯實證論之批判》（*A Gritique of Logical Positivism*），一九五〇年芝加哥大學發行。

批判的眼光，審察攻擊者本身的論點，雖然邏輯實證論者的語調聲聲逼人，但其本身更是弱點斑斑，我們發現確是如此。實證論在出發點上最為脆弱，因為他們堅認所謂有意義的命題之界限，只限於某特殊一類的緣故，他們最基本的命題是「除非能以感官經驗求得檢證，否則所有陳述事物的辭句都是無意義的」。現在有了重要問題：實證論者如何獲得此命題之真理性和可信性？根據其理論，只有兩種形式的陳述具有意義：(1)全然是邏輯性的陳述，(2)記載感官經驗的陳述。但此二者之中那一個又是他們的根本前題？當然它不是康德學派或其他意味的分析命題（Analytic proposition），我們也同樣確知它根本不可能在感官經驗中去發覺。那種感官可能供給這種普遍性（Universal）？它看來只不過是興趣問題而已，如此我們對此無須過份注意。它可能是純粹的獨斷，他們自己獨斷，反要說人家獨斷？面對實證論者的挑戰，威爾·哈柏（Will Herberg）可謂是難能可貴的一個，他在下列簡明的語句中，充分表現了一針見血的效力：

> 「它的命題根據是，除了邏輯律則以外，只有科學的陳述，事實的陳述才有意義。這種命題只是無緣無故的假定，盲目肯定的『信條』，而且將返身破壞它自己，甚至除了所謂無稽之談以外，實際連帶一切人類思想，包括所有邏輯和經驗科學的努力，全都一掃而光，最後它便返身破壞它自己。實證論的基本理論根據，本身既非邏輯律則，亦非任何經驗科學的結論，因此以其自身的標準衡量之，它才是真正的無稽之談。」⓭

當實證論被詰難何以在人類研究工作上，隨意武斷地加以局限，

⓭　《猶太主義和現代人》(*Judaism and Modern Man*)，頁九〇。

他們所有能回答的，只是他們寧探這條路作出發；這一論點再受逼難時，實證論者則說，關於實在，他們未作獨斷的陳述，不過賦予定義而已。在此情況下，隨方法之革新而產生的預想效果，全部消失殆盡了。一個人無法以自造的定義，殲滅整個人類經驗的範圍。實際上，實證論者只表現了一種可憐的對科學的迷信 (Scientism)——這種迷信是馬克斯主義、佛洛依得主義 (Freudianism) 和邏輯實證論的共同信仰。這羣人僅僅為一種特殊方法的成功，便得意忘形，不管任何其他論點，冒然決定通往眞理之路，除開自然科學以外，其餘均須一概唾棄。

這對科學的迷信其實最不忠於科學，因為面對大自然及其最高的奧秘時，科學是極為謙恭的。科學提出問題和接受所有的證據，無須預先斟酌情境狀況，因此，主張除了經驗科學方法之外，別無他法得知客觀實在，這種說法顯然已深懷偏見，因此它是反科學的。

邏輯經驗論最大的缺點，在於其本身並不是眞正經驗的，因經驗主義內涵謙虛而寬懷，不是隨意武斷的，其部分原因是今天實證論者希望單純的被稱為經驗論者，但他們不能僭用這種名銜而不預先考慮困難。他們不是經驗論，也只是單純地因為他們抹殺了所有經驗的範圍，特別是倫理的、純知的和宗教的。全部實證論者提出的論點，僅為一般經驗論的論點，非其自身派別的特殊方法路線。實證論企圖僭稱經驗論並沒有成功，如果讀者眞有批判精神，世間有着種種不經我們稱之為生理感覺而來的經驗，展開在生命之中。我們與實在之間的接觸未必如此缺乏，致使唯一具體交往憑藉於實驗室物理科學的方法。每個人所經驗的，只是所有經驗的一部分，而全部經驗並非全然可以感官感覺的，佐德教授藉常識方法之助，為我們貢獻極大：

「我能夠心算，在我頭腦中無須鉛筆、圖解、紙張或黑板之助，仍可計算總數，就是說：不須靠感官經驗。在記憶中的一列數字，我可以諳算的加起來，以其總數輾轉推算，若懷疑是否錯誤，則可重新估計校正。我能在心的領域之內將這些全部完成，其中過程毫無疑議的，是被我經驗過了，對它，我能夠反省、記憶、並厭惡之，但它們不是感覺的。」[14]

實證論者說自己局限於科學事實，但是他們的主張實已超越了這範圍。了解此點極為重要，下面是出自法蘭克 (Erich Frank) 筆下的批判觀點：

「與其說純粹邏輯論證指導着形上學家的論題，不如說是形上學家有一個先入為主的信念，這點實證論者所說是對的。但是實證論者亦正是如此，因為不能僅在論證上致力於邏輯推論，另一方面卻提出種種遠超科學事實的理論。當然這是一種無可理喻的信仰，這種奇特的信仰，使實證論者祈承但可知覺的世界和自然生命的存在，這對實證論者說來，就是他們斷然決心投下賭注的唯一最後真理。」[15]

實證論的自相矛盾，由布蘭莎德教授提出稍有不同的看法，他說：「令人無法相信，關於人為習慣 (Convention) 之形式的理論，

---

[14]　佐德，參照頁五二～五三。

[15]　伊利克·法朗克 (Erich Frank)《哲學之理解及宗教真理》(*Philosophical Understanding and Religious Truth*) 牛津大學發行，一九四五年，頁三九。

在它的擁護者心目中恰是另一種人爲的習慣」❶。但在分析邏輯關係時，布教授卻極爲敏銳深刻：

「『全部必然命題 (Necessary proposition) 均是人爲的習慣』這命題本身又是什麼？它是基於經驗的呢還是異辭同義的句子？若是前者，那末至少有一種必然性的命題就不是異辭同義了。這樣，上述的概括陳述是不合法的，若是後者，則此理論又重陷自相矛盾，因旣已主張必然命題不涉及事實，卻又做了一個關於命題的必然命題。因爲一命題常被解釋爲『一組語句』(a class of sentences)，語句又是事實；卽如此『全部必然命題均是人爲的習慣』這句話還是一個有關於事實的必要命題。」❷

依照這種分析，我們可得結論邏輯實證論要傷害宗教是失敗了，他們的努力，反傷及自身。他們以合理研究，企圖劃地自限時，不正當地採用了自然科學，像一種新的「正統」傳統一樣。但這意味着他們對其他「正統」的批評的不合時宜，對宗派主義 (Sectarianism) 的批評，產生自那些自造宗派的人當然是一樁怪事。

三、實證論的劃地自限

邏輯實證論由內在的自相矛盾構成最大弱點，同時它顯示了一種人類思想的貧乏。它可以描繪成理智極度貧乏的狀態，是其本身自矛盾而生的貧乏，並不是由其他各派哲學家逼難而形成的。由於實證論

---

❶　參照頁四一七。
❷　參照頁四一六～四一七。

者的劃地自限，我們似乎有了一種放棄整個生命的現代苦修主義，將討論限制於唯一的題目。

湯普遜 (Samuel M. Thompson) 教授在這宗教哲學的詮釋上，成就了細心的工作，有神論像其他任何論點一樣，可能遭遇到困難，但至少領會了奧秘，而且明智地加以處理，但實證論者「沒有洞察此奧秘，因為他們不領會它，甚至不能思考人類思想和經驗中的最大主題。生和死、神和宇宙、善與惡等論題是崇高的藝術文學主題，是人類所以流血死亡的動機」。對命運的奧妙，實證論者一再強加苛責，他們「不能想像這類事情，人生最為高潮頂峯之急務，反而被他們再三提醒着，僅僅只須加以揚棄」⑬。

這種智慧貧乏中最大詭論之一是，一貫的實證論無法妥善處理過去與未來，被困陷於徒有其表的現在。以徹底的感覺經驗而論，我們何以得知凱撒 (Caesar) 曾在高魯 (Gaul) 作過戰？當然，我們不能獲得凱撒在高魯作戰的感覺記錄，那是永遠過去的事實。如此，歷史科學如何可能？當然我們現在可以檢視石塊或紙張的遺跡，但這是現在的感覺，決不是過去的，我們無法從這類事實獲得任何結論，除非採用了某種假定，而這種假定卻是實證論者所鄙視的。至於有關未來的命題，方法學上的困難更是重重可見，因此，我們不驚奇於倫敦泰晤士報文藝副刊 (Times Literary Supplement)，有高度知覺的社論撰寫人寫着：

「卽使對外行而言，至少亦知任何科學家在敍述過去或未來不能以觀察作檢證的陳述時，因果律必然要加入這個範疇中，假如一

---

⑬ 山姆爾‧M‧湯普遜 (Samuel M. Thompson) 著《宗教之現代哲學》(*A Modern Philosophy of Religion*)，頁五二九。

科學家主張因果律的一般原理只是一種假說，則他將不被信服。」
⑲

　　有關人類末日的可能性或人類絕跡後地球仍在自轉的未來觀象，
邏輯實證論者對於這些能說什麼？所謂地球沒有人類仍能延續的這種
觀念，實證論者被迫去拒認其為有意義的陳述，因為它無法以感官加
以經驗，如此可說，導致此類荒謬的學說，實由其本身之荒謬。

　　此外，內容的顯著局限是他們不僅排斥其他時間，而且包括了其
他意識，以一貫實證論者引以為榮的科學證據而言，憑藉那一種科學
證據我能忖度意會他人之心？所謂心靈當然不能在試管中觀察到，如
此嚴重的貧乏，被擅於分析的布蘭莎德一眼洞穿。他說：「所有關於
他人意識的述詞都是無意義的，因為我們沒有一種感官去證明它的存
在，我們所做得到的只能觀察他們的肉體行為，因此當我們談及他們
的經驗，即意指他們的行為，因此除了他自己，就每一個體而言，實
證論者是行為主義者（Behaviorist）。」⑳

　　為科學主義過份迷信於科學所蒙蔽而產生的嚴重局限，是在處理
現象與實在時，以為只有「現象」才能被注意，由於此界說，本體論
的討論均須揚棄，這個固然無妨加以嘗試，但這種嘗試能否成功是個
問題，田立克（Tillich）教授提出了下列問題：

　　「此問題是，以邏輯實證論未殲滅所有傳統的哲學，是否就能成

---

⑲　見〈相對性〉（Relativity）一文，倫敦泰晤士報文藝副刊，一九五一年
　　三月二日，頁一三三。
⑳　布蘭莎德參照第二卷，頁四一八。須注意愛爾曾感受此類批評之重壓，
　　曾在其校訂《語言、真理和邏輯》一書之序論中採用「有關他人經驗的
　　命題之一種行為主義者的說明」參考頁二〇。

功地脫離本體論。這種態度給人的第一個感覺是要使哲學無用武之地，未免代價過高。但若離開這個想法，不妨建議下列論點，局限哲學於科學的邏輯之內，假如只是興趣所在，實無須視為嚴重，假如它根據人類知識界限的分析上，則它亦如每種知識論，亦須根據本體論的假說。這裏至少有一個問題待邏輯實證論或語意哲學下個決斷。符號、記號或邏輯的運作對於實在有何關係？對此問題的每一類答案都涉及了有 (being) 的建構，它就是本體論的，而且嚴屬批評他種哲學的哲學，必須充分自我檢討，去體認和不隱藏自身本體論的假說。」㉑

作為一個可能的認知者 (a would-be knower) 而言，處境是艱難重重的，一方面他面對幼稚天真的危險，不充分明瞭自己容易陷於錯誤。另一方面，因為怕作超越經驗的結論，又面臨着虛無主義 (Nihilism) 之危險，這時你簡直要以為並沒有重要的認識，實證論在極力掙脫第一種危險後，又墮入了第二個危機中。作為現代人，必須面對確信客觀實在和警惕於人類知覺之相對性之間，作一衡量，步步謹愼。這個或許會使人心弦緊張，但它是有益的緊張。實證論最大的錯誤，在於放棄了維持這種緊張的一切努力。

㉑　見田立克，《系統神學》(*Systematic Theology*)，第一卷，頁二〇。

藝 術 論 衡

「藝術是人類文化領域中最燦爛的明星，是人生旅途馥郁的花朵，沒有它世界便黯然無光。」

藝術創作與感情

一切藝術結晶皆是人類精神上的天才創作，人不同於機械，他能以靈巧纖妙的思維，發掘宇宙的玄奧，想像世間的綺麗，而在自我的天地裏織造崇高的理想，藉以提升生命的光芒，滿足知性和情意上的要求，人之可貴卽在思想上具有高度和深度，綜觀人類的文化，無疑的，人類智慧所創造出來的一切科學、哲學、政治、經濟、宗教等等系統廣大的知識當中，藝術便是由人類思想活動產生的高級創作。

一個人在日常生活中的情緒是閃爍不定的，常因觸景生情，惹動心絮，其變幻極其繁雜而微妙。英國詩人華玆華斯（Wordsworth）嘗說：「一朵微小的花對我可以引發不能用淚表示出來的那麼深邃的思想。」在愛悅悽傷或畏懼悲恨等等情緒填滿心田的時候，我們往往就不能自己地以種種不同的方式，作自我表示，以遣散內心的積壓，發洩內心的情感，這種現象就成為人類藝術活動最原始的潛勢力，藝術

是一種慰情的工具,所以總帶幾分理想化,藝術對情感有淨化(Catha-rsis)的功用,精神上的悒鬱一經藝術衝動(Art-impulse)的發洩之後便不復為崇,哥德寫「少年維特的煩惱」便是最好的例子。

藝術領域極為遼濶,依照藝術創作者獨特秉賦的發展、音樂、繪畫、詩歌、小說、戲劇、彫塑、建築、園藝等等仍成為人類文化史上最具體的藝術典型。由此顯示出人人在藝術創作上傳達或表現的才性具有極大的差異。研究其創作的動機,大約有兩大傾向可以依循,其一是染有實用主義的說法,以為由內而外的表現,出自一理想的憧憬仰慕,是一種具有目的性的藝術創作。其二為唯心論者康德和克羅齊(Croce)所採取的以為藝術創作純為感情的流露,藝術是自足的境界,康德尤以最真純的美感經驗必在「無關心」狀態之下才能感受得到;克羅齊的藝術以「直覺」(Intuition)為重心,認為直覺即表現即藝術,審美價值是無法估量的,為藝術而藝術,當一月明星稀的夜晚,漫步林間,人靜物寂,思潮揚抑起伏,因而引吭高歌;人與靜夜渾然合而為一:其境界之崇高,乃在於無所謂而為之際,對審美具有最尖銳的靈敏的攝受力之故。

當客觀世界的素材,引起心靈的直覺,便開始了藝術的醞釀,此時外界的素材也同時成為人格化了的生命體,諸如月兒含羞帶笑,星皎閃爍媚眼,草樹撫影弄姿,山谷默然遐思……這類生動的描寫,都是帶有濃厚主觀色彩的看法,此時物和我的情趣便往復交流不已,有時我的心境可以決定物的情趣,如心情愉悅時,山河都揚眉帶笑,悲傷時,風雨花鳥都黯淡愁苦,惜別時蠟蠋宛若垂淚。相反地,客觀外界的狀態也可以決定內心的感觸和情緒,如目睹魚躍燕飛,而欣然自得,面臨高山大海而肅然起敬,欣賞貝多芬的交響樂便覺慷慨淋漓,物我交感的這種移情作用實是人和宇宙的生命激盪。從理智觀點分

析，這種作用雖然是一種錯覺，但卻是產生藝術的原動力，人生情趣和世界的美亦由此滋生。宗教家把人和神的距離縮小，把人和自然的隔閡打破，詩人運用尖銳的玄想力捕捉瞬間的意象美，以語言符號活栩栩地描繪出來，都是移情作用的最大發揮。一部偉大的藝術品必定富蘊引人玄思的強烈魔力，容易使藝術品與欣賞者趨於物我合一的境界，唯有如此才能表現出藝術創作的超凡和引人入勝之處。藝術的崇高價值在使人類領悟大自然的和協，發現宇宙和人生的真善美，因此藝術乃成為價值哲學的主流之一。

藝術之諸相關屬性

若以時間空間的象徵性質界分藝術，則音樂因具有韻律節奏之特徵，可稱之為時間性的藝術，而繪畫、彫塑等則為典型的空間性的藝術，但嚴格地說，任何藝術均能壓縮時空性於藝術品之內，聆賞貝多芬的田園交響曲可以喚起無數鄉村郊野的旖旎美景，而一幅出色的名畫亦同時融會了音樂性，如此，以時空界分藝術是否多餘？不然，由時空性的引導，我們更易發掘蘊寓藝術之中的更多原理，一首詩的韻律和節奏等音樂性可以增色詩情的風雅和悠美，而其內容的繪畫性，能令人情不自禁地致力於捕捉的意象，融合了濃厚的音樂性及繪畫性的詩，唯有傑出的詩人才能達成。

近代實驗美學家如波威爾（Power）等人在音樂方面主張音調的個性化，如C調堅定和平，調F活潑愉快，G調真摯平靜，A調傷感多愁……，此說可上溯至亞理斯多德，在美術方面同樣主張色彩性的個性說，這種說法固有客觀標準，但不啻給與藝術生命套上了枷鎖，藝術是人類智慧的結晶，當音樂飄揚之際，動人的旋律盪漾開來，意

境盈然生趣，似乎傳達了許多微妙的感情，可以使人如醉如狂，如淒如傷，或樂極忘形，喜極而泣，音樂是最美的語言，這種內心的共鳴因醞釀於個人的心田，故常帶有濃厚的主觀色彩，一場成功的音樂會，雖然全部欣賞者感到滿意，但滿意的原因卻不盡相同，主觀的情緒有如一幅彩色的眼鏡，因此，藝術的主觀性隨時都在影響客觀性。

　　藝術是在反映現實世界的本質，因此，藝術總不能遠離現實世界，而藝術的審美大約有一客觀標準可以依循，一朵蘭花，一位美女總不致於給人以醜的感覺，這種審美的客觀性相當可靠。在藝術創作或藝術鑑賞時須要經過我們縝密的觀察、分析、綜合、抽象、具象等過程，因藝術所描寫的不僅是客觀外界而已，客觀性仍須等待主觀性的潤色，人類天生都具有幾份藝術家的才情，但能成為出色的藝術家的寥寥無幾，主要是由於主觀的創作表現能力參差不齊的關係，經過主觀洽切地潤色及淳化的藝術品，往往最為動人，堪稱傑作，如唐詩人杜甫的名句：「岸花飛送客，牆燕語留人」，張繼的名句：「老盡名花春不管，年年啼鳥怨東風」，宋祁〈玉樓春〉中：「綠楊烟外曉雲輕，紅杏枝頭春意鬧」，又張先〈天仙子〉一闋中有句云：「沙上並禽池上瞑，雲破月來花弄影」。這些生動的描寫，給與欣賞者極深刻的玄想力。法國美學家葛提亞（Gaultier）曾說：「藝術作品的獨自性，單獨的印象，獨創力，是由於藝術家注入於作品的他的夢，他的悲哀，他的野心，他的希望等等而產生的，只要是藝術品，它的線條和調子都是表現藝術家的心的世界，畫家，音樂家無非是在他們的作品當中描繪，歌唱他們自己罷了。」畢卡索的名作斑衣小丑之類的畫，映在眼裏的實際上只有顏色和線條而已，所以說藝術家的個性決定其主觀性，而主觀色彩與客觀素材的水乳交融才是藝術的完成。

藝術精神

　　人類天賦藝術情操，只要有思想的人就能在藝術領域開闢自我的天地。綜觀歷史文化，我們似乎可以看出一種崇高的藝術精神貫穿在人類生命的洪流中，在人類崎嶇的道路上推動着生命的巨輪，人類由於藝術精神的鼓勵，肩負着毅力，堅忍不拔地在過去，在現在奮鬥着，我們同樣地堅信在冗長的未來仍將勇敢地生存下去。在文化史中我們人類是表現得何等的壯烈，在重重的困境中，求得最高的解放，因為人是有理想的，追求宇宙的真理，追求人生的綺麗終始如一，為避免痛苦的壓迫，為避免窒息和死亡，只有在困境中鏟除一切醜陋，遠離一切罪惡，走上人類坦然的大道，這就是人性向上的象徵，更是深邃宏博的藝術精神的發揚！如希臘的悲劇精神，他們心懷崇高的價值感，接受命運加之於我們的痛苦，超越了現實中痛苦的人生，創立思想上的新建築，才是勝利的，悲壯的，亦才是美的。從古希臘的藝術品中，我們深深地為那種崇高的藝術精神所驚嘆與景仰，他們秉賦才情，洋溢着詩的幻想，在活躍的藝術情調下，他們的藝術品就是他們最完美的理想的實現，他們的生活與藝術創作打成一片，那是何等綺麗的境界！真正藝術領域應含攝人生全整的部份，因此，這種淵博壯偉的藝術精神就成為全體人類生命歷程的一股恒存的潮流。

　　從藝術史上可以看出早期的藝術思潮可分為古典主義和浪漫主義兩種傾向，浪漫主義的興趣是在抗衡古典主義。氣質上，古典主義表現了安全、和平、滿足、忍耐等特徵，認為世間有某種規律可被遵循，進而要求從客觀現存事務中求得安然適應之道，浪漫主義則忽視此種藩籬的限制，對現實世界持有反抗的態度，富蘊狂野的冒險，尤

其從西方文化、埃及、希臘、羅馬而到文藝復興時代，因智識工具的
進步，藝術技巧有着長足的進步，到了近代，如寫實、抽象、印象、
未來、達達等等五花八門的派別相繼林立，都充分表現了個性，不拘
形式，極欲捕捉瞬間獲得的人生經驗，追求隱藏於匆忙紛擾的人生宇
宙中瑩閃着的眞理。在藝術創造過程中，各種思潮對人與事的見解可
以迥然相異，但藝術精神則始終如一，屛棄世間的一切醜惡，引導人
性的向上，潤色美化我們的世界，開拓人生綺麗的坦境！

兼論新藝術的趨向

　　藝術即創作，在藝術的天地裏需要的是新穎和獨創，追求眞善美
是藝術恆長的理想，只要能夠創造出有價值的新藝術，任何藝術的途
徑都是正當的，傳統不能拘束新藝術的發展，我們常聽說「歷史的教
訓」這句話就是意味要更新過去的種種錯誤和晦暗之意，但是傳統桎
梏的阻礙力的影響，有價值的新藝術必須飽受波折方能建立成功。一
九一三年俄國現代派音樂家史特拉文斯基（Stravinsky）的傑作「春
之祭」（Rite of Spring）首次在巴黎公演，所博得的效果只是一片
怒吼與謾罵，在他的回憶錄中寫着：「聽眾們嘩笑着，怪聲四起，甚
至模倣野獸的吼叫……」，第二天報上刊登了許多批評文字，歌劇作
家拉羅就這樣地寫着：「那些崇拜錯誤的音的嘗試，終于受到了一次
堅實和熱烈的教訓」，這首名曲經過卡通名師華德狄斯耐精心設計的
地球之形成的畫面，將曲中大鼓的聲音及豎琴的一串串連音象徵山崩
地裂，巨獸的搏鬥，大蝙蝠的俯衝，曲中奇異的音調和不協和的和
音，都得到了華氏適當的解釋，今天春之祭已成爲喜愛現代音樂者的
珍品。

　　新文化的發芽往往是在艱巨萬分的困境中產生的，新藝術亦然，具有價值的藝術品經過時代嚴格的考驗之後，則彌覺其出類拔萃和珍貴超凡。同樣，不具意義的創作，隨着時間的延展，終必消聲歛跡，自生自滅。目前，自由中國的詩壇頗有一番生氣蓬勃，欣欣向榮的氣象，較之五四運動時期的詩似乎更富於獨創的色彩，在臺灣的一批新詩人可謂是堅強的爲藝術奮鬥的生力軍，惟其中亦有部份不夠成熟的詩句，受人詬病爲艱澀難懂，內容空乏，無藝術價值，但是出色的新詩亦不在少數，氣魄宏大，音韻纖巧，讀之令人心曠神怡，讚歎不已，其中大部份受象徵詩的影響，傾向現代主義，因之聯想力之靈巧是爲一大特色，能夠遠遠脫離時空枷鎖，表現飄逸自由的玄想和深邃博大的詩的精神，但是，能否在新藝術領域中抹上新的價值色彩，邁向更崇高的境界，尚待共同的繼續努力！

　　二十世紀是一個嶄新的時代，各種思潮受了新知識的洗禮，卻露出了新的面目。新的藝術應擁有駿馬一般的氣概，又須窈窕雋永的情韻，奔騰洶湧的熱情，歡愉豐潤的活力，以及勇往直前的毅力，堅定不移的信念。藝術產生於人類，而人類又藉藝術的指引，去了解人生。依循藝術的探險工作，人類得以透視人生，縱橫古今，韻留內外，氣洽中邊。人生的價值尊嚴，自然的綺麗和美惟有依賴新的藝術精神去肯定去闡揚。整個人類活動都是藝術，但我們不需要晦黯虛妄的藝術，我們要的是最絢爛輝煌的藝術境界以及最能揭櫫人生眞諦的藝術精神。新的藝術趨向，將以最有獨創價值，最能驅策人類邁向眞善美的領域者爲終極鵠的！

音樂與人生

　　最美的感情只能用最美的語言來表達，人世間最美的語言便是**音樂**，因此，音樂中揚溢着綺麗而又奔放的感情。

音樂的哲理

　　音樂象徵着極深刻的哲理，從音樂聆賞中我們可以發現宇宙和人生的縮影，因爲音樂中潛含的迫力，最易逼人進入沉思澈悟的境界，因此透過音樂，我們才眞正瞭解到自己，瞭解人類，以及大自然蘊含的意義。

　　音樂的哲理濫觴於古希臘聖哲柏拉圖¹(Plato)，他認爲音樂中**微**妙的和聲，象徵着大自然的莊嚴、玄秘、悠美、和諧。人類面對宇宙廣大的和諧秩序中，不免要沉迷在對於大自然所發的欣賞和讚歎，經過音樂的洗禮，可以超升人性，寬懷心胸，甚而解脫現實的罪惡，趣向崇高的理想世界，這便是人性的向上及生命的恒常價值，音樂在柏拉圖看來，是達到他的觀念世界的捷徑，因此我們可以推崇柏拉圖爲第一個賦予音樂更高一層意義的人。其後，亞理斯多德²(Aristotle)對各種音調作一理智的分析，主張音調的個性化，如近代實驗美學所

主張的Ｃ調和平，Ｇ調平靜，Ａ調傷感，Ｆ調愉快等等極爲相似。二千多年前就開了近代實驗美學的先聲，其貢獻以現代眼光來看，雖覺其簡樸，但仍不愧爲一智才超羣的先哲。

另一位對奠定數學基礎極有貢獻的哲學家畢達哥拉斯（Pythago-ras）以及近代法哲笛卡兒（Descartes）等則認爲音樂蘊含數學的規律，和聲原理可依邏輯推演而得，在他們看來音樂是數學的另一應用途徑，他們的哲學觀堅認要窮究宇宙的眞理唯有透過數學和邏輯的橋樑方能有功，因此，音樂的闡揚含有追求眞理的意味。而叔本華（Sch-openhauer）等則反對過份數學科學化的音樂，以免局限音樂的發展，因爲貶降感情因素，將有損於音樂的富麗色彩，他要把音樂當成世界的明鏡，照耀出宇宙間的一切奧妙，所以音樂是類高級智慧的產物。

音樂產生於人類，在人的日常生活中，一切情緒上的展現——歡笑、哀愁、感歎、喜悅等等，都是造成音樂的基本因素，所以音樂可說是情緒的語言，用來表達普通語言無法表達的更玄妙的情意，每一個代表音調高低的音符有如語言的符號，初無特定意義，但經過作曲家內在情緒上作主觀的玄想，將內心種種意象藉符號的運用和精巧的組合，將它一一表現出來。當然，音樂創作者必須有自己獨特的節奏感與音準感，才能完美確切地把意象化爲音樂，傳達給別人。

大體而言，一般人都有幾份音樂創作的才情，但是，能夠眞正譜出有價值的藝術品而成爲音樂家的卻寥寥無幾，唸過莎翁的「仲夏夜之夢」的不知有多少人，但只有孟德爾松（Mendelson）將它譜成優美的管弦樂，當然一般人或限於才華，或限於自身音樂技術修養的缺乏，而孟氏卻能捕捉瞬間得到的靈感，以其不凡的音樂秉賦，將它譜成音樂，完成一件舉世聞名的作品，當我們聆賞這首名曲時，受到強烈的感染，似乎眞切地體會到靜謐的夏夜以及飄渺幽邃的夢境，無意

中已降臨於我們心田，久久徘徊不去，這就是孟德爾松帶給我們的魔力，也正是孟氏成爲大作曲家的原因。音樂創作表現出作曲者的天賦才性，而音樂欣賞卻須依靠欣賞者本身的智能才華，所以，音樂的鑑賞等於是藝術的「再創造」，唯有經此步驟，重新領受音樂中的情感，才是音樂的完成。

　　藝術可劃分成時間性的藝術及空間性的藝術，時間性的藝術當然以音樂爲代表，因爲它的特徵是以韻律與節奏爲主，其他的音品、音色、音量等也跟隨着「時間」的伸延而俱變，這種特徵又稱爲藝術的音樂性。

　　空間的藝術則以繪畫、雕塑、攝影等爲典範。音樂性在藝術領域中佔據極重要的地位，一首詩假如失去音樂性，沒有韻律與節奏，則必艱澀難誦，將失去許多應有的華麗色彩。一幅畫如果不能引起我們如歌似的情緒，也不會是一幅名畫，我們常聽說「建築凍結了音樂。」可見音樂性普遍地溶貫於藝術天地之間，而成爲藝術生命中最重要的因素。

音樂與情感

　　人是感情的動物，因爲音樂最能傳達給人無限微妙的感情，因此，在所有藝術天地裏，音樂最容易爲人接受，故遠較繪畫、雕塑、舞蹈、詩歌……等等普遍得多。

　　人類的思想可謂廣大深邃，蘊寓萬有，而其情緒的變遷又極微妙難蹤，捉摸不定。人類從事藝術活動的詣趣，除了表現出精神境界的超凡及人類價值之崇高外，乃在於使這種富艷難蹤的情感，得到最適切的宣洩和寄託，因爲音樂極爲普遍而平易近人，只要隨着節奏引吭

高歌，手足舞蹈，都可以進入音樂的崇高領域，達到渾然忘我的境界。當然，我們透過傑出的名曲，受到感動程度，必將更爲徹底深刻。例如當我們全神貫注的欣賞貝多芬的月光奏鳴曲時，腦海中便重重疊疊地喚起無數由月明星稀的夜晚聯想而得的旖旎美景，想像中，一顆顆瑩潔閃爍的星皎，宛如晶亮的寶石，此時但願能夠用它編織一串精巧的項圈，送給月下彈琴的那位輕盈窈窕的姑娘……。或者，沉醉在斐遼士 (Berlioz) 的「幻想交響樂」的旋律下，出現另一個綺麗的夢境，天際彩雲朵朵，一羣仙女揮舞着輕衫，以迷人的舞姿，遨遊天界，突然，出現了一對猙獰的魔鬼，驅散酣舞中受驚不已的仙女……。當然，隨欣賞者心境的不同，所現出的幻景也許迥然相異，但這些對音樂家定曲名的是否適切，非但不必起爭論，反而更提高了音樂的價值，因爲音樂的眞正價值是在自由欣賞。

　　人們受到音樂的影響，魔力似的效果使內心起了共鳴，此時最易展露出委婉細膩的個性，愉悅時，有如春日嬌花，展露笑靨，迎誘清風，迷惘時，有如深山流雲，惆悵往返，凝而復散，顯而復隱，傷感時，有如深秋紅葉，愁意低徊，淒撩心田。這種微妙的心靈幻景，只有利用音樂的蘊語，才能將它表現出來。

　　華格納說：「音樂是用來表達一個人的感情和愛慕」，音樂悠揚的時候，從音響傳給我們的情趣，卻像從自己的肺腑流出來一般，音樂的熱力，可以直接融化隱在心中複雜情緒，當它進入心田之際，好像自己的秘密被洩露了一般，萬種滋味都有。人們經常總有幾分隱衷藏在心裏，沒有表白的適當機會和勇氣，只有在音樂氣氛的醞釀之際，竟能毫無隱瞞地露出了純眞的本性，一切隱情都在瞬息間溢瀉開來，恢復了精神自由。

　　由於音樂產生於情緒上的要求，因此，在音樂創作的過程，必然

染有濃重的主觀色彩。貝多芬漫步在維也納風景優美的郊外，在無限
興奮感慨之下，將大自然的妙語譜成了舉世聞名的田園交響樂，但
是，一般凡夫俗子能否體會出這種微妙的大自然的聲音？其實大自然
給與貝多芬的只是素材而已，因這位樂聖擁有超人的創作睿智，能將
大自然的奧妙以其獨創的格調，一一譜出，當我們沉醉在它雋永超絕
的旋律時，我們對於大自然的美感似乎獲得了最深刻的經驗，不覺之
中，喚起一片片故鄉的旖旎美景，令人在不斷的思緒繞撩當中，驚奇
地讚歎大自然的和諧與莊嚴，這種大自然的微語，或者貝多芬命運交
響曲中有名的「命運之神叩門的聲音」，為什麼只有他才能覺察到，
而一般人卻不能同樣地得到類似深刻的音響？不管這種聲音是真是
假，我們很自然地從這裏得到一個證明，此類思想活動，都是主觀的
藝術創作。思想上的產物，人人的見解固然常有類似的看法，但是染
有濃重的個人情緒成份時，卻易造成迥然相異的觀點。一個傑出的藝
術品，往往是由主觀的獨創價值所襯托出來的，而音樂的鑑賞是一個
再創造的過程，同樣也是主觀的境界。當愁緒填滿心胸，悒悶充塞無
法排解，田園交響曲對於欣賞者所引起的意象未必盡是風光明媚，鳥
語花香的境界了，而對於貝多芬所描寫的暴風雨中的情趣，恐怕也將
受到折扣，這種哀怨的心緒影響所及，田園美景可能都成了愁雲慘淡
的景緻。在一場成功的音樂會中，人人都感到興奮異常，但興奮的原
因卻不盡相同，所以說，藝術品的象徵意義，隨時都在受到主觀情緒
的影響。尼采（Nietzsche）說：「我們從藝術的鑑賞中拾回自己。」
法國美學家歌梯爾（Gaultier）也說：「音樂家只不過是在歌唱他們
自己罷了。」所以，一個人在愉悅時，山河都在明媚含笑，傷感時，
音樂亦顯得幽怨低徊，都是主觀情緒左右一切的緣故。相反，外界的
情態亦能影響自我的情趣，如見山川之壯麗而覺凜然超逸，見蝶舞魚

躍而喜悅異常，見淚岑花謝而悲感交集，對於這類情緒上的激盪，種種幽怨委婉，或悲奮感慨，音樂都可將其貫穿融滙，然後再將富蘊的情境，分送傳達出去，其妙不可道，亦就因其盡在無言中，故能令人深覺其淬礪感人，熱力萬鈞，無法抗拒。

音樂與自由欣賞

音樂能使我們悠然神往，令人跟着它喜，跟着它悲，但要達到這種境界，欣賞者必須先把自己無條件地丟到音樂裏面，緊跟着旋律，去遨遊音樂天地，當演奏者藉悠揚的音樂向你傾訴，如果你不能暫時把自己和現實隔離開來，雖然透過奏演者神奇的技巧，仍將木然無動於衷。音樂是創作者的心聲，音響不是音樂，音樂中的感情才是真正的音樂。音樂欣賞的目的是在捕捉音樂中最完整的美感，因此，欣賞者與音樂之間，必須維持最確切適當的距離，這時所獲得的美感，才是充分無瑕的，好像我們在月光下，如果一定要追究月球上是否有空氣，或月球背面有一黑斑叫莫斯科海等等，這些意念足以破壞欣賞月光的美感。所以音樂的美，只能獻給懂得愛它和懂得如何去愛它的人。

音樂不是天生，不管是隨人一時哼譜而成，或是由天才嘔血完成，自人類活動之初便已存在，隨民情習俗的雜異，隨地區人情的喜好，導致音樂的分歧種類，令人不勝枚舉，聆賞音樂誰也不否認為一椿淳美的樂事，但如上所言，人性的複雜，主觀情緒的波盪，客觀情景的遷演，無時無刻都影響着人人的好惡，控制人人的欣賞傾向。引導人人走向屬於自我的音樂園地，以至造成人人嗜好迥異，好惡相違的情形，有人聽到流行歌曲或所謂「靡靡之音」便手舞足蹈，喜悅溢

於言表，而對其深惡痛絕的又大不乏人，古典音樂對一部份人是甘之如飴，視若生命，相反的，形容貝多芬的月光奏鳴曲像「趕一大羣鴨子走過鐵絲網一樣莫名其所以然」的人亦比比皆是。其他地方民俗特有的雜曲，亦各擁有其忠實的「迷」，這個問題，不能訴諸羣眾的多寡，否則現代音樂的欣賞者，無法與所謂「暢銷音樂」的聽眾較量。過於批評「流行歌曲」僅是節奏而不是正當音樂，或稱其價值流於低級，都不是根本的解決，其因可循大眾駐居地方的歷史背景之不同，還須一部份道德觀念與智識水準去衡量，但它的存在價值，是任何類型的音樂都可享受的權利，就是兒童們拉着嗓子，咦咦呀呀的時候，其怡然自得，亦是無可違言的，鄉野中歌仔戲的「音樂欣賞」者，只須鑼鼓點滴幾響，便可聯想薛仁貴的統帥大軍，浩浩蕩蕩，旗鼓飄搖。或是平劇中婉轉的尾音，縣延繚繞，對此具有敏感的人，必是感慨萬端，興奮不已。凡此種種，在音樂欣賞的價值上，同樣達到了美感經驗的尖銳頂點，換句話說，音樂最可貴的價值是在「自由欣賞」，對同一首樂曲，各人可隨自由意志，去領受或喜或悲的情感。

但是，爲了音樂在學術上的嚴肅性，所謂正統的音樂系列，是從古典音樂發展而來的近代音樂至於現代音樂，加上藝術歌曲、民謠等等可稱爲具有藝術價值的音樂，對某地區歷史背景具有代表性者爲地方音樂，而擁有最多聽眾的則是流行歌曲，流行歌曲正如其名，流行一時，風靡一時，在一段時日之後，便消聲斂跡，甚少音樂的恒常價值存在，其中不夠含蓄的黃色歌曲極有害於淳化社會。反之，古典音樂是極有深度的藝術，尤擅啟發人們的靈感智慧，對具有癖好的樂曲，總是令人百聽不厭，欲罷不能，其流傳的時日愈久，如醴酒愈陳愈醇，其珍貴的價值益彰。而這種音樂使用的樂器，種類齊全，體系完整，而每一種單獨樂器又擅奏微妙而特殊的音響，最適於作爲「大

自然之聲」的媒介，因此，成了一門嚴肅的音樂學探討的對象。對人類有貢獻的音樂，大抵卽指這種古典音樂、藝術歌曲及民謠等等。

音樂的眞諦

音樂精神是音樂天地的城垣，它隨時拱衞着音樂的崇高尊嚴和宇宙人生的價值，但是，也只有勇敢地走進裏面，才能欣賞讚歎其宮室之美，百官之富，才能眞正了解到音樂的眞諦和生命的意義。

音樂能陶冶性情，增進身心的健康，這是家喻戶曉的一種說法，其實音樂的功用何止於此。人類有了藝術活動，才充份表現出了人的精神價值，人不能毫無目的的渡過空白一生，所以要利用高級的智慧，去創作去耕耘，藝術便是這種智慧的產物。音樂更是這種高級智慧的結晶。

有價值的音樂藝術品中，蘊寓着極豐富的哲理，它象徵宇宙的奧妙峻偉，大自然的和諧綺麗，以及人生的莊嚴秀美，音樂的價值是極有深度和高度的。希臘聖哲柏拉圖認爲透過音樂可以脫離罪惡的現實世界，將生命提升到崇高的超越世界。畢達哥拉斯和笛卡兒認爲音樂蘊含數學的規律，他們採取數學與邏輯的方法以窮究宇宙的眞理，因此，音樂便成這種途徑上極便捷的橋樑。叔本華以「世界的明鏡」比喻音樂。的確，音樂能照亮宇宙一切玄秘，帶給我們無限的光明和希望！

從審美的觀點上看，音樂更具有獨逸的眞諦，當小提琴瑩閃的沉吟震動了心弦的時候，當琴鍵的鏗鏘打開心靈門扉的時候，當女高音的婉轉悠揚，掀起一片思緒如潮的時候，音樂似乎傳給了我們無比微妙的情意，我們不再懷疑自己的渺小了，我們得到了意志力量，它潤

色了我們人生的孤寂，它結成了感情的花朵，帶來無限殷勤的鼓舞，音樂使我們頓悟宇宙和人生的莊嚴和綺麗，人性是向上的，厭棄罪惡與黑暗，趨向善良與光明，這是何等崇高的境界，音樂的確帶給我們最豐艷的碩果。

貝多芬的精神

　　一位忠實的音樂信徒，可以犧牲自我的一切，不畏個人的窘境，在痛苦、阨運的纏繞之下，仍然始終如一地付出整個生命的代價，這種偉大的氣魄，只有真正透徹瞭解音樂的人，才能產生無比的毅力，奮鬥下去。貝多芬便是這種精神的典範，他的不屈的意志，在世界歷史中，無出其右者。羅曼羅蘭讚歎着貝多芬：「這個由痛苦造成的不朽的英雄，世界不給他歡樂，他卻創造了歡樂給與天下！」這種歡樂撫慰着無數痛苦的靈魂，帶給人們無比的喜悅與希望，但是，貝多芬在一生艱苦和疾病中，卻勇敢地接受一切黑暗與罪惡的挑戰，輾轉奮鬥到底，從不消沉，也不逃避，當他的聽覺已瀕臨絕境的時候，他寫信給他的老友加利阿文達（Cari Awenda）說：「……我多麼希望和你在一起，你的貝多芬已經一天天地感到生活上的艱巨，我整天和自然及造物主搏鬥着……」，他的心苗接受了音樂的滋潤，那堅毅無比的生命洪流，宏博深邃的氣魄象徵人性不屈不撓的精神意志，貝多芬挺起了胸膛，喊出莊嚴的人性的呼聲：「我要扼住命運的咽喉！它決不能使我完全屈服！……」貝多芬終於戰勝了命運，羅曼羅蘭又寫着：「雖然災難煎熬着他的才華，可是孤獨無依的樂聖，卻戰勝了人類的平庸，戰勝了他自己的痛苦。」一個受盡世間折磨的聖哲，卻呼出了最溫馨的企望：「若能把人生活上千百次，那是何等愉快的事

情！」，雖然在大自然的定律之下，貝多芬畢竟像其他的人一樣，停止了肉體上的生命活動，安息於永恒的境界，但是，貝多芬的精神卻像一把「熊熊的聖火，永遠跳躍在人間」。

今天，他的偉大宏魄的九大交響樂和其他珍貴的音樂像降臨幸福的天使，無時不在撫慰着受到創傷的心靈，無時不在帶給我們和平的歡暢。英雄交響樂帶給我們驚人的逼迫和洶湧澎湃的熱情，正是這位英雄的素描。命運交響樂更令人驚嘆於人類的毅力以及爲生存奮鬥的意志，而大自然的微妙諧和，我們從田園交響樂中得到最具眞實感的啟示，令人無限嚮往。貝多芬在臨去可愛的人間之前，再用超絕人世的智慧，道出了人類生命的眞諦和宇宙永恒的精神，那就是他最偉大的第九合唱交響曲，在這裏，我們追隨着樂聖的英魂，共同謳歌人類的莊嚴偉大和永恒的愛，讓我們爲這曠世的藝術品道出衷心的讚仰，更爲貝多芬偉大的貢獻表示最大的敬佩。

貝多芬的精神代表了整個音樂的價值、眞諦和音樂的精神。貝多芬不僅是絕世的音樂家，他是人類文化中一顆最燦爛的智慧巨星。

邁向音樂的天國

音樂不只是鏗鏘的音響，或是高低音調悅耳的變化而已，音樂是人類智慧的創作，整個音樂可代表一種人類精神的崇高，整個音樂象徵的意義是藝術家共同爲讚歎人生宇宙而呼喚出來的絕超的心聲！

音樂精神是否飄渺空虛？絕不是！這種精神只要思維上有高度深度的人，必然同具觀感，雖然不懂音樂的精神，仍然可以聽聽音樂或咏咏唱唱，分到一份音樂的香澤，但那不是有價值的高級音樂，是褪了色的音樂，沒有完整意義存在，音樂對他只不過像一時的痲醉劑，

等到藥性過了之後，雲消煙散，只是徘徊在音樂的牆外，幌幌逛逛，根本不能目睹牆內宮室之美，百官之富。音樂精神是眞正進入音樂領域的門檻，進入了這個門檻，則音樂帶給我們的何止於音響的變幻或旋律的優美而已！它帶給我們眞正品味的對象，德國哲學家尼采說：「從音樂裏，你拾回了自己。」則音樂的意義是何等的宏邃深刻！

　　音樂精神的發揚，表現了人性的美，和卓逸的生命力，也表現了生命的熱力正熔化着艱巨的挫折，在阨運的籠罩之下，以人間的良德，揭櫫人性的尊嚴，永無止境地奮鬥下去，而這些奮鬥終生，毫不懈怠的鬥士，就是音樂精神的典型，就是人生意義的代表符號。回顧音樂史中，貝多芬、舒伯特、華格納、柴可夫斯基、杜布西、史特拉文斯基……他們都表現出可驚的魄力，他們的彪炳功績，使得人類文化由茁壯而豐美，因此，人類遠離了野蠻，人類的理想在音樂精神的融貫下，才顯出了超逸的價值，只要還沒有合上雙眼遠離塵土，只要還餘有氣息，就能爲這個理想，付出最大的代價。

　　德哲萊布尼茲 (Leibniz) 說：「這個世界是一切可能的世界中最優越的一個。」大自然是美的，藝術爲我們人生旅途中植上最艷麗的花朵，從音樂的芳香氣息，我聞到了眞善美，當心靈進入音樂的眞正樂園時，這種感觸必將更爲尖銳、靈敏而具體。

結　語

　　人生對音樂的渴求與需要，不僅限於調劑生活，娛樂身心，陶冶性情而已，因其最廣義的價值，是在啓發人生的蘊義，創造人類活動中的高級藝術文化，揭示人生智慧與道德的崇高目標。德國古諺說：「在歌聲飄揚的地方，你盡可放心休息，因爲那裏不會有壞人存在。」

音樂是美化淳化人生與社會的最良藥石，我們正須要提倡正當的音樂去潤滌雜亂多變的現實世界。

附　　錄

融滙中西文化消除對立

——姜允明努力爲漢學研究開創新途徑

　　漢學在西方研究發展四、五十年來，已經很有規模，然而漢學在澳紐的研究，則是近二十年的事，卻也已有相當成績。這全是像姜允明教授一樣的學者，多年來默默耕耘的結果。

　　畢業於臺大哲學系、輔仁大學哲學研究所的姜允明，民國五十五年應聘到紐西蘭奧克蘭大學首創的亞洲研究系擔任講師，並且繼續研究中國明代哲學，獲得了他的博士學位。民國六十八年他轉到澳洲爲雪梨麥克理大學開創漢學系，其間也曾經回國在臺大、政大擔任客座教授。

　　澳洲與紐西蘭地處南半球，多少年代以來處在與世隔絕的環境，加上二十世紀初以後實施白澳政策，因此和亞洲幾乎完全沒有關係。一直到六十年代才開始興起「進軍亞洲」的運動，來自亞洲的移民日漸增多，和亞洲各國的經貿關係日益密切，同時提倡多元文化，同時也開始興起研究亞洲文化的興趣。雪梨大學的東方研究系、奧克蘭大學的亞洲研究系，也是先後在六十年代中相繼成立，研究範圍多半包含中國、日本與印尼。而像麥克理大學純粹以研究中國文化及哲學的

漢學系，則還是第一個。

麥克理大學漢學系，每年選課的學生約有三百人，對漢學的興趣不可謂不盛。學習的內容一方面是語文及文學，一方面是中國傳統哲學。

姜教授認為澳紐一帶對東方文化，研究的興趣日漸濃厚，一方面是由於澳洲提倡多元文化的結果；一方面也和西方社會一樣，由於人際隔離，過份強調個人主義，產生出許多問題諸如：暴亂、謀殺、離婚與吸毒等。深受這些問題的困擾，有些學者開始注意到東方文化注重和諧中庸的精神特質，認為或許可以尋找到補救西方文化缺失的辦法。因而掀起對儒家思想、孔孟之學、道教老莊的研究熱潮。

早二十年前，漢學研究的範圍，侷限於早期的傳統，像儒、道、佛等；而近二十年來澳洲漢學家的研究更注重現實意義。由於來往密切，更需要語文的溝通，也注重近代中國的哲學發展與有關的歷史學、社會學，他們對東方的研究，已經超越了狹義的漢學範圍。

姜教授認為，對於像他這樣在澳洲推展研究漢學的人而言，自己內心特別賦予了一種使命感；那就是希望對我們三千年豐富的傳統文學、哲學如何去加以反省、創造以賦予現代的意義，更促進時代的進步。

談到這兒，他認為不能不提到爭辯了幾十年的東西文化論戰，到底是「視傳統為阻礙進步的全盤西化」好呢？還是「視西方為禍亂根源的全盤本位論」對呢？事實上都以顯示此路不通。而張之洞提出的「中學為體，西學為用」，應當是最合乎中庸之道，不過困難在這種調和論的精神是好的，而條件標準卻難以釐定。

由於東西方文化是兩種截然不同的價值體系，有許多觀念互相對立排斥，因為如以中學為體，而不以中學為用，其體形同虛設；同樣

的以西學爲用，卻不以西學爲體，其用完全架空。

　　美教授說，我們的傳統應當何去何從，需要諸多學者投注更多的心力，尋找出一條最合適的道路。他個人認爲我們應當走向中西滙通，消除對立以尋求新的途徑。

　　而我們以儒家思想爲大根大本的傳統文化，事實上具有不斷蛻變的延續性，更是充滿開放性與容納性。談到儒家傳統的現代化，就是要透過科學的方式加以整理，重新解釋，發掘儒家傳統哲學中具有普遍性和時代意義的基本原理。更要以中國人對宇宙天理深刻體驗得來的哲學智慧，去彌補西方文化的不足與弊端。

　　或有人認爲孔孟思想已經落伍，這是曲解的說法，有許多傳統僵化現象，事實上是歷代君主制度造成的儒學俗化結果；我們甚至可以從儒學的恒常價值中，尋找到和西方文化相通的內涵。比如孔子主張統治者要爲仁君，也不主張絕對的君權，到孟子更主張「民爲貴，社稷次之，君爲輕」，這與西方民主思想已息息相通。像這樣的例子還可以找出很多，這樣才能眞正做到中西文化調和滙通，找到中國文化何去何從的適當途徑。

　　美教授在研究傳揚中華文化方面，着實用心良苦。他目前也是麥克理大學文學院代理院長，對我國傳統哲學，特別是宋明理學陳白沙到當代哲學家熊十力，都下過深刻的研究工夫。二十年來，他總爲「中國傳統文化承先啟後繼往開來」的問題而長年思索，希望能體會古人的情懷與理想，與傳統作溝通心靈的對話，進而能凸顯出具有現代意義的傳統精髓。從美教授的抱負與胸懷，正能顯示出漢學學者在海外，眞正是任重而道遠的。

周　嘉　川

摘自《中央日報》，民國七十五年七月二十二日

漢學在澳洲發展的一席談

——記訪問麥克理大學漢學系姜允明教授

　　八月裏一個細雨霏霏的下午，我們驅車前往雪梨近郊的麥克理大學，此行的目的是專程造訪麥大漢學系的姜允明教授，請他談談漢學在澳洲發展的現況與前景。

　　我們的車經過艾坪 (Epping)，駛入起伏平整的快車道後，就加速疾馳起來，公路兩旁是綿延的綠色叢林，一幢幢可愛的小屋錯落有緻地掩映在綠林叢中；若不是迎面車道上不斷駛來飛快掠過的房車，我們幾已忘了是置身在南太平洋上的第一大都會中。還不足十分鐘，車輛幾個拐彎，已進入麥克理大學的校園。時令雖值殘冬，麥克理大學依然一片青蔥。也許是因為遠離市區，麥克理大學佔盡了開闊、空曠的地利條件，在這兒你見不到雪梨大學和紐修威大學鱗次櫛比的建築羣，代之而起的只是成片綠地與蒼翠環抱的教學大樓；極目望去，四下一片碧綠，天際是蒼蒼莽莽的林海，好一個都市裏的村莊，我們不禁聯想起陶淵明的詩句：「結廬在人境，而無車馬喧。」泊了車，我們沒費多大功夫就找到了漢學系所在的 W6A 大樓，進了樓，拾級上二樓，已來到了姜教授的辦公室。

早已聽說姜教授畢業於臺大哲學系、輔仁大學哲學研究所。一九六六年他應聘到紐西蘭奧克蘭大學亞洲研究系擔任講師，並且繼續他的明代哲學研究，獲得博士學位。一九七九年他啟程來澳洲，受命為麥克理大學開創漢學系，如今除了在麥大主持漢學系系務與執教外，頻頻去世界各地出訪作學術交流活動或任客座教授。由於他在學德上的建樹和在南太平洋地區，對融滙中西文化所作的貢獻，被列入一九八七——一九八八年度世界名人錄。

我們眼前的姜允明，實際可能有四十六、七的年紀，因為身材不高，看上去要年輕許多；盡管如此，歲月與經歷還是在他額頭上蝕刻下了一些皺紋。見了我們，他滿臉笑容；在一付近視眼鏡後面，目光卻隱隱閃爍着智慧與哲理。因我們預先和他有約，所以待我們坐定，大家一杯龍井茶在手，姜教授就侃侃談開了。

他說，漢學在歐美的研究和發展近半個多世紀以來，早已具有規模和聲勢。在澳紐地區的研究，雖則是近二十幾年的事，也已卓有成績；這其中固然有時勢所趨，也得歸功於中西學者多年來默默耕耘的結果。他接着談到，由於澳洲和紐西蘭地處南半球，世代處於與世隔絕的狀態；加上長期實施的「白澳」政策，造成和亞洲幾乎「老死不相往來」的局面，一直到六十年代才有所謂進軍亞洲的運動，自此亞洲移民漸多，與亞洲的經濟貿易往來也趨頻繁，之後更由於「多元文化」的提倡，研究亞洲文化「熱」也應運而生。雪梨大學的東方研究系，奧克蘭大學的亞洲研究系相繼在六十年代成立，研究範圍涉及中國、日本和印尼等。麥克理大學漢學系創於七十年代後期，專作中國文化與哲學思想研究，目前每年選課的學生約三百人，對漢學興趣可謂濃厚。

姜教授認為，澳紐地區對東方文化的研究興趣日漸濃厚，固然是

由於提倡多元文化的結果，另外還有更深層次的因素。他引述了悲天憫人的文化哲學家史懷哲的觀點，說所謂「文明進步」必須同時包括三種進步：一、知識與能力的進步，二、人類社會組織的進步，三、精神方面的進步。姜教授進一步指出，過去幾十年來，澳大利亞與西方社會一樣，在知識與能力，社會組織等方面均有長足的進步，但由於人際隔離，過份強調個人主義等產生了不少精神危機及社會問題，如暴力、謀殺、離婚、吸毒、同性戀等等。這種種表現事實上是顯示了人類精神生活方面的倒退。深受這些問題的困擾，有些學者開始注意到東方文化中注重和諧中庸的精神特質，認爲或許從中可以找到補救西方文化缺失的良方，因而掀起了對中國文化研究的熱潮。由於澳洲與亞洲國家的交往日益密切，需要語言文字的溝通，因此澳洲漢學家的研究更注重現實意義，突破了早期只研究儒、道、佛等傳統哲學的範圍，開始對近代中國哲學發展有關的歷史學、社會學、政治及經濟學也進行了廣泛的研究。

　　我們這樣作着快意的談話時，不覺得時光的飛逝，姜教授談興正濃，他深有感觸地說，對於像他這樣在澳洲從事漢學研究的炎黃子孫來說──自己內心常常懷有一種特別的使命感，那就是希望對我們二、三千年豐富的文化哲學遺產加以總結，反省，及創造以賦予現代的意義，從而促進時代的進步。他說，從事漢學研究的學者都普遍地關心我們的傳統應當何去何從的問題。自從晚清張之洞有「中學爲體、西學爲用」的中庸折衷理論以來，幾十年間有關中西文化的爭辯一直很激烈，其中旣有視傳統爲阻礙進步的「全盤西化論」，也有視西方文化爲洪水猛獸的「全盤本體論」，眾說紛紜，莫衷一是。姜允明教授的個人意見是我們應當走中西滙通，消除對立以尋求中學與西學互相取長補短的途徑。他說，由於文化的自然折衝性或惰性，中西文化

充分接觸、交融、碰撞的結果決不會造成某一文化被另一文化吞併的結果，而只可能產生一個更具生命力的，有現代意義的文化模式。

談話進行到這兒，姜教授強調說，漢學是以儒家思想為根本的傳統文化，它雖然具有一脈相承的延續性，也具有很積極的開放性與容納性；現代從事漢學的研究，就是要通過科學的方法加以整理、闡釋和發掘儒家傳統哲學中具有普遍性和時代意義的基本原理，更結合中國先哲對宇宙天理深刻體驗得來的哲學智慧，去彌補西方文化的不足與弊端，這也是漢學在澳洲的現實意義所在。

後來我們提及了最近布蘭尼教授又在《澳洲人報》上撰文重申其反對亞洲移民謬論的事，姜教授顯然有些激動，但是他只是用平靜的語氣說，要使布蘭尼教授之流能體會東方人的情懷與理想，從而根本改變他敵視亞裔人士的立場，看來尚需時日，然而東方民族對於澳大利亞建國偉業之貢獻則是有口皆碑，斑斑史實可考的，如果連這些布蘭尼也熟視無睹的話，則如果不是他的短見，也只能說明他的閉塞與狹隘罷了。

我們談着這一切，不覺已暮色西沉。告別了姜允明教授，循原路返回市區時，已是萬家燈火的時辰了。我們品味着剛才與姜教授的一席談，除了感到漢學家在海外是真正任重道遠外；對中華文化在澳洲必定也能發揚光大，為多元文化在澳洲的建立作出貢獻是更加深信不疑了。

張　志　強

（刊於澳洲雪梨《華聲報》一九八六年八月四日）

訪姜允明教授

問： 可否請姜教授就這次在臺北舉辦的「國際孔學會議」發表您的感想？

答： 我相信這次會議對整個歷史社會有很重大的意義。儒學（或孔學）是我們中國傳統文化的主流。在這個傳統中，無論在哲學、文學、宗教、藝術等方面，都是以儒家為主流，佛道為別派的思想模式，綿延不斷地流轉下來，歷史非常悠久。雖然，由於中國近代的種種歷史悲劇，中國傳統自五四後便被攻擊得體無完膚，所謂「傳統」不僅是不具任何現代意義的破古董，而且曾經為害中華民族數千年之久，這種反傳統的精神，也早已成為現代中國的新傳統，具有強大勢力──但是，沒有人可以跟他的傳統完全斷絕關係。就以最近三十年來說，這個以儒家思想為主導的中國傳統文化仍然是臺港日韓，以及東南亞僑胞日常生活的指導原則。又例如海外中國人聚集的城市，總要先建一個唐人街，使對中國古老文化的認同感落實下來，才能心安理得，以對治因為「無根的一代」而產生出來的刻骨不安。這種認同的行為並不純然是信念與選擇的主觀性問題，它也具有傳統本身一種內在的恆常價值，作為認同感的客觀基礎與必要條件。我們談發揚中國文化，

應將傳統的儒家精神中具有恆常價值的部分發揚出來。這方面的工作非常的繁重，問題也很複雜，這次會議正可以讓我們有很好的溝通與反省的機會。當然，這個儒學會議並不僅是一個尋根的活動。我們把著眼點放在孔學與現代世界的問題上，希望藉這次會議，將不同層次的問題，用一個很客觀的態度去了解。在主觀方面，如果能將各方主觀的意見協調，此即主觀的客體化，使它更能適應現代社會的問題。甚至儒學與商業進步以及企業家精神等各方面的討論，可以建立一些模型。就儒家作為傳統的主流及儒學的現代意義這些方面來說，這次會議是一次很有意義的活動。

問：方才姜教授提及五四以來的反傳統運動，在自由主義人士倡導的這個革新運動中，儒家被理解為以婦女纏腳或阿Ｑ精神為代表的「封建遺毒」，因此要提倡「打倒孔家店」，把中國未來的希望完全寄託在全盤西化的路線上。可是另一方面，一些研究儒學的學者，卻提出了儒學現代化的課題。即使他們並不一定對儒家作全盤的肯定，他們至少相信儒家思想中包含具有現代意義的部分，甚至如姜教授所言具有恆常的價值。這裏面意見的分歧，會不會不僅是由於角度的不同，而是因為在了解「儒學」一詞的意義時，根本上已有差異？換句話說，在討論儒學與現代世界的問題以前，我們是否應該先就「儒學所指為何」取得一個初步的共識？

答：儒學現代化的過程中有一個很重要的步驟，就是經典的整理與詮釋，也就是還原的工作──還儒家本來面目。中國傳統中有所謂的純儒、大儒、真儒、俗儒、腐儒之分。「五四運動」以來對傳統的種種批評，其實是針對俗儒的那種僵化了的「孔教」傳統而

發。所謂吃人的禮教，與那迎合帝王的愚民政策，基本上與強調道德理想的儒家傳統無必然的關係。儒家傳統的延續性固然有由歷代君王的權威性加以維繫。這種情形，實際上掛了羊頭賣的是狗肉，這種權威主義承襲的是法家傳統而不是儒家思想，因為孔子雖然尊王，但絕不主張帝王的絕對權威。專制思想源自法家而不出於孔孟，孟子「民為貴，君為輕」的民本思想尤為明顯。真正的儒者看到帝王式的儒教違背儒家的基本精神，往往起而反抗，例如王陽明因此被打四十大板，朱熹也因此而被貶謫外放。所以純儒的傳統命脈其實是由歷代知識分子和思想家的傳授來維持，專制帝王推行的充其量為俗化的儒教，知識分子的學術傳統較能表現出純儒精神，二者不得相提並論，混為一談。

問： 就儒學與現代世界這個主題而言，我們似乎可以區分兩個或許相關但並不盡同的問題。一是儒學對現代世界的貢獻問題：儒學在當代是否還有存在的價值？它能夠提供什麼樣的貢獻？一是儒學在現代世界的發展問題：儒學要在當代仍繼續發揮影響，本身要經過一個轉化的過程，這所謂儒學的現代化應採取何種途徑？請姜教授先就第一個問題發表意見。

答： 我相信儒家思想是相當具有現代性的，我們從東亞五條龍的例子可以很明顯地看出其內在根深蒂固的動力。現代人重視民主、自由的問題，經過檢討後，我們發現中國傳統的儒家精神中，也有這類思想，只是沒有像西方那樣發展。儒家雖然有延續久遠的傳統，卻並不表示這個傳統永遠一成不變。事實上，傳統總是在不同的時代，根據由錯綜複雜的因素而促成的時代風尚，作出適度的調整與修正，在這種類似新陳代謝的過程中，一方面吸收新血，一方面超越創進。儒家乃至整個中國文化的傳統，從來沒有

以停滯不前，一成不變的型態出現過。就哲學傳統來說，從先秦諸子百家開始，其中孔子的仁學，傳到孟荀而有爭論人性善惡的發展演變，後期的發展還大體可以分爲漢代經學、隋唐佛學、宋代理學與明代心學，經歷了兩千年的改革損益。孔孟思想雖然在初期就發揮了定向作用，成爲哲學傳統的大本大源以及發展時期的主枝主幹，它本身卻在歷史中不斷的轉化，具有很大的開放性與容納性。例如「仁」的概念，孔子以仁爲諸德總名，《中庸》《孟子》則解釋爲「仁者人也」，漢代以愛說仁，鄭玄註仁爲「相人偶」，都有新穎之處。韓愈在〈原道〉釋仁爲博愛，到了宋代更擴展爲「仁者渾然與萬物同體」，朱子解釋仁爲「愛之德，心之理」。到了近代康有爲和譚嗣同更大膽地用「電」和「以太」來作譬喻，令人有奇峯突出之感。儒家思想以學統的延續發展上來看，充分表現了「苟日新、日日新、又日新」的進化演變。至於前述歷代專制帝王所標榜的「孔教」傳統，往往爲了排除異己的政治目的，完全忽略了轉化性的重要因素，只剩得形式主義的外殼而無實質內容的靈魂，由「誦其言而忘其味」的假道學變得墨守成規，拘泥師承，進而強調矛盾對立而趨向門戶之爭。逐漸促成惰性的強大凝聚力量，這種閉鎖性逐漸導致了整個傳統的僵化現象，因爲藐視新時代的新意義，終而走向頹化消滅的一途。但這是已經俗化的儒家，我相信在純粹的儒家思想中的基本價值，無論對中國即將來臨的科技時代或西方目前因爲人際隔離而形成的種種嚴重社會問題，可以提供許多建樹。

問：姜教授剛才提到東亞新興國家的例子，來肯定儒家思想的現代意義。假定我們都同意在形成東亞經濟發展的現象背後，有儒家的某些觀念在發揮作用，如忠、勤儉等觀念，但是我們是否因此就

可以確定，儒家思想在這些地區仍然是一個活的系統，一個有生命的機體，而不是只有一些觀念殘存下來？

答： 我在〈中國傳統哲學中普遍性和現代性問題的試探〉一文中曾經提到，中國哲學傳統的客觀性完全建立在博學博文式的開放性容納性，以及日新月異的創造性轉化性之上。這種內在的屬性，使得中國哲學傳統不致於形成一成不變的閉鎖體系。所以這種傳統的客觀性和普遍性透過開放容納和轉化創新的過程，不斷的去蕪存菁以適合新時代的環境和條件，而成爲活生生的動態文化生命機體。儒家是有生命的機體，你說儒家在現代可能已經不是活的系統，這點是沒有根據的。爲什麼西方人一到中國來，便馬上發現這裏的人禮貌很周到？我們經過深究便可知道那是儒家的東西。

問： 就儒學的現代化這個問題來說，姜教授指出還原的工作很重要，可是，您也舉例指出了儒學本身的開放性與包容性。我們或許在裏面可以引伸出一個問題：儒學的開放性與包容性是否可能大到一個程度，以致儒學並沒有一個不變的本質？如果連像「仁」這樣一個重要的概念，歷代的詮釋都可以大相逕庭，儒學除了一些共同的語辭概念以外，是否有一個一貫的本質？比如像方東美先生在《中國哲學之精神及其發展》一書中，把儒家、道家、大乘佛學、新儒家並列爲中國哲學之四大傳統，這裏面似乎假定先秦時代的儒學與宋明時代的新儒家之間有相當程度的差異。我們要還原出儒家的本來面目，這種工作究竟是要還原到那一個時期或那一派的儒家呢？

答： 我剛才提出儒學現代化，並強調還原的工作，是因爲五四運動以後的種種改革，固然在批判帝王式的孔教傳統方面，曾作出很大

的貢獻，但是眞正的儒家傳統不幸受累，已經被「明槍暗箭」攻擊得百孔千瘡。所以我們必須把儒家傳統的眞面目還原過來，指出庸俗化儒教的閉鎖性導致了整個中國傳統的僵化現象，而眞正的儒學則是一個發展的精神。這個傳統之所以悠久廣大，綿延不絕，正是基於內在的開放性和容納性。開放性與容納性是傳統內在的轉化性成爲可能的基本條件，而轉化性則是傳統之延續性的必要與充份條件。儒家哲學傳統的一貫之道，在於以道德實踐爲出發，無論在修己或治人兩方面都強調仁愛和諧的人際關係，它一方面肯定了人性內在價值，使人不致於成爲徒具形骸的動物，一方面發揮這種價值，要「致廣大而盡精微，極高明而道中庸」，這種對人道天理的理解，終將成爲當代術語所謂「主體際性」(Intersubjectivity) 的最高綜合。儒學傳統的調整和轉化不但不減損其內在的本質，反而更能發揮原有的精神，因爲其中作爲基礎的恆常價值得以延申擴張，綿綿相續，傳統內核的命脈仍然維持了一貫之道而逐漸茁壯。儒家傳統中「生生之謂仁」的道德理想，總是佔據了中國傳統文化神經中樞的地位，歷代的解釋雖有不同，這種轉化創生的方式，可以用荀子所說：「夫道者，體常而盡變」來形容。「體常而盡變」可以比喻成如儒家傳統的仁道思想作爲原理原則是恆常不變，而達到這種理想的踐仁方法是可以變化多端的。我強調還原工作是儒學現代化的一個重要步驟，並不是主張全盤復古，因爲古老的傳統經過歷代的俗化過程，兼容並包各種殘渣成份，不適合現代性的糟粕秕糠，必須加以淘汰。我們要凸顯具有現代意義的傳統精髓，以所謂「生生之謂仁」的創造性實學去延續傳統命脈。傳統的延續重建，一方面固然要回顧傳統，作歷史的考察反思，一方面要適應新時代的條件

與新環境的因素，才能夠面面兼顧去對治新時代的問題，進而釐定方向，籌劃未來的理想去迎接新的時代。所以我們談儒家傳統的現代化，也必須以現代中西各種學科的知識，透過系統化精密化的過程，加以整理，重新解釋，發掘其中具普遍性和時代意義的基本原理，並在現代世界加以發展、應用。就儒學的發展來說，我們應該吸收東西方各派思想的優點，與傳統的儒學加以協調。個人以爲佛學乃至道家理論中皆有其宏遠的意見，我們不應抱持太大的門戶之見。至於西方的方法論、法制等長處，這些與傳統擺在一起也並不衝突。總而言之，不單是儒釋道三教合一，另外還有西方基督教的傳統，科技的傳統，以至於西方發展出來的個人主義，也都影響到中國儒學的發展。當然，「儒學的現代化」須要商榷的地方很多，是個相當錯綜複雜的問題，值得研究思想工作者不斷的深入研究，有辯難才會有共鳴，而且必須集中力量，鍥而不捨，長期經營方能見效。

問：最後，請姜教授介紹一下澳紐地區中國哲學研究的發展狀況。

答：漢學在西方研究發展四、五十年來，已經很有規模。在澳紐地區的研究，雖則是近二十年的事，也已有相當成績。澳洲與紐西蘭地處南半球，世代處在與世隔絕的環境中，加上長期實施的白澳政策，因此和亞洲幾乎完全沒有關係。一直到六十年代才有所謂進軍亞洲的運動，來自亞洲的移民日漸增多，與亞洲的經濟貿易也日趨頻繁，同時提倡多元文化，同時也開始興起研究亞洲文化的興趣。雪梨大學的東方研究系、奧克蘭大學的亞洲研究系，先後在六十年代成立，研究範圍涉及中國、日本和印尼等。麥克理大學漢學系創立於七十年代後期，純粹以中國文化與哲學作爲研究對象，這在澳紐地區還是首創。澳紐一帶對東方文化的研究興

趣日漸濃厚，固然是由於澳洲提倡多元文化的結果；另外卻也如西方社會一般，由於人際隔離，過份強調個人主義，產生了不少精神危機及社會問題，例如暴力、謀殺、離婚、吸毒、同性戀等等。深受這些問題的困擾，有些學者開始注意到東方文化裏面注重和諧中庸的精神特質，認為或許可以從中尋找到補救西方文化缺失的辦法，因此掀起了對儒家思想、孔孟之學、道教老莊的研究熱潮。早二十年前，漢學研究的範圍，侷限在早期的傳統，像儒、釋、道等等；而近二十年來澳洲漢學家的研究更注重現實意義。由於來往密切，更需要語文的溝通，也注重近代中國的哲學發展與有關的歷史學、社會學、政治及經濟學，他們對東方的研究，已經超越了狹義的漢學範圍。

劉若韶　竺倍瑩

（刊於《哲學與文化》，民國七十七年二月一日）

滄海叢刊巳刊行書目 (一)

書　　　名	作　者	類　　別
國父道德言論類輯	陳立夫	國父遺教
中國學術思想史論叢(一)(二)(三)(四)(五)(六)(七)(八)	錢　穆	國　學
現代中國學術論衡	錢　穆	國　學
兩漢經學今古文平議	錢　穆	國　學
朱子學提綱	錢　穆	國　學
先秦諸子繫年	錢　穆	國　學
先秦諸子論叢	唐端正	國　學
先秦諸子論叢（續篇）	唐端正	國　學
儒學傳統與文化創新	黃俊傑	國　學
宋代理學三書隨劄	錢　穆	國　學
莊子纂箋	錢　穆	國　學
湖上閒思錄	錢　穆	哲　學
人生十論	錢　穆	哲　學
晚學盲言	錢　穆	哲　學
中國百位哲學家	黎建球	哲　學
西洋百位哲學家	鄔昆如	哲　學
現代存在思想家	項退結	哲　學
比較哲學與文化(一)(二)	吳　森	哲　學
文化哲學講錄(一)(二)(三)(四)	鄔昆如	哲　學
哲學淺論	張　康譯	哲　學
哲學十大問題	鄔昆如	哲　學
哲學智慧的尋求	何秀煌	哲　學
哲學的智慧與歷史的聰明	何秀煌	哲　學
內心悅樂之源泉	吳經熊	哲　學
從西方哲學到禪佛教——「哲學與宗教」一集——	傅偉勳	哲　學
批判的繼承與創造的發展——「哲學與宗教」二集——	傅偉勳	哲　學
愛的哲學	蘇昌美	哲　學
是與非	張身華譯	哲　學

書　　　　　名	作　　者	類　　　　別
語　言　哲　學	劉　福　增	哲　　　　　學
邏輯與設基法	劉　福　增	哲　　　　　學
知識・邏輯・科學哲學	林　正　弘	哲　　　　　學
中　國　管　理　哲　學	曾　仕　強	哲　　　　　學
老　子　的　哲　學	王　邦　雄	中　國　哲　學
孔　學　漫　談	余　家　菊	中　國　哲　學
中　庸　誠　的　哲　學	吳　　　怡	中　國　哲　學
哲　學　演　講　錄	吳　　　怡	中　國　哲　學
墨　家　的　哲　學　方　法	鐘　友　聯	中　國　哲　學
韓　非　子　的　哲　學	王　邦　雄	中　國　哲　學
墨　家　哲　學	蔡　仁　厚	中　國　哲　學
知識、理性與生命	孫　寶　琛	中　國　哲　學
逍　遙　的　莊　子	吳　　　怡	中　國　哲　學
中國哲學的生命和方法	吳　　　怡	中　國　哲　學
儒　家　與　現　代　中　國	韋　政　通	中　國　哲　學
希　臘　哲　學　趣　談	鄔　昆　如	西　洋　哲　學
中　世　哲　學　趣　談	鄔　昆　如	西　洋　哲　學
近　代　哲　學　趣　談	鄔　昆　如	西　洋　哲　學
現　代　哲　學　趣　談	鄔　昆　如	西　洋　哲　學
現　代　哲　學　述　評(一)	傅　佩　榮譯	西　洋　哲　學
懷　海　德　哲　學	楊　士　毅	西　洋　哲　學
思　想　的　貧　困	韋　政　通	思　　　　　想
不以規矩不能成方圓	劉　君　燦	思　　　　　想
佛　學　研　究	周　中　一	佛　　　　　學
佛　學　論　著	周　中　一	佛　　　　　學
現　代　佛　學　原　理	鄭　金　德	佛　　　　　學
禪　　　話	周　中　一	佛　　　　　學
天　人　之　際	李　杏　邨	佛　　　　　學
公　案　禪　語	吳　　　怡	佛　　　　　學
佛　教　思　想　新　論	楊　惠　南	佛　　　　　學
禪　學　講　話	芝峯法師譯	佛　　　　　學
圓滿生命的實現 （布施波羅蜜）	陳　柏　達	佛　　　　　學
絕　對　與　圓　融	霍　韜　晦	佛　　　　　學
佛　學　研　究　指　南	關　世　謙譯	佛　　　　　學
當　代　學　人　談　佛　教	楊　惠　南編	佛　　　　　學

書　　　名	作　　者	類	別
不　疑　不　懼	王　洪　鈞	教	育
文　化　與　教　育	錢　　穆	教	育
教　育　叢　談	上官業佑	教	育
印　度　文　化　十　八　篇	糜　文　開	社	會
中　華　文　化　十　二　講	錢　　穆	社	會
清　代　科　學	劉　兆　璸	社	會
世界局勢與中國文化	錢　　穆	社	會
國　　家　　論	薩　孟　武　譯	社	會
紅樓夢與中國舊家庭	薩　孟　武	社	會
社會學與中國研究	蔡　文　輝	社	會
我國社會的變遷與發展	朱岑樓主編	社	會
開　放　的　多　元　社　會	楊　國　樞	社	會
社會、文化和知識份子	葉　啟　政	社	會
臺灣與美國社會問題	蔡文輝 蕭新煌主編	社	會
日　本　社　會　的　結　構	福武直　著 王世雄　譯	社	會
三十年來我國人文及社會 科學之回顧與展望		社	會
財　經　文　存	王　作　榮	經	濟
財　經　時　論	楊　道　淮	經	濟
中國歷代政治得失	錢　　穆	政	治
周禮的政治思想	周世輔 周文湘	政	治
儒　家　政　論　衍　義	薩　孟　武	政	治
先　秦　政　治　思　想　史	梁啟超原著 賈馥茗標點	政	治
當　代　中　國　與　民　主	周　陽　山	政	治
中　國　現　代　軍　事　史	劉馥著 梅寅生譯	軍	事
憲　法　論　集	林　紀　東	法	律
憲　法　論　叢	鄭　彥　棻	法	律
師　友　風　義	鄭　彥　棻	歷	史
黃　　帝	錢　　穆	歷	史
歷　史　與　人　物	吳　相　湘	歷	史
歷　史　與　文　化　論　叢	錢　　穆	歷	史

滄海叢刊巳刊行書目 (四)

書　　　名	作　者	類	別
歷　史　圈　外	朱　桂	歷	史
中國人的故事	夏雨人	歷	史
老　臺　灣	陳冠學	歷	史
古史地理論叢	錢　穆	歷	史
秦　漢　史	錢　穆	歷	史
秦漢史論稿	刑義田	歷	史
我　這　半　生	毛振翔	歷	史
三生有幸	吳相湘	傳	記
弘一大師傳	陳慧劍	傳	記
蘇曼殊大師新傳	劉心皇	傳	記
當代佛門人物	陳慧劍	傳	記
孤兒心影錄	張國柱	傳	記
精忠岳飛傳	李　安	傳	記
八十憶雙親師友雜憶合刊	錢　穆	傳	記
困勉強狷八十年	陶百川	傳	記
中國歷史精神	錢　穆	史	學
國史新論	錢　穆	史	學
與西方史家論中國史學	杜維運	史	學
清代史學與史家	杜維運	史	學
中國文字學	潘重規	語	言
中國聲韻學	潘重規陳紹棠	語	言
文學與音律	謝雲飛	語	言
還鄉夢的幻滅	賴景瑚	文	學
葫蘆·再見	鄭明娳	文	學
大地之歌	大地詩社	文	學
青　春	葉蟬貞	文	學
比較文學的墾拓在臺灣	古添洪陳慧樺主編	文	學
從比較神話到文學	古添洪陳慧樺	文	學
解構批評論集	廖炳惠	文	學
牧場的情思	張媛媛	文	學
萍踪憶語	賴景瑚	文	學
讀書與生活	琦君	文	學

滄海叢刊已刊行書目 (五)

書名	作者	類	別
中西文學關係研究	王潤華	文	學
文開隨筆	糜文開	文	學
知識之劍	陳鼎環	文	學
野草詞	韋瀚章	文	學
李韶歌詞集	李韶	文	學
石頭的研究	戴天	文	學
留不住的航渡	葉維廉	文	學
三十年詩	葉維廉	文	學
現代散文欣賞	鄭明娳	文	學
現代文學評論	亞菁	文	學
三十年代作家論	姜穆	文	學
當代臺灣作家論	何欣	文	學
藍天白雲集	梁容若	文	學
見賢集	鄭彥棻	文	學
思齊集	鄭彥棻	文	學
寫作是藝術	張秀亞	文	學
孟武自選文集	薩孟武	文	學
小說創作論	羅盤	文	學
細讀現代小說	張素貞	文	學
往日旋律	幼柏	文	學
城市筆記	巴斯	文	學
歐羅巴的蘆笛	葉維廉	文	學
一個中國的海	葉維廉	文	學
山外有山	李英豪	文	學
現實的探索	陳銘磻編	文	學
金排附	鍾延豪	文	學
放鷹	吳錦發	文	學
黃巢殺人八百萬	宋澤萊	文	學
燈下燈	蕭蕭	文	學
陽關千唱	陳煌	文	學
種籽	向陽	文	學
泥土的香味	彭瑞金	文	學
無緣廟	陳艷秋	文	學
鄉事	林清玄	文	學
余忠雄的春天	鍾鐵民	文	學
吳煦斌小說集	吳煦斌	文	學

書　　　名	作　者	類	別
卡薩爾斯之琴	葉石濤	文	學
青　囊　夜　燈	許振江	文	學
我永遠年輕	唐文標	文	學
分　析　文　學	陳啓佑	文	學
思　想　起	陌上塵	文	學
心　酸　記	李喬	文	學
離　　　訣	林蒼鬱	文	學
孤　獨　園	林蒼鬱	文	學
托塔少年	林文欽編	文	學
北美情逅	卜貴美	文	學
女兵自傳	謝冰瑩	文	學
抗戰日記	謝冰瑩	文	學
我在日本	謝冰瑩	文	學
給青年朋友的信 (上)(下)	謝冰瑩	文	學
冰　瑩　書　柬	謝冰瑩	文	學
孤寂中的廻響	洛夫	文	學
火　天　使	趙衛民	文	學
無塵的鏡子	張默	文	學
大漢心聲	張起鈞	文	學
回首叫雲飛起	羊令野	文	學
康莊有待	向陽	文	學
情愛與文學	周伯乃	文	學
湍流偶拾	繆天華	文	學
文學之旅	蕭傳文	文	學
鼓瑟集	幼柏	文	學
種子落地	葉海煙	文	學
文學邊緣	周玉山	文	學
大陸文藝新探	周玉山	文	學
累廬聲氣集	姜超嶽	文	學
實用文纂	姜超嶽	文	學
林下生涯	姜超嶽	文	學
材與不材之間	王邦雄	文	學
人生小語 (一)(二)	何秀煌	文	學
兒童文學	葉詠琍	文	學

滄海叢刊已刊行書目 (七)

書　　名	作　者	類　別
印度文學歷代名著選(上)(下)	糜文開編譯	文　　　學
寒　山　子　研　究	陳　慧　劍	文　　　學
魯　迅　這　個　人	劉　心　皇	文　　　學
孟　學　的　現　代　意　義	王　支　洪	文　　　學
比　較　詩　學	葉　維　廉	比　較　文　學
結構主義與中國文學	周　英　雄	比　較　文　學
主題學研究論文集	陳鵬翔主編	比　較　文　學
中國小說比較研究	侯　　健	比　較　文　學
現象學與文學批評	鄭樹森編	比　較　文　學
記　號　詩　學	古　添　洪	比　較　文　學
中　美　文　學　因　緣	鄭樹森編	比　較　文　學
文　學　因　緣	鄭　樹　森	比　較　文　學
比較文學理論與實踐	張　漢　良	比　較　文　學
韓　非　子　析　論	謝　雲　飛	中　國　文　學
陶　淵　明　評　論	李　辰　冬	中　國　文　學
中　國　文　學　論　叢	錢　　穆	中　國　文　學
文　　學　　新　　論	李　辰　冬	中　國　文　學
離騷九歌九章淺釋	繆　天　華	中　國　文　學
苕華詞與人間詞話述評	王　宗　樂	中　國　文　學
杜　甫　作　品　繫　年	李　辰　冬	中　國　文　學
元　曲　六　大　家	應　裕　康　王　忠　林	中　國　文　學
詩　經　研　讀　指　導	裴　普　賢	中　國　文　學
迦　陵　談　詩　二　集	葉　嘉　瑩	中　國　文　學
莊　子　及　其　文　學	黃　錦　鋐	中　國　文　學
歐陽修詩本義研究	裴　普　賢	中　國　文　學
清　真　詞　研　究	王　支　洪	中　國　文　學
宋　儒　風　範	董　金　裕	中　國　文　學
紅樓夢的文學價值	羅　　盤	中　國　文　學
四　說　論　叢	羅　　盤	中　國　文　學
中國文學鑑賞舉隅	黃　慶　萱　許　家　鸞	中　國　文　學
牛李黨爭與唐代文學	傅　錫　壬	中　國　文　學
增　訂　江　皋　集	吳　俊　升	中　國　文　學
浮　士　德　研　究	李辰冬譯	西　洋　文　學
蘇　忍　尼　辛　選　集	劉安雲譯	西　洋　文　學

滄海叢刊已刊行書目 (八)

書　　名	作　者	類別
文 學 欣 賞 的 靈 魂	劉 述 先	西 洋 文 學
西 洋 兒 童 文 學 史	葉 詠 琍	西 洋 文 學
現 代 藝 術 哲 學	孫 旗 譯	藝 術
音 樂 人 生	黃 友 棣	音 樂
音 樂 與 我	趙 琴	音 樂
音 樂 伴 我 遊	趙 琴	音 樂
爐 邊 閒 話	李 抱 忱	音 樂
琴 臺 碎 語	黃 友 棣	音 樂
音 樂 隨 筆	趙 琴	音 樂
樂 林 蓽 露	黃 友 棣	音 樂
樂 谷 鳴 泉	黃 友 棣	音 樂
樂 韻 飄 香	黃 友 棣	音 樂
樂 圃 長 春	黃 友 棣	音 樂
色 彩 基 礎	何 耀 宗	美 術
水 彩 技 巧 與 創 作	劉 其 偉	美 術
繪 畫 隨 筆	陳 景 容	美 術
素 描 的 技 法	陳 景 容	美 術
人 體 工 學 與 安 全	劉 其 偉	美 術
立 體 造 形 基 本 設 計	張 長 傑	美 術
工 藝 材 料	李 鈞 棫	美 術
石 膏 工 藝	李 鈞 棫	美 術
裝 飾 工 藝	張 長 傑	美 術
都 市 計 劃 概 論	王 紀 鯤	建 築
建 築 設 計 方 法	陳 政 雄	建 築
建 築 基 本 畫	陳 榮 美 楊 麗 黛	建 築
建 築 鋼 屋 架 結 構 設 計	王 萬 雄	建 築
中 國 的 建 築 藝 術	張 紹 載	建 築
室 內 環 境 設 計	李 琬 琬	建 築
現 代 工 藝 概 論	張 長 傑	雕 刻
藤 竹 工	張 長 傑	雕 刻
戲 劇 藝 術 之 發 展 及 其 原 理	趙 如 琳 譯	戲 劇
戲 劇 編 寫 法	方 寸	戲 劇
時 代 的 經 驗	汪 琪 彭 家 發	新 聞
大 眾 傳 播 的 挑 戰	石 永 貴	新 聞
書 法 與 心 理	高 尚 仁	心 理